「個別最適な学び」と「協働的な学び」の中で

知的障害のある子供の 自己決定力 が 身に付く授業

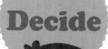

アメリカ『エイジェンシー起点理論』の活用

三浦 光哉　監修・編著
萩原 真由美・山口 明乙香・今井 彩　編著

ジアース教育新社

はじめに

　私たちは，毎日の生活の中で，ほんの小さな選択から人生を左右するような大きな決断に至るまで，多種多様な決定を行っています。その際に重要となるのが「自己決定力」です。「自己決定力」とは，自分の好みや強みを基に自由に選択した目標に向かって行動を起こしていく力のことです。もちろん，自分で決めたからには，当然，「自己責任」も同時に負うことになります。すなわち，うまくいかなった結果も受け止め次に活かしていくということです。しかしながら，時に自己決定しなければならない場面で，必ずしも本人が決定場面に携わることなく，周囲の方（教員・支援者，親など）が決定することも少なくありません。「自己決定」が重要であると言いながら，最終的には，周囲の方が「他者決定」していることもあるのではないでしょうか。

　今回，本書を刊行することになったきっかけは，現行の特別支援学校の学習指導要領が改訂されたポイントの中に，「自立と社会参加に向けた教育の充実」が示されていることです。特に，知的障害のある児童生徒が自立と社会参加をしていくためには，小学部段階からのキャリア教育の充実が重要となります。そこで，学校生活や家庭生活の様々な場面では，生涯にわたって自分で考え自分で人生を切り拓いていく力（自己決定力）が求められます。また，指導目標や学習評価の3観点の中にも「思考力，判断力，表現力」といった力は必要不可欠となります。さらに，「主体的・対話的で深い学び」を実現するためには，内発的動機づけが高まるような学習の質の向上が求められます。

　一方，我が国では1981年の国際障害者年を契機として「自己決定」が強調され，さらに，1993年の「障害者基本法」において政策決定への参加が明記されるなど，知的障害児・者の社会参加が促進されるようになりました。それ以降，特別支援学校や特別支援学級の教育現場でも，知的障害のある児童生徒に対して「本人参加と自己決定」の名の下に授業活動が行われてきました。しかし，これまでの授業活動では，自己決定に関する理論に基づいた取組がほとんど行われていないのではないかと感じています。このようなことから，授業内容や指導方法などに新たなる自己決定の理論を取り入れる必要があるのではないかと考えました。そして，自己決定力を高める授業とはどのようにすべきかを追究したいとの思いが強くなりました。

　そこで，全国から実践者の有志15名を募りました。実践者の全員は，自己決定について確かな意味や内容が分からなかったり曖昧な点が多かったりしたので，まず最初に，アメリカの特別支援教育の分野ではどのように「自己決定」を取り入れているのかについて学習会を始めることにしました。そして，アメリカで知的障害のある児童生徒の自己決定を研究している萩原真由美先生（サンフランシスコ州立大学准教授）を招き入れ，自己決

定に関する基礎理論から実践に至るまでのオンライン研修会を開催することにしました。また，日本においてアメリカ・カンザス大学で作成している SDI（自己決定尺度）を翻訳し実践している山口明乙香先生（高松大学教授）や今井彩先生（当時 秋田大学教育文化学部附属特別支援学校教諭）にも参加していただきました。オンライン研修会は，日本とアメリカとの時差が大きく（16 時間），毎回，研修時間の調整が必要でした。しかし，熱意のある有志らは，毎月のオンライン研修会を楽しみにしながら着実に「自己決定」を理解するようになりました。そして，授業づくり，実際の自己決定を高めるための授業の在り方，評価の仕方などについての指導・助言を受けながら着実に力をつけていきました。時に激論を交わす場面もありましたが，1 年弱で 15 回も実施し共通理解を図りました。

　本書の構成は，【理論編】【実践編】【資料編】に分かれています。理論編では，アメリカの自己理論や自己決定システムを解説するとともに，日米における自己決定の歴史的な変遷を概観しました。また，自己決定の尺度や評価にも言及しました。一方，実践編では，特別支援学校と特別支援学級における教科別の指導や教科等を合わせた指導の単元（題材）について，小学部から高等部までの実践事例を取り上げました。各授業活動では，必要不可欠である自己決定力を高めるための三大要素（意志行動＜決める＞，主体行動＜行動する＞，信念＜信じる＞）を示しながら，具体的な 10 のスキル（選択，意思決定，目標設定，計画作成，目標達成，自己管理，問題解決，自己主張，自己の気付き，自己理解）を随所に適用しました。また，知的障害のある児童生徒の自己決定力を高める指導法や評価として『K-W-H-L チャート』を活用しており，「主体的な学び」を向上させるツールとして取り入れています。さらに，資料編では，現行の特別支援学校学習指導要領に示されている小学部から高等部までの各教科の目標及び内容を基に，「自己決定の三大要素と 10 のスキルを意識した教員の取組」を提案しました。

　本書は，自己決定に関する授業実践が不十分でその理論を学びたいという有志が集まり，知的障害のある児童生徒の自己決定力を高める先進的な実践事例を作り上げました。このような本書を通読していただき，皆様からの忌憚のないご意見を承りたいと存じます。

　末筆になりましたが，本書の出版を快く引き受けてくださいましたジアース教育新社の加藤勝博社長，編集担当の市川千秋様には，衷心より感謝申し上げます。

2024（令和6）年 10 月 4 日

三浦　光哉

目　次

はじめに

第Ⅰ部　理論編

第1章　自己決定と知的障害児 ・・・・・・・・・・・・・・・・・・・・・・・・・・・・・・・・・・・8
第1節　自己決定とは ・・8
第2節　知的障害者の自己決定 ・・・・・・・・・・・・・・・・・・・・・・・・・・・・・・・・12

第2章　アメリカにおける自己決定の理論と実践 ・・・・・・・・・・・・・・・15
第1節　アメリカにおける自己決定の理論と定義 ・・・・・・・・・・・・・・・15
第2節　アメリカにおける自己決定の実践 ・・・・・・・・・・・・・・・・・・・・・20
第3節　自己決定に関する世界的動向 ・・・・・・・・・・・・・・・・・・・・・・・・22

第3章　高等部卒業後の就労生活と自己決定 ・・・・・・・・・・・・・・・・・・・25
第1節　高等部卒業後の就労生活を見越して自己決定力を高めることの重要性 ・・・・・・・25
第2節　卒業後の職業自立の道筋において重要な基盤と自己決定 ・・・・・・・28
第3節　生徒の卒業後を見越した教育現場の実践とキャリア・パスポート ・・・・・・・31

第4章　発達年齢段階における自己決定の段階 ・・・・・・・・・・・・・・・・・34
第1節　学習指導要領から捉える「自己決定」 ・・・・・・・・・・・・・・・・・34
第2節　学習指導要領で示す段階と自己決定の段階 ・・・・・・・・・・・・・36

第5章　自己決定の尺度と評価 ・・・・・・・・・・・・・・・・・・・・・・・・・・・・・・・42
第1節　自己決定の尺度 ・・・・・・・・・・・・・・・・・・・・・・・・・・・・・・・・・・・・42
第2節　自己決定の評価方法 ・・・・・・・・・・・・・・・・・・・・・・・・・・・・・・・・43

第6章　自己決定力を高めるための授業づくり ・・・・・・・・・・・・・・・・・47

第Ⅱ部　実践編

実践1　特別支援学校小学部　生活科
風の働き方を調べるためによりよい方法を見つける力を高めていく授業
「みんなでヒラヒラ，ビューン」 ……………………………………………………54

実践2　特別支援学校小学部　算数科
ヒーローになりきることで意欲を高め，主体的な学びの姿を引き出す授業
「3までの数であそぼう」 ……………………………………………………………63

実践3　特別支援学校中学部　国語科
伝えたいことをテーマに沿って選択し，他者へ伝える力を高める授業
「経験したこと・印象に残ったことを発表しよう」 ………………………………72

実践4　特別支援学校中学部　美術科
ICT 機器を活用し，自分の抱く造形イメージを表現する授業
「デジタル表現 〜クレイアニメーション〜」 ……………………………………81

実践5　特別支援学校中学部　保健体育科
自信をもって運動することや自己課題を積極的に解決するための授業
「球技 〜ワザを覚えてネオホッケーを楽しもう〜」 ……………………………89

実践6　特別支援学校高等部　社会科
言葉で自分の思いを表現し，多角的に外国文化を捉える授業
「外国の文化について調べて発表しよう」 …………………………………………98

実践7　特別支援学校高等部　職業科
余暇活動についての対話を通して，
よりよい生活の実現に向けた自分の考えを表現できる授業
「自分らしい卒業後の生活」 ………………………………………………………107

実践8　特別支援学校高等部　専門教科　家政「クリーニング」
卒業後の夢を実現するために，
作業能力，対人スキル，状況判断の向上を図る授業
「働き続ける力を身に付けよう」 …………………………………………………116

実践9　特別支援学校高等部　生活単元学習
自分の目標を設定し，調理を通じて意思を表現する自信を育む授業
「自分で選んで作って食べる！〜カップめん〜」 ………………………………126

実践10　特別支援学校高等部　生活単元学習
友達と協働して問題解決の方法を習得していく授業
「行ってみよう！〜公共交通機関を利用した移動方法の習得〜」 ……………135

実践 11　寄宿舎　自立活動
生徒自身で予算を調達し，生活を組み立てる寄宿舎での指導
「チャレンジルーム 〜自分で予算を調達して生活を組み立てよう〜」 …………143

実践 12　小学校特別支援学級　国語科
状況と相手に応じて丁寧に話すことで自信を高める授業
「話し方名人になろう：敬語」 ………………………………………152

実践 13　小学校特別支援学級　特別の教科　道徳
長所や短所に気付き自分を見つめることを通して，
自己への関心と意思表出を高める授業
「マイプロフィールを作って，中学校へ伝えよう」 …………………161

実践 14　中学校特別支援学級　外国語科（英語）
外国語学習で友達と意見を交換しながら，主体的に取り組んでいく授業
「観光大使になろう」 ……………………………………………169

実践 15　中学校特別支援学級（知的）・通常の学級（知的疑い）
生徒の学校不適応状況の改善を目指した保健室での指導 ………………178

第Ⅲ部　資料編

各教科の目標及び内容における自己決定（三大要素）を高めるための
単元・題材の提案 …………………………………………………188
■国語科　小学部／中学部／高等部
■算数科　小学部　　■数学科　中学部／数学科　高等部
■生活科　小学部　　■社会科　中学部　　■理科　高等部
■音楽科　小学部
■図画工作科　小学部　　■美術科　中学部
■体育科　小学部　　■保健体育科　高等部
■職業・家庭科　中学部　　■職業科　高等部　　■家庭科　高等部
■外国語科　中学部

引用・参考文献／サイト
おわりに

監修・編著者紹介
執筆者一覧

第Ⅰ部

理論編

第Ⅰ部　理論編

第1章　自己決定と知的障害児

第1節　自己決定とは

1．自己決定権

　自己決定権とは，自分の事柄について，公的な権力から干渉されることなく，本人自らが自由意思の下に決定する権利のことをいいます。

　日本国憲法には，第13条において，「すべて国民は，個人として尊重される。生命，自由及び幸福追求に対する国民の権利については，公共の福祉に反しない限り，立法その他の国政の上で，最大の尊重を必要とする。」と謳われています。この条文でも分かるように我々日本人は，一人一人異なる人間として尊重され，生命や自由等も権利として保障されるものであり障害がある人にも等しく適用されるものです。

2．自己決定の原則

　『社会福祉基本用語集』（2009）によると，自己決定とは，「クライエントには自分の意思と判断によって自らの生き方を選択し，決定していく権利と欲求があり，それを認めること」と定義されています。そして，バイステック（1975）は，援助者の対象者の自己決定に関わる基本的な姿勢として7原則を指摘しています。この原則は，「個別化」「意図的な感情の表出」「統制された情緒的関与」「受容」「非審判的態度」「クライエントの自己決定」「秘密保持」です。これらは，対象者と援助者の相互援助関係を形成するために必要不可欠なものとなります。

　「個別化」とは，対象者が抱えている悩みや問題は様々に異なるので，一概に年齢，性別，障害等で判断してはいけないという原則です。対象者を一人の人間として尊重し，これまでの生活や今の状況を考え，どのようなニーズがあるかを考えます。「意図的な感情の表出」とは，対象者が表出する感情を認め，それができるよう意図的に対応するという原則です。安心して話せる雰囲気や場を提供することです。「統制された情緒的関与」とは，援助者自身の感情に対して冷静にコントロールしていく心の在り方の原則です。対象者の感情に飲まれず，援助者自身が冷静に自己認知することです。「受容」とは，対象者が抱く感情や態度を受け入れ，先入観をもったり否定したりしてはいけないという原則です。対象者の感情表出には様々な背景があることを察し，それを理解した上で受け止めることです。「非審判的態度」とは，援助者の価値観で対象者の行動や感情を評価しないという原則です。対象者が「なぜ，その

ような行動をしたのか，その背景にあるのは何か」を理解し，中立的な立場で接することです。「クライエントの自己決定」とは，対象者の意思を大切にして自己決定できるよう支えるという原則です。対象者が自分で決められるように，様々な情報提供や提案をすることが必要です。「秘密保持」とは，対象者に関する情報について同意なしに他人に漏らしてはいけないという原則です。個人情報を守ることで，より深い相談につながり信頼関係が生まれることにつながります。

　この7原則の意味するところは，自分自身のことについて，自分の意思や判断によって選択し決定することであり，その自己決定した内容は，すべての人に認められなければならない権利であるということです。

3．自己決定と意思決定の違い

　これまで，社会福祉や障害者福祉の領域においては，「自分に関することは，自分で選び自分で決める」ということが「自己決定」と表現されてきました。しかし，最近は，「自己決定」の用語に加えて「意思決定」の用語がより多く使用されているように感じます。これは，2006年の『障害者の権利に関する条約』の中で使用されている "Supported Decision Making" という用語を「意思決定支援」，「支援を受けた意思決定」，「支援付き意思決定」等と日本語に訳している影響と考えられます。具体的には，"Decision Making" を「意思決定」と訳して使用したことが始まりでしょう。そして，2011年の『改正障害者基本法』や2012年の『障害者総合支援法』によって，「意思決定支援」が法律用語として使用されたことがそのきっかけとなったのではないでしょうか。

　自己決定と意思決定，この両者の用語の違いについて，遠藤（2016）は，自己決定は「自分で」決めるという決定の「主体」であり，意思決定は「思いを」決めるという決定の「対象」に焦点を当てていると述べています。また，柳原（2013）は，「決意すること」という意味においてそれほど大差はないものの，自己決定の原語である "self-determination" は，理解力・判断力を前提として，自己の決定に対する「主体性」「責任性」「自律性」を含む概念であり，人権・尊厳という捉えと意識が大きく関与するものであると述べています。一方，意思決定の原語である "decision making" は，結論・決定事項・決定を創り上げるということであることから，複数の要素とプロセスが絡んでいる用語であり，先の見通しを立て決断していくことを表した概念となっているとした上で，自己か他者かを明確にしたいときは「自己決定」の用語，先のことを決めるときは「意思決定」の用語を使用することと区別しています。前者は「主体」を，後者は「事柄」を指しているといえるでしょう。

　遠藤（2016）は，「自己決定」という言葉が時代とともに「意思決定」という言葉に置き換えられ，さらに，その意思決定が「支援を受けた意思決定」という言葉として創り出された経緯があると指摘しています。「自己決定」と「支援を受けた意思決定」とは，どちらも「人

第Ⅰ部　理論編

が物事を決める」という点では共通していますが，その概念は全く異なります。具体的には，「自己決定」は個人の内面的な過程としての心理的概念であり，その人が「自分」としてのアイデンティティをもって，自分に関わる事柄全般に対して自ら意思表示をし，行動を起こすことを指します。一方，「支援を受けた意思決定」は，個人が意思を表明し，決定を下す過程で必要な情報を分かりやすくしたり，意思表明をしやすい環境を整えたり，適切なツールを提供するなど，様々な支援を受けることを含む概念です。

　特に知的障害のある児童生徒に対しては，その障害特性により情報の整理や理解，結果を予測することに支援が必要であり，意思の表示も周囲に理解されやすくするための工夫が求められます。このため，知的障害のある児童生徒は自己決定に関わる力やスキル，知識を備えていないと見なされがちです。実際には，支援を受けた意思決定が行われていないケースも少なくありません。さらに，知的障害のある児童生徒の自己決定を高める教育的方法は，これまであまり重視されていませんでした。

4．本書で使用する「意思」と「意志」の違い

　私たちは，日常生活の中で，【意思】と【意志】をどのように使い分けをしているのでしょうか。辞書を調べてみると，両者には確かに区別されているのが分かります。

　【意思】は，「ふっと浮かぶ思考や気持ち」「考えや思いというニュアンスが強い」「ぼんやりとしたものからクリアな思考まで」などです。一方，【意志】は，「ある物事を成し遂げようとする積極的な意欲」「気持ちと行動が伴って意志になる」「“したい”“したくない”というような気持ちに重きが置かれている」などと説明されています。

　日本国内での用語使用を見てみると，社会福祉政策では「意思決定」，学術論文を見ても「行動意思決定論」のように【思】が使われています。しかし，四字熟語の中には「意志薄弱」「意志頑固」などもあり【志】が使われています。このように両者を比較すると，【意思】は“自分の考えや思い”を表すときに，【意志】は“実際に行動に移す強い気持ち”があるときに用いられると解釈できます。

　自己決定を定義している『Causal Agency Theory（エイジェンシー起点理論）』では，自己決定の三大要素の1つに“Volitional action”，その要素に関するスキルの1つとして“decision making”が示されています。

　英語では，“decision making”は，行動の方向性を選ぶ認知のプロセスであり，選択する前に複数の選択の可能性を検討し，最適だと思う1つを選ぶ過程を「意思決定」と呼んでいます。これは，決定に至るまでの思考に関わるスキルです。一方で“Volitional action”は，自分の好みや強み，目標に到達するために最適な選択として“decision making”された結果に基づく行動を指しています。

　つまり，「意思決定」は，複数の選択肢から1つの結果を導く過程のスキルであり，「意志行動」

は，この「意思決定」に加え，選択，目標設定，計画作成のスキルを用いた結果から導かれた行動のことを指しています。

　日本語では，【意思】と【意志】が同音異義語であることに加え，教育現場において【意思】と【意志】の使い分けの境界線が明確に区別されないまま使用されているため，用語の定義が捉えづらくなっている点もあるかと思います。日本国内における用語の使用では，「意思決定」と同じように，単語として「意志決定」や「意思行動」として用語も使用できることから，読者にとってその概念や用語の使用に混乱する方もいらっしゃるかもしれません。

　本書では，「意思決定（decision making）」は，10 のスキルの 1 つとして，自分の考え・思い・願いを表出するスキルとして使用し，「意志行動（Volitional action）」は，意思決定の上位概念である自己決定の三大要素の 1 つとして，それに基づいた行動を指す用語としてそれぞれを区別して使用しています。

5．発達段階と自己認識

　定型発達の児童生徒が自己決定できるようになるのは，いつ頃でしょうか。三浦・伊藤（2022）は，自分の認知処理活動（継次処理型，同時処理型）のいずれかの判断において，小学校 2 年生の児童は，検査者が質問項目の文章を読んであげるとそれを理解して回答でき，3 年生になると自分一人で文章を読んで十分に理解できることを指摘しています。また，中山・西山ら（2011）も同様に，小学校 2 年生において質問の内容を理解することができると報告しています。一方，小学校 3 年生では，自己認識が可能となるともいわれています（田中・和田ら，2005）。これらのことから，おおよそ，小学校の中学年頃から自己認識が芽生え，周囲に分かりやすいように意思表示できる年齢であるということが推測されます。

　自己決定を発揮する場面は，生活の場面から学習場面，対人関係場面などのすべての場面が該当します。その自己決定の内容は，例えば「朝食に何を食べるか」といったものから，「学習の目標として，次のテストで〇〇点取る」という目標設定，「ケンカした友達と仲直りするきっかけをつくるのか，どのように仲直りするのかを考えて試してみる」という問題解決の方法や，その個人が「自分」として何を選択するのか，どの方法を選択するのか，どのような姿を目指すのかといった点まで，様々な場面や状況において，自己決定の表し方は異なりますし，その内容も異なります。

　加藤ら（2011）は，児童生徒の自己認識の高さは単に自己決定の高さによるものではなく，自分の決定に対する満足度が重要な要因になると指摘しています。つまり，自己決定は，「自分らしさ」を創りだすものであり，「その人らしさ」そのものです。その決定内容において本人が十分に満足，納得したものでなければなりません。人が誕生した段階からその発達段階や生活場面に応じて，示される自己決定は多岐にわたります。その概念の広さや抽象性の高さが，自己決定を理解する上で，時に障壁となることがあります。

第Ⅰ部　理論編

第2節　知的障害者の自己決定

1．知的障害者の自己決定

　「私たちのことを私たち抜きで決めないで（Nothing about us without us）」という合言葉は，2006年の国際連合『障害者の権利に関する条約（以下，障害者権利条約）』において生まれました。日本は，2014年1月にこの障害者権利条約を批准しました。障害者権利条約は，障害のある人が障害のない人と同じように，地域においてどこで誰と住むか選択でき，建物や交通機関を利用でき，情報が保障されることや，障害のない人と共に学ぶインクルーシブ教育を受ける権利などを定めています。障害のある人も障害のない人も一人一人の違いが尊重され，障害がある人が障害のない人と同じように生活できるようにすることを目的として制定されました。

　様々な障害種の中でも，自己決定することが最も困難になっているのは，知的障害のある児童生徒ではないでしょうか。しかし，その一方で，自己決定の困難さは，知的障害のある児童生徒だけに限ったことではないはずです。障害のない児童生徒でも我々大人でも，これまで多くの選択を迫られる場面において，いずれかを選択し決定する際に，援助者（教員，親，友人，先輩後輩，職場の上司部下など）から支援や助言を受けながら何となく判断し決定していることも少なくありません。自己決定する際には，自分の意見だけでなく，援助者との関わりの中で決めていくこともあり，必ずしも自分一人で決めることに限ったことでもないのです。

　そのため，特に，知的障害のある児童生徒が自己決定をする際には，「この子には無理なんじゃないの？」「この子は決められないよ！」などと知能指数と自己決定力が同様のレベルと勘違いされることがあり，障害が重い児童生徒ほど，日常生活や授業活動の中で自己決定を表明できる場面が与えられないことが少なからずあったのではないでしょうか。そこで，これらのことを反省しつつ，今後は，日常生活や授業活動の中で，できる限り自己決定を発揮する場面や経験を増やし，知的障害のある児童生徒の自己決定できる力を高め，それを保障していくような環境整備に努めていくことが求められると考えます。

2．学校教育の中での自己決定

　長野・内田（2023）は，「主体的・対話的で深い学びの実現に向けた授業モデル」として，動機づけの理論である「自己決定理論」（Deci & Ryan, 2002）に着目し，普段の授業の中で自律性の欲求・有能感の欲求・関連性の欲求が充足することで内発的動機づけが高まるようにすることが必要であると提案しています。また，これまでの学校現場では，「自己決定理論」を教育内容に応用することがほとんど行われておらず，実践と理論を結びつける意識が弱い

ことも指摘しています。

　そこで，様々な授業活動において，主体的・対話的で深い学びになるような学習の質を一層高めるためには，「自己決定理論」に基づく授業改善の取組を活性化していくことが望まれています。その取組の口で，周りの人やテクノロジーのサポートを受けながら自分にとってよりよい選択や道筋を判断し，決めていく「自己決定力」を身に付けていくことが重要となります。

　これまで，知的障害のある児童生徒を対象とする特別支援学校や特別支援学級の授業活動において多くの教員は，当然のごとく児童生徒たちの「自己決定」を尊重して数多くの取組をしてきました。しかし，その自己決定をするまでの場面において，教員が「自己決定プロセス」を理解し，そのプロセスに沿って実施してきたのでしょうか。また，本人の興味や意向を聞き決めさせると言いながらも，最終的には誘導しながら「教員の自己決定」となっているのではないでしょうか。さらに，本人の判断能力や決定能力が不十分（できない）とみなして暗黙の了解の下に「教員が代行」してきたのではないでしょうか。

　ここでいう，「自己決定プロセス」とは，自己決定の研究において先導的役割を果たしているアメリカの「自己決定尺度（Self-Determination Inventory：SDI）」と「自己決定学習指導モデル（Self-Determined Learning Model of Learning：SDLMI）」の自己決定介入方法のことです。

　例えば，授業活動の中において，本人が明確に「自己決定」していくために，自己決定に至るまでのサイクル（自己決定→自己決定に関わる力・スキルの指導→これらの力・スキルを練習し実践する機会をつくる→必要に応じてサポートや配慮を与える→自己決定→・・・）を取り入れながら実践していくことが求められます。その中で，自己決定力を高めるためには，『エイジェンシー起点理論』（後述）が提唱する自己決定行動の三大要素（意志行動＜決める＞，主体行動＜行動する＞，信念＜信じる＞）を含めるようにし，必要とされるスキルとして，「選択」「意思決定」「目標設定」「計画作成」「目標達成」「自己管理」「問題解決」「自己主張」「自己の気付き」「自己理解」が不可欠なのです（第2章参照）。また，本人自身に『K-W-H-L』（What I Know：知っていることは何？　What I Want to Know：知りたいことは何？　How Will I Learn：どうやって学びたいの？　What I Learned：学んだことは何？）を確認することも重要なことです。

　特に，知的障害のある児童生徒にとっては，段階的なサポートが必要でもあります。アメリカでは，知的障害のある児童生徒へのサポートとして，7段階（1段階：児童生徒自身にやらせる，2段階：ジェスチャーを使って児童生徒がやるべきことを促す，3段階：言葉掛け，4段階：視覚的提示，5段階：見本を示す・模倣する，6段階：児童生徒の体を動かし行動のきっかけを与える，7段階：児童生徒の体を支持して動かす）が示されています。

　知的障害の特別支援学校や特別支援学級において，これまでの授業活動を振り返ってみる

第Ⅰ部　理論編

と，このような自己決定プロセスを考えず，ただ単に本人に自己決定させてきたのではない
でしょうか。このようなことから，知的障害のある児童生徒の自己決定を明確にし，そのス
キルを高めるためには，自己決定プロセスを取り入れた新たな授業づくりが必要と考えます。
先にも述べましたが，『障害者権利条約』の理念である「私たちのことを私たち抜きで決めな
いで（Nothing about us without us）」という当事者の意見を最大限尊重し，今一度この意味
を理解しながら教育実践をする必要があるのではないでしょうか。

第2章　アメリカにおける自己決定の理論と実践

第2章　アメリカにおける自己決定の理論と実践

第1節　アメリカにおける自己決定の理論と定義

1. 自己決定の定義と歴史的経緯

　自己決定を発揮している人は，自分の人生において主体的に行動します。自己決定は，障害のある人を含むすべての個人が滞在的にもつ心理的要素です。アメリカでは，自分の意志に基づいて自己決定を発揮することは，障害の有無にかかわらず，すべての人にとって基本的人権であるとされています（United Nations, 2006）。

　自己決定は，1960年代後半から1970年代にかけて，障害者の平等とインクルージョンを推進するために重要であると認識されてきました。例えば，Ward（1988）は，「自己決定とは，自分自身の目標を掲げられる姿勢と，その目標を達成するためのイニシアティブをとる力で，目標を掲げることは選択をすることであり，複数の選択肢の中から選べることである」と述べました。教育実践として自己決定に焦点が当てられるようになったのは，1990年代に特別支援教育・職業訓練局が一連のプロジェクトに資金を提供し，アメリカにおける自己決定の重要性を促進するための制度全体の変更を進めたことが背景にあります。特に，1990年から1996年の間に，特別支援教育・職業訓練局は自己決定に関する理論の開発，評価，及び介入に焦点を当てた26以上の実証・実践プロジェクトに資金を提供しました。

　その一連のプロジェクトの中で，1996年に，Wehmeyerらは，特別支援教育サービスを受けている児童生徒の自己決定を促進する取組に焦点を当てることを意図した自己決定の定義を提案しました。その定義は，後に，特別支援教育分野において広く「自己決定の実用モデル」として知られるようになりました。そのモデルは，自己決定を以下のように定義しました。

> "acting as the primary causal agent in one's life and making choices and decisions regarding one's quality of life free undue external influence or interference" (p.632)
> 「自分自身の人生において主体的に行動し，周囲から過度な影響や干渉を受けずに，自分の生活の質に関する選択と決定を行うこと。」

　最近では，2015年にShogrenらが生活機能に関する理解を進めた世界保健機関の国際生活機能分類と，強みに基づく視点へと転向するポジティブ心理学の出現によって，自己決定の実用モデルを再概念化させたCausal Agency Theory（以下，『エイジェンシー起点理論』）

を提唱しました。『エイジェンシー起点理論』では，自己決定を以下のように定義しています。

> "dispositional characteristic manifested as acting as the causal agent in one's life. Self-determined people (i.e., causal agents) act in service to freely chosen goals. Self-determined actions function to enable a person to be the causal agent is his or her life" (p.258)
>
> 「自分の人生において自由に選択した目標を達成するために主体的に行動をする，生まれながら潜在的にある力です。自己決定を発揮する人（すなわち，主体的行動者）は，自由に選択した目標のために行動します。自己決定行動は，行動と結果がつながっていると信じ，意図的かつ主体的に行動することを可能にするために機能する。」

『エイジェンシー起点理論』は，さらに3つの自己決定行動（三大要素）を定義しています。その3つとは，図1に示した①意志行動 Volitional action（決める Decide），②主体行動 Agentic action（行動する Act），③信念 Action-control beliefs（信じる Believe）です（Shogrenら，2015；Shogren and Raley，2022）。

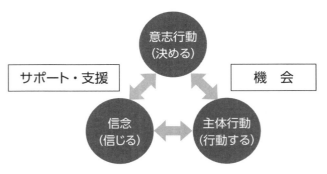

図1　自己決定行動（三大要素）

さらに，図2には，これらの3つの自己決定行動に関連する10のスキルを示しました。

意志行動とは，自分の好み，強みや困っていることを理解して目標を設定することで，関連するスキルには「選択」「意思決定」「目標設定」「計画作成」などがあります。

主体行動とは，目標達成のために行動しながら問題を解決していくことで，「目標達成」「自己管理」「問題解決」「自己主張」のスキルの適用を伴います。

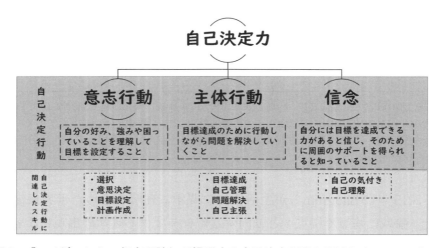

図2　『エイジェンシー起点理論』が提唱する自己決定行動と関連した10のスキル

信念とは，自分には目標を達成できる力があると信じ，そのための周囲のサポートを得られると知っていることです。「自己の気付き」と「自己理解」は，信念に関連するスキルです。

本書では，この『エイジェンシー起点理論』に基づく10のスキルを用いて，日本の学習指導要領に沿いながら授業実践の具体例と実践のポイントを整理しています。

2. ライフコースにおける児童生徒の自己決定力の発達と成長

自己決定は，それぞれの年代に応じ，障害の有無にかかわらず，子供や大人，自らが主人公の人生であることです。自己決定力は，ライフコースを通じて発達し成長するだけでなく，経験とともに洗練されていきます。そのため，自己決定に関連するスキルや姿勢を学び，練習し，自己決定を表現する機会は，学校教育期間だけではなく，生涯を通じて得られることが不可欠です。

(1) 学童期

この時期は，将来の自己決定力を発展させるための基礎的なスキルが育ち，後の自己決定に不可欠な役割を果たします。児童はこれらの基礎的なスキルを発展させ，実際に使う機会を得るために，家族や教員，地域のサポーターなど身近な人々からの支援が必要です。例えば，選択や問題解決などのスキルは，早い段階で養うことができます。しかし，知的障害のある児童にとっては，知的障害のない児童と比較して，自己決定力を高める機会が関わる家族や教員，周囲の支援者により大きく影響されます。なぜなら，周囲の大人の考え，知的障害のある児童に対する期待，しつけに対する考え方などが，環境をどのように作るかに大きく影響するからです。したがって，学童期に自己決定に関連するスキルや姿勢を児童自身が身に付けるためには，周囲の大人の自己決定に対する意識と認識や自己決定力を発揮できる環境づくりが重要となります。

(2) 思春期

この時期における自己決定は，失敗しても，叱責されず，くじけることなく学んでいくことが重要です。そして，この経験を通じて，思春期の生徒は，心理面が活性化され，より自己決定力が発揮できるような自律的な動機づけが生まれ，主体的行動者として一歩を踏み出すことができます。例えば，学童期には発達の段階の一歩として，好き嫌いの表現が主で，それらの基準によって選択が行われるようになりますが，思春期には学齢期で既に習得したスキルと積み重ねてきた経験にも基づいて，より複雑な意思決定をする場面でも自己決定力を発揮できるようになります。また，主体行動のスキルの一つである問題解決をする力も高まり，相手の立場に立って物事を考えたり，社会規範や活動を理解したりするようになります。年齢が上がるにつれて，思春期の生徒は遭遇する様々な問題（学校，家庭，友達関係など）をうまく乗り越え，解決策を考え出し実際に挑戦することで，より自立していきます。ただし，周囲の大人からの励ましや高い期待も必要です。

第Ⅰ部　理論編

　一方，信念の発達は，意志行動や主体行動とは異なり，時間をかけて発達し向上していきます。例えば，思春期の生徒は，様々な環境や状況に直面し，それらを乗り越えるために試行錯誤をしながら，より複雑で多様なスキルを学び，知識を増やしていきます。こうした経験を通じ，思春期には自己の気付きや自己理解が深まり，自身の日常生活でより積極的に「自分の人生の主人公」として行動することができるようになります。

(3)　青年期

　青年初期において，自己決定力のレベルは，知的障害のある生徒にとって高等教育への進学や進学後の進歩状況を予測する上で重要な役割を担います。さらに，自己主張，問題解決，目標設定，自己管理などのスキルも社会の一員として成功するために不可欠です。特に，自己決定に関連する姿勢やスキルは，職場での成功にも重要で，障害のある成人の自己決定レベルが高いほど，一般就労や障害者雇用などで働き，地域に住み，自立した生活を送る可能性も高くなります。このため，高校を卒業した後の進路選択は自己決定と密接に関連しており，それまでの学びや実践の結果が表われます。

　青年期を通じて，お金のことや仕事，住む場所，友達など，生活の様々な場面で，自分の意志を把握し，物事を決めたり，問題を解決したりすることがたくさんあります。それらを経験することで，大人として自立の道を切り拓くことができます。クオリティ・オブ・ライフ（QOL）とは何かを考えるとき，その「クオリティ」を決めるのは誰で，どんな基準を使うか，その基準に合わせてどんな支援が必要なのかを考えることが重要になります。知的障害のある大人だけではなく，誰もが自分の年齢や必要なニーズに合わせた支援を受けて，自分で決めたり，行動したりする力を身に付けることが大切です。

3.　自己決定の研究と肯定的な結果

　過去 30 年以上にわたる自己決定に関する研究は，障害のある子供や大人が，彼らの長所，好み，ニーズを満たす支援や機会を受けることで，自己決定行動（意志行動，主体行動，信念）を実践し，自己決定力を高めることができることが明らかになっています。研究者たちは，自己決定行動に関連する姿勢，スキルを教えることと，自己決定力を高めることの間に因果関係があることを立証しています。自己決定は，各州で定められた普通教育の学習基準と並行した学び，一般就労や障害者雇用，地域社会への参加など，教育や高校卒業後における肯定的な結果を予測する要因として知られています。例えば，教育の分野では，自己決定力を向上させるスキルを教えることが，教育目標の達成に効果的であることが示されて，生徒の情緒的な面でも肯定的な結果が得られます。さらに，自己決定を促進するための介入方法でトレーニングを受けた生徒は，高校卒業後 2 年間で雇用や地域社会でよりよい結果を達成することが示されています。さらに，障害のある大人のクオリティ・オブ・ライフ（QOL）は，自己決定レベルが高いほど高まります。

4. 自己決定力の発達と表現に影響を与える要因

　知的障害のある子供や大人は，自己決定行動に関連する姿勢，スキルを学び，実践する機会などを最大限に活用したり，新しい機会を探求したりするためのそれぞれに合った支援を受ける必要があります。こうした機会や支援は，個々の背景要因によって異なることがあります。背景要因とは，個人的な要因と環境的な要因の両方が生活機能に影響を与える要因のことを指します。個人要因は，年齢，性別，人種・民族，血縁関係などの，通常は個々が操作できない要素です。一方，環境的要因は，地域や社会の組織，制度，政策や慣行など，個人の成果を向上させるために影響を与えることができる要素を指します。

（1）　個人要因

　年齢，性別，障害の状態などの個人要因として，それぞれの児童生徒が自己決定に関する姿勢やスキルを捉え実行に移すのに影響を与えることがあります（Hagiwara ら，2024）。自己決定が個人の成長と発達に密接に関わることを考えると，上述したようにライフコースの中で自己決定力が年齢とともに変化していくことが容易に予想されます。また，障害の状態も自己決定に顕著な影響を与えます。例えば，学習障害のある生徒は，自閉スペクトラム症や知的障害のある生徒よりも，自身の自己決定レベルが高いことが報告されています。しかし，知能指数と自己決定のレベルには比較的低い相関関係があります（Shogren ら, 2018）。つまり，知的障害のある児童生徒は，自己決定力がない又は低いとステレオタイプ的な理解をするのは誤りであり，その児童生徒のための支援計画に基づく実践やそれぞれが置かれている環境が自己決定を発揮できるのかに焦点を当てて考える必要があります。性別に関しては，女子と男子との間に，顕著な差はありませんが，障害の状態や人種・民族性，文化・習慣によっては，自己決定への理解や実践には明確な差が見られることがあります。

（2）　環境要因

　知的障害のある児童生徒がどのように自己決定力を発揮し，どのような自己決定の機会や支援があるかという点に影響を与える重要な環境要因があります。例えば，家族の習慣，価値観や期待値は，家族が障害のある児童生徒の自己決定をどのように促進するかに大きな影響を与えます。さらに，家庭や地域社会でどのように自己決定の機会があるかは，家族の考え方だけではなく，日常の生活様式，経済状況，その他の公的サービスや支援の活用の程度によって異なります。

　同様に，学校の教員や日々の教育場面で用いられる指導方法，教育組織の方針，地域社会や社会の偏見や評価なども，児童生徒の自己決定に影響を与えます。障害のある児童生徒は，周りからの彼らに対する期待が低いことから，自己決定を発揮する機会の制限に不満を感じることがよくあります。このように，児童生徒の認知能力や障害特性などの背景要因は，自己決定の機会だけでなく，障害のある児童生徒の自己決定能力に対する他者の認識にも影響を与え，それが将来の実践や機会にも影響が及ぶ悪循環が発生する可能性があります。

第Ⅰ部　理論編

第2節　アメリカにおける自己決定の実践

1. 障害のある児童生徒の自己決定力に対する認識の転換

　知的障害のある児童生徒が自己決定力を発展し続けていけるように，その力を育てて，発揮できるようにする支援をすることはとても重要ですが，周りの家族や教員が知的障害のある児童生徒は自己決定できないという仮定を立てると，機会の喪失につながり，人権の問題にもなりかねません。そして，生徒が自身の自己決定力をどう理解し実行するかにも影響します。そのため，家族や教員などの周りの大人は，児童生徒が自分の人生において主人公になれると信じ，高い期待感をもち，背景要因に配慮した自己決定力を発揮できる環境を整えることが必須です。そして，必要な支援があればそれを提供することが重要です。

　研究によると，障害のある生徒は，自分の自己決定力をどのように捉え，評価しているかは，家族や教員とは違う見方をしています。また，家族と教員の間でも，それぞれ異なる見方をもち，障害のある生徒の自己決定に対する考え方に大きな違いがあるようです。具体的には，生徒は自分の自己決定力が，教員や家族が思うよりも高いと感じています。しかし，障害の特性によって，この力を生徒本人がどう見るかの違いが出てきます。例えば，学習障害のある生徒と知的障害のある生徒では，学習障害のある生徒のほうが自分の自己決定力を高く評価する傾向があります。それは，自己決定を発揮する機会が知的障害のある生徒よりは多いからかもしれません。さらに，教員の見方も障害の特性によって，生徒の力をどう理解するかも違いがあるということです。

　障害のある児童生徒がどれだけ自己決定力を発揮できると感じているのか，そして教員や家族などの大切な人たちが児童生徒の自己決定力をどう思っているかを知るためには，エビデンスに基づいた信頼できる尺度方法が必要です。このような尺度を使うことで，児童生徒たち自身と周りの人たちの見方をよく理解することができます。尺度は，時間が経つにつれてどう児童生徒の自己決定力が変化してきたか，そして教員や家族のような大切な人たちがその力をどう認識しているかを視覚化するために重要性な役割を担います。さらに，尺度の結果は，自己決定力を高めるための介入の計画と実施の評価として役立ちます。

2. 自己決定尺度

　潜在的にある力として，自己決定は永続的な特性であり，測定することができます。上記で述べた通りに，児童生徒が自己決定行動を行使し，高める機会をもつことによって，時間の経過とともに変化することも測定し視覚化することもできます。1990年代には，自己決定を測定するために2つの尺度が開発されました。それは，自己決定の実用モデル（Wehmeyer & Kelchner, 1995）に基づく『The Arc's Self-Determination Scale』と，American Institutes for Research（AIR）の『Self-Determination Scale』（Wolman ら，1994）です。その後，2018年に Shogren たちは，『エイジェンシー起点理論』によって定義された3つの自己決定行動（意志行動，主体行動，信念）を測定するための新しい自己決定尺度である『Self-Determination Inventory（SDI）』（Shogren & Wehmeyer, 2017）を開発し，検証研究を行いました。

この尺度には，「生徒・学生用」「保護者・教員用」「成人用」の3バージョンがあります。「生徒・学生向け（SDI：Student Report）」は，障害の有無13歳から22歳の生徒・学生が自己報告するために作成されたものです。「保護者・教員向け（SDI：Parent/Teacher Report）」は，自己決定に関する他者報告を提供するために，評価対象の生徒・学生をよく知る大人が記入する SDI：SR の並行バージョンです。成人用（SDI：Adult Report）は，18歳以上を対象としています。全ての評価には，『エイジェンシー起点理論』に沿った21項目が含まれています。

SDI の3バージョンは，オンラインで入手でき，0（そう思わない）から99（そう思う）までのスライダースケールを使用して，自分の考えを柔軟に反映することができます。3つの自己決定行動のスコア（決める，行動する，信じる）は，自動的に計算され，結果を通じて生徒・学生に提示されます。この結果は，SDI を実施した日における自己決定力の水準であり，「決める」「行動する」「信じる」の各項目における長所と伸びしろが記載されています。

特に「生徒・学生向け」と「保護者・教員向け」の得点間には低い相関があるため，「保護者・教員向け」を使用する際には注意する必要があります。これは，生徒・学生と大人の報告の間に限定的な関係があることを示しており，「保護者・教員向け」を生徒・学生の認識の代わりとして使用することはできないことを意味しています。

3．自己決定の介入方法

教育現場では，SDI：SR の結果を用いて，生徒・学生と教員は自己決定に関して話し合い，学ぶ機会を増やし，自己決定力を高めるための機会や支援を共同で作り出すことができます。このプロセスを実施する『自己決定学習指導モデル』（Self-Determined Learning Model of Learning：SDLMI）」とは，エビデンスに基づいた自己決定の介入方法のことです（Shogren ら，2019）。SDLMI は，『エイジェンシー起点理論』の自己決定行動（意志行動，主体行動，信念）と連動しているため，SDI と併用することが介入のプロセスに取り入れられています。

SDLMI は，生徒・学生が目標を設定し，それに向かって取り組む中で，自己決定に関するスキルや姿勢に焦点を当てた3つのフェーズの指導プロセスで構成されています。SDLMI の3つのフェーズはそれぞれ，生徒・学生が解決すべき問題を提示し，その問題に対して考えることにより，目標を設定し，それに向かって取り組み，経過や進歩を振り返ることができ，サポートされた環境で失敗からも学び，くり返し練習することができます。生徒・学生は，介入方法のトレーニングを受けた教員から支援をされながら，自身の問題を解決していく仕組みになっています。この教員からの支援には，生徒・学生の支援ニーズの長所，強みに基

第Ⅰ部　理論編

づいた個別最適な学びも含まれています。さらに，周りからのサポートだけではなく，テクノロジーなど生徒・学生が自立して使えるものも含まれています。

　SDLMI は，生徒が自己決定力を養い，目標の調整を行ったり，新たな目標を設定し，それに向かって努力するための複数の機会や経験から，視野を広げ，成功例を積み上げることができるように，他の科目や単元と組み合わせたり，学期ごとに何度も繰り返すことができる柔軟性のある介入方法です。この過程で，教員が生徒の学業，情緒・行動，卒業後の自立生活への移行など，彼らの人生で大切な目標を明確にし，そこに挑戦していけるように授業や環境づくりをすることが重要です。

　アメリカでは，1998 年に Mithaug らによって SDLMI の初期のバージョンが発表されて以来，障害の有無にかかわらず 5 歳から 77 歳までを対象に，全国の通常の学級，特別支援学級，特別支援学校，大学，地域社会など，様々な状況の中で SDLMI が実施されてきました。教育場面で用いられる多くの場合，SDLMI を実施する目的は，通常の学級の学習指導要領に準じた学びを増やし，児童生徒の情緒・行動を改善し，生徒の自己決定力を向上させ，卒業後の移行計画の目標を達成し，クオリティ・オブ・ライフ（QOL）を向上させることです。

　例えば，Raley ら（2018）は，障害のある生徒と障害のない生徒がいる高校の数学の授業で SDLMI を実施し，両者が介入後にその授業に関する目標を達成したと伝えています。さらに，Shogren ら（2020）は，10 歳から 21 歳までの知的障害のある児童生徒と，特別支援教育の教員や関連サービスの提供者を含む学校関係者を対象に SDLMI を実施し，より高い自己決定レベルと生徒が選択した目標の達成という肯定的な結果を見出しました。Shogren ら（2020）はまた，同州内での SDLMI の実施状況に基づいて，SDLMI の実施に関する教員の認識と児童生徒の自己決定の成果との関係を調査しました。その結果，両者との間には相互関係があり，児童生徒の成長が教員に影響を与え，教員が児童生徒に影響を与えるという関係があることを示しました。このように，児童生徒の自己決定に対する教員の認識は，児童生徒の自己決定を促進する上で重要な役割を果たすことが分かります。

第3節　自己決定に関する世界的動向

1. 世界の自己決定に関する関心と研究

　自己決定は世界中で注目されており，過去 20 年間，多くの国が自己決定の概念と障害のある人の生活におけるその重要性を受け入れてきました。特に，世界中の政策や組織において自己決定が重視されているため，SDI と SDLMI は世界中の研究者から大きな注目を集めてきています。現在，SDI 生徒・学生向けはアメリカ手話をはじめ，スペイン語，中国語，フランス語，そして日本語に翻訳されています。さらに，アラビア語，ギリシャ語，イタリ

ア語，ポルトガル語の翻訳，妥当性の検証は，現在取り組まれています。そして，SDI 保護者・教員向けは中国語と日本語に翻訳され，妥当性検証が行われています。さらに，SDLMI は日本語を含む複数の言語に翻訳され，試験運用されています。加えて，異なる文化を比較する研究も行われていて，その結果，自己決定には普遍的な要素があるものの，自己決定に対して文化の間で解釈や理解に違いがあることも明らかになっていて，多言語の翻訳活動に反映されています。特に，『エイジェンシー起点理論』とその関連用語や定義の翻訳をこれらの翻訳版間で比較し，今後の翻訳作業や翻訳の質をさらに向上させるための継続的な話し合いや研究も行われています。

2. 日本における今後の研究の方向性と実践への示唆

　一方，日本では，「自己決定」やそれに関する用語がキャリア教育や文部科学省の学習指導要領の政策や指針に導入され，日々の教育や指導に自己決定を取り入れるよう推進されてきています。しかし，「自己決定とは何か？」について，日本の文化背景を理解し，理論開発や研究を基盤とした実践にはまだ至っていません。そのために，日本でも自己決定の研究が2019 年から行われています。その先駆けとなったのが，Maebara ら（2023）が障害のある児童生徒の自己決定に関して，日本の特別支援教育の教員の自己決定に対する認識と教育実践の現状を理解することを目的とした意識調査でした。その結果，この調査に参加したすべての教員は自己決定について知っていましたが，単に「決定」という言葉を使い，自己決定の概念は彼らにとって少し不明確でした。さらに，教員らは自己決定が重要であることを理解していても，実際にはそれを教育の柱にしていないことが分かりました。自己決定に関するスキルや姿勢を育てることに焦点を当てなかったいくつかの理由は，十分な時間がとれないことやこれらのスキルや姿勢を教える最良の方法を知らないことでした。この調査の結果から，児童生徒が自分自身の自己決定を発揮するためには，教員は自己決定が正確に何を意味するのかを知り，理論と実践の両方の力をしっかり身に付け，それを意図的に教える必要があることが明らかになりました。

　この方向性を踏まえて，この本で紹介されている取組とは別に，SDI と SDLMI の日本語版の開発や実践研究が現在行われています。さらに，自己決定力を高めるための授業や指導の導入を進めていく上で，障害のある児童生徒・学生とその教員への教育や研修がさらに必要になってきます。それと同時に，上記で背景要因に関して説明があったように，障害のある人の自己決定に対する社会的認識の変化や，文化的背景を考慮した自己決定支援も取り組んでいく重要性がさらに増します。

　まず，教員意識を広げていく一環として，教員が児童生徒の自己決定を育成する取組をする際，最初にすることは，教員自身の自己決定に関するセルフリフレクション（自分自身の指導方法，経験，考えなどを振り返り，それについて深く考えること）を行うことが必須に

第Ⅰ部　理論編

なります。例えば，表１の「自己決定力を高める授業の計画・実施・評価における教員用セルフリフレクション」には，基本的なセルフリフレクションの質問が示されています。生徒の自己決定力を高める授業・指導を行う際に，教員の自己の振り返りの出発点として，それぞれの質問に対しての答えを考え，記録するために使用するのが望ましいです。可能であれば，同じく生徒の自己決定を支える同僚などと話し合い，生徒の自己決定行動を支援する教員の輪「コミュニティ」を作るのにも役立てるとよいでしょう。

表１　自己決定力を高める授業の計画・実施・評価における教員用セルフリフレクション（Hagiwaraら, 2024）

《自己決定力を高める授業の前》
□あなたが自己決定を発揮できるようになるまでの道のりはどのようでしたか？
□現在，どのように児童生徒の自己決定を促進していますか？
□児童生徒の背景要因（個人的要因と環境的要因）について，知っていることと知らないことは何ですか？さらに，児童生徒の背景要因に対するあなたの偏見と期待は何ですか？
□あなたの教育者としての立場が，どのように児童生徒やその家族，他の教員との間で，どのような力関係がありますか？そして，その力関係がどのように児童生徒の自己決定を促進または妨げていますか？
□これから教える科目や単元の中で，児童生徒の自己決定力をどのように育み，発揮させていきたいですか？
□児童生徒の自己決定力の成長をどのように記録しますか？

《自己決定力を高める授業の間》
□あなたは，児童生徒の背景要因（個人的要因と環境的要因）を考慮した上で，どのようにDECIDE（決める）の発達を促していますか？
□児童生徒が自ら立てた目標に向かってACT（行動する）ことをサポートし，彼らの価値観や好み，ニーズに合った方法で行動計画を立て，そしてそれを実行に移すために，どのように児童生徒を支援していますか？
□あなたは，児童生徒やその家族，他の教員と一緒に児童生徒の成功をほめることによって，どのようにBELIEVE（信じる）ことに関連する児童生徒の姿勢を育んできますか？
□小さいステップでも，児童生徒の成長に気付き，認め，褒めていますか？
□児童生徒の長所や強みに基づいて，彼らが教室や学校，地域で何らかの貢献ができるように，あなたはどのように支援していますか？
□あなたは，児童生徒とその家族や地域の主要な支援者の間で，どのように対話とコミュニティ意識を育む役割を果たしていますか？

《自己決定力を高める授業の後》
□自己決定を高める指導に携わる中で，児童生徒への偏見や期待，また児童生徒との権力関係に積極的に気付き，対応しましたか？
□児童生徒が自ら立てた目標を達成する際に，環境的な要因が妨げとなる場合，それらを対処したり乗り越えたりできるようなスキルや姿勢の発達を促すために，どのような取組をしましたか？
□あなたは，一貫して児童生徒に対して高い期待を伝え，児童生徒の目標，価値観，好み，長所に沿った支援や環境づくりをどのようにして行いましたか？
□児童生徒の家族や他の教員，地域の主要な支援者と児童生徒の進捗状況をどのように伝え，それぞれからフィードバックを得て，それを指導にどのように活かしましたか？
□教え終わった科目や単元の中で，児童生徒の自己決定力の成長の記録は，何を物語っていますか？教員として新たな発見などはありましたか？それを将来の授業や指導にどのように活かしていきますか？

第3章　高等部卒業後の就労生活と自己決定

第3章 高等部卒業後の就労生活と自己決定

第1節 高等部卒業後の就労生活を見越して自己決定力を高めることの重要性

1. 障害のある生徒のキャリアのプロセスと国内の障害者雇用の状況

(1) 特別支援学校（高等部）卒業時の生徒の現状

　特別支援学校高等部を卒業する生徒の進路は，大きく３つに分類されます。

　１つ目は，高等部卒業後に企業に就職する一般就労（以下，一般就労）です。その人数の推移は，高等部就職率として示されています。2022（令和４）年度の高等部卒業生 21,191 名のうち一般就労は 6,342 名であり，就職率は 29.9％でした（文部科学省, 2024）。2021（令和３）年度の就職率は 30.7％だったため，微減していました（文部科学省, 2024）。その就職率は障害種別毎に異なる傾向があります。最も高い就職率は，知的障害のある生徒で 32.7％，次いで聴覚障害のある生徒 29.9％，病弱の生徒 16.9％，視覚障害のある生徒 10.8％，肢体不自由の生徒 5.0％となっています。産業としては，「製造業」27.7％が最も割合が多く，次いで「卸売業・小売業」「サービス業」「医療・福祉」の順となっています（文部科学省, 2023a）。職業としては，「生産工程従事者」が最も多く，「運搬・清掃等従事者」「サービス職業従事者」の順で占めています。「生産工程従事者」の細分類でみると，「製造・加工従事者」が最も多くの割合を占めています（文部科学省, 2023b）。

　２つ目は，福祉サービスを利用する進路です。この進路には，職業的自立を目指すための職業訓練を中心に行う福祉サービスである「就労サービス」と，日常生活の自立や安定を目指す生活訓練，安定した自宅での生活を実現するための「居宅支援サービス」に分類されます。この福祉サービス利用の進路を選択する生徒は，2021（令和３年）３月の卒業生で 13,139 人となっています。福祉サービス選択した生徒の 53.4％にあたる 7,016 名は，就労系障害福祉サービスと呼ばれる就労サービスを選択しています（厚生労働省, 2022）。就労サービスは，就労移行支援事業所，就労継続支援 A 型事業所，就労継続支援 B 型事業所に分類されています。卒業生全体のうち就労サービスを選択した生徒は，32.1％を占めています。これらの就職率と就労サービスを選択する現状から，高等部を卒業する生徒の約６割が職業自立又は職業自立を目指すための訓練サービスを受けており，在学時に卒業後の職業自立を意識した教育実践は非常に重要であるといえます。

第Ⅰ部　理論編

　3つ目には，大学や専門学校等の高等教育機関へ進学する進路です。この進路を選択する生徒は，3.4％にあたる749名でした。実際に2022（令和4）年5月1日時点の障害学生数は49,672名で，前年度から8,928名増加しており，その在籍率は1.53％（前年比＋0.27ポイント）であることが報告されています（日本学生支援機構，2023）。障害学生数は2022（令和4）年度で過去最高値を更新しており，今後も増加傾向にあると見込まれています。

（2）　国内の障害者の職業自立の現状

①　企業で働く障害雇用者数

　2023（令和5）年6月1日時点の国内で働く障害者の数は，642,178人となっており，過去最高の数を更新しました（厚生労働省，2023）。この障害者雇用者数は，2002（平成14）年以降右肩上がりに過去最高を更新しています。2023（令和5）年の雇用者数も28,220人増加しており，前年対4.6％となっています（厚生労働省，2024）。実雇用率は2.33％で，対前年比0.08ポイント上昇しています。この障害者雇用者数と実雇用率ともに過去最高を更新していること，また，この法定雇用率を達成した企業は50.1％で，初めて半数を超える結果になったことは特筆すべきことです。

　2023（令和5）年時点で，2.3％であった法定雇用率は，2024（令和6年）4月に2.5％になり，2026（令和8）年4月からは2.7％に引き上げられることが決定しています。企業ではこの法定雇用率の更新を視野に入れて，企業の戦力として障害者の方に活躍してもらえるように，様々な取組や工夫をしていくことが求められています。

②　国内の障害者の働く産業と職業

　2023（令和5）年度の障害者雇用実態調査によると，全ての障害種別で前回調査の2018（平成30）年度と比較して，平均勤続年数が約2年程度延びていることが分かりました（厚生労働省，2024）。障害種別によって，その従事割合の多い産業や職業は異なる傾向があり，平均勤続年数においても違いがあります。

　身体障害者の平均勤続年数は，12年2ヵ月（前回10年2ヵ月）です。働く産業は，「製造業」が21.3％で最も多く，次いで，「卸売業，小売業」21.2％，「サービス業」14.9％，「医療・福祉」11.0％，「運輸業・郵便業」8.4％が上位を占めています。

　知的障害者の平均勤続年数は，9年1ヵ月（前回7年ヵ5月）に延びています。働く産業は，「卸売業，小売業」32.9％，「製造業」15.4％，「サービス業」13.2％，「医療・福祉」12.2％，「運輸業・郵便業」8.1％，「農業・林業」2.1％の順です。

　発達障害者の平均勤続年数は，5年1ヵ月（前回3年4ヵ月）に延びています。働く産業は，「卸売業，小売業」40.5％，「サービス業」14.6％，「製造業」10.2％，「運輸業・郵便業」9.5％の順です。

　実際に従事している職業としては，身体障害者は「事務的職業（26.3％）」が最も多く，次いで，「生産工程の職業（15.0％）」「サービスの職業（13.5％）」の順です。知的障害者は，「サー

ビスの職業（23.2％）」が最も多く，「運搬・清掃・包装等の職業（22.9％）」「販売の職業（16.8％）」の順となっています。特に，2018（平成30）年度の雇用実態調査において，「生産工程の職業」は37.8％と最も多かったのですが，2023（令和5）年度に16.6％と減少し，第4位となっていることは特徴的な変化です。発達障害者は，「サービスの職業（27.1％）」「事務的職業（22.7％）」「運搬・清掃・包装等の職業（12.5％）」の順となっています。

　一方，一般企業で働く障害者の職場への定着の状況は，障害種別で異なる傾向があります。障害者職業総合センターの調査（2017）では，入職後1年間の職場定着率は，身体障害者60.8％，知的障害者68.0％，発達障害者71.5％となっています。しかし，精神障害者においては，49.3％と職場定着率の低さが課題となっています。こうした職場定着率の低さを解消するために，就労サービスの一つとして，2018（平成30）年から就労定着支援事業所が創設されました。2022（令和4）年度10月時点では，全国に1,678事業所が開所されており，15,961名の利用者が，就職後の職場定着への支援をするための就労定着支援を受けています（厚生労働省，2023）。

　ただし，この就労定着支援は，就労サービスを利用者がその支援対象となっているため，高等部卒業後に直接一般企業へ就職した生徒は，この就労定着支援は利用することができません。したがって，高等部を卒業後に就職した生徒の職場定着の支援は，進路指導担当教員をはじめとする教員の卒業後のアフターケアとしてフォローされていることで担われている現状があります。

　近年，「ジョブサポートティーチャー」と呼ばれる生徒の就職先の職場開拓を担当する非常勤職員が配置される都道府県の取組が広がってきています。また，就職後の職場定着を支援するためのフォローアップを中心とする非常勤職員を配置する地域も出始めています。

（3）　就労系サービスから一般就労への道筋と施策動向

①　一般就労への移行の現状

　特別支援学校高等部の卒業生の約3割が就労サービスを選択しています。その就労サービスから一般企業へ移行している訓練生の数も，2020（令和2）年時点で18,599名であり，2003（平成15）年と比較すると14.4倍になっています。この就労サービスから一般企業への就労も一時コロナ禍の影響で減少しましたが，2003（平成15）年以降右肩上がりに増加傾向を示しています。

　就労サービスの中でも一般就労への移行は，2022（令和4）年度において，移行支援事業所退所者のうち57.2％であり，A型事業所26.2％，B型事業所10.7％となっています。B型事業所からA型事業所へのステップアップは5.9％，移行支援事業所へのステップアップは2.9％となっています。このように移行支援事業所，基本的に約24ヵ月の訓練期間を経て一般就労を目指します。利用期間の定めのないA型事業所やB型事業所から移行支援事業所へ移行する場合や一般企業への就職する事例も一定数あります。

第Ⅰ部　理論編

② 就労サービス「就労選択支援」の創出によって求められる自己理解と自己決定

　2024（令和6）年度の障害者総合支援法の改訂によって，就労サービスに新たに「就労選択支援」が創設されます（厚生労働省，2024）。この就労選択支援は，「障害者本人が就労先・働き方について，より良い選択ができるよう，就労アセスメントの手法を活用して，本人の希望，就労能力や適性等に合った選択を支援する」ことを目的としており，2025（令和7）年10月1日より施行されることになっています。この就労選択支援では，卒業後にB型事業所の利用を希望する生徒については，高等部3年時以外の各学年で実施することができ，在学中に複数回実施することも可能とされています。

　就労選択支援は，就労選択支援事業所によって提供されますが，作業場面を用いたアセスメント，多機関連携の会議によるアセスメント結果の意見交換，関係機関との連絡調整，雇用事例等や地域の情報提供等が本人との協同の上に実施されることが予定されています。2027（令和9）年4月以降は，A型事業所の利用希望者もこの対象となってきます。そういった点では，卒業後に就労サービスを利用する予定のある生徒は，在学中から就労選択支援を利用することになります。この就労選択支援では，アセスメントで整理した情報を基に自分の進路やキャリアを改めて考え，決めていく過程が含まれています。就労選択支援が始まることで，生徒には自分で自分の進路を決めていくための自己決定する力が求められてきています。また，今回の総合支援法の法改正でも，福祉サービスを利用する上で，本人の意思決定の尊重について言及されており，本人が必要な支援を自己決定し，周囲との協力を基にして自分に必要な支援を選んでいくということが大切になってきます。

　したがって，自分に関わることは自分で決めるという自己決定する力を高めていくことは，学校教育や家庭教育において乳児期・学齢期の段階から始めることが必要であり，自分のことを決める経験や体験を積み上げながら自己決定力を育てていくことが重要になります。

第2節　卒業後の職業自立の道筋において重要な基盤と自己決定

1. 自己決定と合理的配慮

　障害のある生徒が卒業後に「自分の未来」を切り拓き，職業自立を目指す過程においては，①自分の経験からの自己理解，②必要な工夫と手立ての理解，③周囲へ環境調整のリクエストをすることが重要になります。

(1) 自己理解と必要な工夫と手立ての理解

　安定した職業生活を実現するためには，自己理解がすべての基礎となってきます。この自己理解は，これまでの経験や体験から自分の得意なことや苦手なこと，自分の強みや工夫が必要なこと，必要な工夫とは具体的にどのような工夫なのか，周囲のサポートに何があれば

よいのか，ということを伝える力として整理できていることです。

　安定的な職業自立の実現には，様々な場面やアセスメントを通じた自己理解が重要になっています（前原，2023）。つまり，単に自分の好きなことや得意なことだけではなく，自分の障害によって苦手なことや工夫が必要なことについても，どのような工夫や環境があれば，自分の力を発揮できる状態となるのかということを周囲に説明できる又は伝えることができることが大切です。知的障害の程度が重度な生徒の場合において，自分の言葉で直接的に伝えることは困難な場合もありますが，大切なことは，生徒本人がそれまでの学習経験や作業場面などの体験から，自分のことをどのように理解し，それを周囲に伝えられるように自分の中で納得して，自分なりの工夫を用いて，周囲へ示す態度を育むことが大切です。

　様々な学習場面の振り返りの積み上げにより自己理解を深めることにつながります。具体的には，「将来の自分の姿」「どんな生活がしたいか」「どんな状態を目指すのか」，目標を自分の中でイメージできることで，そのために「何をしたいのか」「何を選択するのか」「何が心地よくて好きなのか」「どんなことが苦手なのか」「何をどのようにしたいのか」「どんな工夫があればよいのか」ということを明確にすることができます（図3）。こうした態度や意識は，自然的に体得できているものではありません。小学生から中学生のそれぞれの教育段階で，周囲から「あなたの目標は何か」「何をどのようにしたいか」という自身への問いに対する答えを出してきた経験や体験があって，初めて具体的なイメージとして描けるようになります。

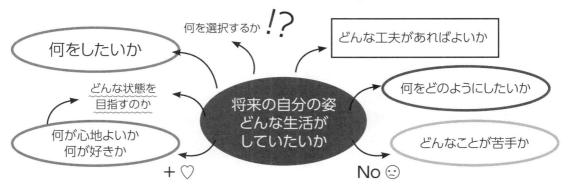

図3　自己理解と合理的配慮

2．合理的配慮の決定と環境調整

　職場で安定した力を発揮するためには，障害者には合理的配慮がなされた環境があることが前提となります。合理的配慮とは，障害に起因する個人の状態に対して，調整される工夫や整備のことです。この合理的配慮は，バリアフリーへの改修や設備等の調整などの物理的

な要件から，コミュニケーションや仕事の指示や内容などのソフト面の要件までその配慮内容は，個々人の状況や環境により多岐にわたります。

　2021（令和3）年の障害者差別解消法の改正により，2024（令和6）年4月からは事業主による障害のある人への合理的配慮の提供が義務化されました（内閣府，2023）。それまで民間企業の事業主には合理的配慮の提供は，努力義務として求められていましたが，今回から義務化されたことにより，国内の一般企業の中でも障害のある従業員への関わりや私立の教育環境における合理的配慮の提供も義務となりました。合理的配慮の提供には，建設的な対話が基本となり，配慮を必要とする側と配慮を提供する側が，それぞれの必要とする配慮に対して，どういった配慮がどのように可能であるのかについて対話をして，合意形成をする必要があります。

　合理的配慮のリクエストを受けた事業主は，その環境調整として，リクエストに応じて本人の力を発揮するためのバリアとなっているルールや環境を整備し，周囲の障害特性等や配慮の工夫を正しく理解し，慣例的な判断ではなく，個々の個別の状況や状態を判断しながら柔軟なルール設置を設けることが求められています。つまり，障害のある生徒は，自分に対する合理的配慮として「どのような工夫や配慮」があれば，「自分の力はこのように発揮できやすくなる」ということを相手に伝える力が必要になります（図4）。もちろん，生徒一人で伝えるのではなく，教員や保護者など生徒のリクエストを伝えるために周囲の支援者がサポートすることはあります。働く場面においては，主人公は障害のある生徒自身です。生徒自身が自分の表現できる形で，就職先や進路先の人へ「自分のことを伝え，配慮をリクエストし，相手と対話する」ということが重要になります。

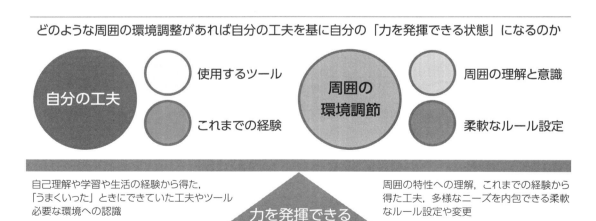

図4　自分の工夫と合理的配慮

第3章　高等部卒業後の就労生活と自己決定

3．卒業後の様々な自己決定の場面

　高等部を卒業した生徒は，その進路によって場面は異なりますが，それぞれ自己決定の力を求められる場面に直面します。

　例えば，就職した卒業生であれば，事業所先での合理的配慮についての対話や日々の仕事を行う中で生じる状況や課題に対して，どのように，誰と相談して解決していくのか，自分はどのようにそれに向き合うのかという場面が生じます。

　就労サービスの利用を選択した卒業生は，日々の就労訓練の中で，自分の職業スキルを高めるために，日々どのようなことを意識して過ごすのか，目標とする自分の姿に対してどのように近づくための訓練をするのか，どのような職業や職種を選択していくのか，どこの事業所へ実習にいくのか，求職活動をどうするのかなどその訓練期間の間に，様々な自己決定を求められる場面があります。

　大学等の高等教育機関等へ進学した卒業生は，修学する上で必要な合理的配慮として，「どのような環境調整が必要なのか」「障害学生支援のサポートが必要なのか」を大学等の担当の部署の支援者と対話をしながら，在学中の学習場面から日常生活における配慮や工夫をどのようにするのかを決めていく場面が入学時からあります。また，在学期間の中で，「どのような授業を履修するのか」「資格取得はどうするのか」「アルバイトはどうするのか」など，すべての場面において，自分で決めたことを周囲に伝え，必要なサポートや環境調整が必要なことをリクエストするということが必要になります。

　つまり，高等部を卒業した生徒たちは，それぞれの進路で場面の違いはあるにしても，自分の目標とすることを達成するために必要なサポートや環境調整を創り出すために，自分で決める，自己決定する力が不可欠になります。この自己決定する経験場面の不足は，自らの人生の主導権を他者へ委ね，自分の望む未来を描くこと自体を手放す行為にもつながります。

　障害の程度の軽重や困難の程度に関係なく，障害のある生徒一人一人が「自らのことは，自らが決めることができ，自ら選択できる」という経験の積み上げが卒業後の生徒には未来を切り拓くための原動力となるのです。

第3節　生徒の卒業後を見越した教育現場の実践とキャリア・パスポート

1．自己決定を意識した授業実践

　前述したように卒業後は，その様々な場面で自己決定する場面が増えていきます。生徒の「自己決定力を高める」ための教育実践では，「目標を決め」，「その方法を考え」，「結果を見直し」，次なる目標を決めるといったサイクルを，各教科の授業場面，合わせた指導の場面，自立活

動や作業学習における実習や総合的な学習の時間から特別活動に至るすべての教育活動場面において，生徒自らが，その学習場面において，自分の目標を設定し，その方法を決め，やってみるというサイクルを繰り返し，積み上げていくことが求められます（図5）。

図5　自己決定を意識した教育実践

2．キャリア・パスポートと就労パスポート

　学習指導要領の特別活動では，「学校，家庭及び地域における学習や生活の見通しを立て，学んだことを振り返りながら，新たな学習や生活への意欲につなげたり，将来の生き方を考えたりする活動を行う」際に，児童生徒が「活動を記録し蓄積する教材等を活用すること」（文部科学省，2018）において「キャリア・パスポート」の活用が示されています。

　このキャリア・パスポートは，自らのキャリア形成のために必要な様々な汎用的能力を育てていくものであり，学校の教育活動全体を通して行うもの（文部科学省，2018）であり，学びのプロセスを記述し振り返ることができるポートフォリオ的な教材とされています。各学校で導入されていくキャリア・パスポートは，生徒自らが，様々な教育場面で，どのように自己決定し，体験し，何を気付きとして得て，どう工夫をアレンジし，新たな目標を設定するのか，その軌跡を視覚的に捉えることができるように整理するものでもあります（図6）。

　学校教育段階から高等部卒業後3年間を含む生徒への支援計画では，「個別の支援計画」から「個別の教育支援計画」「個別の移行支援計画」など，それぞれの支援と役割分担を明確にするため計画が作成されています。企業等で就労する際には，働く障害者の「働く上での自分の特徴やアピールポイント，希望する配慮について，支援機関と整理し，事業主に分かりやすく伝えるツールとして，「就労パスポート」と呼ばれる，個人の特性や強みや必要な合理的配慮を示したものの活用が推奨されています（厚生労働省，2019）。

　このように，就職する際の就労パスポートを作成する上でも，これまでの学校教育の情報の整理や明示は，児童生徒のキャリアを発展させる方向性やその道筋を整理する上で重要な

第3章　高等部卒業後の就労生活と自己決定

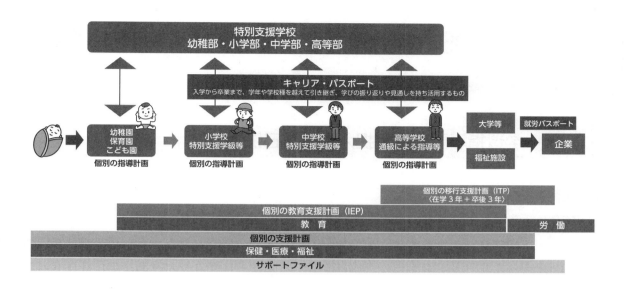

図6　生徒の支援計画とキャリア・パスポート

素材となります。個別の教育支援計画から個別の指導計画，キャリア・パスポートから個別の移行支援計画，就労パスポートに至るまですべての情報や計画はそれぞれに連関しながら，生徒の職業自立を支える仕組みとして機能しています。

第Ⅰ部　理論編

第4章　発達年齢段階における自己決定の段階

第1節　学習指導要領から捉える「自己決定」

1. 生徒エージェンシーと自己決定

　OECD（経済協力開発機構）では，2015年から『Education 2030プロジェクト』を進めてきました。このプロジェクトでは，2030年において求められるコンピテンシーを検討するとともに，そうしたコンピテンシーの育成につながるカリキュラムや教授法，学習評価などについて検討してきました。日本においても，2015年のプロジェクト開始当初から参加し，国際的なコンピテンシーの枠組み設計やカリキュラムに関する議論に積極的に貢献し，このプロジェクトにおける議論や研究の成果を学習指導要領改訂の際に参照しています。

　その中で「2030年のための生徒エージェンシー」（Student Agency for 2030）が提唱されました。この概念は，生徒が自分の人生や周りの世界に対してポジティブな影響を与えうる能力と意志をもっているという原則に基づいています。その上で，「生徒エージェンシー」とは，変革を起こすために目標を設定し，振り返りながら責任ある行動をとる能力として定義づけられています。生徒が自らの学習のエージェントであるとき，つまり何をどのように学ぶかを決定することに積極的に関与するとき，生徒はより高い学習意欲を示し，学習の目標を立てるようになることが期待されます。さらに，このような生徒は，生涯を通して使うことのできる「学び方」という，かけがえのないスキルを身に付けていくことも期待されています（OECD, 2018）。

　この「2030年のための生徒エージェンシー」は，第2章で述べられている『エイジェンシー起点理論』で定義される自己決定や，3つの自己決定行動も内包された概念として捉えることができるのではないでしょうか。

2. 現行の学習指導要領と自己決定

　これまで日本の教育では，経済発展とともに「個性よりも協調性」「個人の主体よりも集団への順応性」が求められ，画一的な管理教育や専門知識一辺倒の教育が行われてきました。しかし，変化・変動化が常態化する社会へと移り変わり，自己探求や個々人の生涯発達に応じた教育へといった新しい方向が指し示されるようになりました。また，障害福祉サービスや就労支援の充実が図られ，共生社会の実現に向けた法的な整備が進んできている中で，障

害の有無にかかわらず，児童生徒が自分の将来をどのように実現していきたいか，自分で目標を設定し，そのために必要な変化の実現に向けて行動できるよう育んでいくことが，学校教育において非常に重要になってきています。これまでの学習指導要領においても，児童生徒が自ら課題を発見し，考え，主体的に判断して行動し，よりよく問題解決する資質・能力を身に付ける教育の重要性が示されています。

　現行の学習指導要領では，学校の教育課程編成や授業改善といった具体的な教育活動実施の基本方針に，先に述べたエージェンシーに関わる内容が示されています。エージェンシーという言葉こそ使われていませんが，総則編では，「児童生徒一人一人がよりよい社会や幸福な人生を切り拓いていくためには，主体的に学習に取り組む態度も含めた学びに向かう力や，自己の感情や行動を統制する力，よりよい生活や人間関係を自主的に形成する態度等が必要となる」と述べられています。さらに，「これらは，自分の思考や行動を客観的に把握し認識する，いわゆる『メタ認知』に関わる能力を含むものである」と記されています。つまり，学習指導要領が重視する資質・能力の育成の実現を目指した教育課程を編成し，特に教科・領域等で子供が主体的・対話的に学びを深める授業や諸活動を実施していくことがエージェンシー，そして「自己決定」を高めることにつながっていくと考えられます。

3．発達段階と学習指導要領上で示す段階

　児童生徒が成長していく中で，身体的，認知的，社会的な能力やスキルがどのように発達しているかを示す段階のことを「発達段階」といいます。発達段階は一般的に，幼児期，児童期，思春期，青年期，成人期などの様々な段階に分けられます。それぞれの段階で児童生徒たちが通過する発達課題や性質は異なり，また，個々の子供には個人差があります。学校教育が，児童生徒の自己決定を制限したり高めたりすることに大きな影響があることを理解し，個々の子供の発達段階を考慮して自己決定を促進するための指導やサポートを行っていくことはとても重要です。

　特別支援学校学習指導要領では，知的障害者である児童生徒に対する教育を行う特別支援学校の各教科等の基本的な考え方として，学年ではなく段階別に各教科等の内容を示しています。それは，発達期における知的機能の障害が，同一学年でも個人差が大きく，学力や学習状況が異なるからです。ここで示す段階とは，児童生徒の知的機能の障害の状態と適応行動の困難性等を踏まえ，知的発達，身体発育，運動発達，生活行動，社会性，職業能力，情緒面での発達等の状態を考慮しながら，各教科の段階を小学部1段階から高等部2段階へと7段階で構成しています。そして，各段階の内容は，各段階の目標を達成するために必要な内容として，児童生徒の生活年齢を基盤とし，知的能力や適応能力及び概念的な能力等を考慮しながら段階毎に配列しています（文部科学省，2019）。

第Ⅰ部　理論編

第2節　学習指導要領で示す段階と自己決定の段階

　ここでは，知的障害のある児童生徒の自己決定を育むために，『特別支援学校学習指導要領解説各教科等編（小学部・中学部）』第4章第1節−5並びに『特別支援学校学習指導要領解説教科等編（上）（高等部）』第5章第1節−5にある段階の考え方に示す段階の構成ごとに，第2章に示すエイジェンシー起点理論が提唱する3つの自己決定行動と関連した10のスキルをどのように育んでいくことが大切なのかを提唱します。【自己決定行動（関連スキル）】

1．小学部・中学部

　小学部と中学部においては，児童生徒の成長とともに，生活したり，学習したりする場やその範囲が広がっていくことや，それらのことと関連して，児童生徒が注意を向けたり興味や関心をもったりする段階から，具体的な事物について知って物の特性の理解や目的をもった遊びや行動ができる段階へ，また，場面や順序などの様子に気付き教員や友達と一緒に行動したりすることから，多様な人との関わりをもてるようにしていく段階などを念頭に置きながら，より深い理解や学習へと発展し学習や生活を質的に高めていくことのできる段階としています。

　これらの各段階において，児童生徒の自己決定を高めるためには，教員，家族，支援者などが児童生徒と対話を重ね，学校内外での様子について実態把握に努めるとともに，児童生徒のもつ思いや願いを汲み取り，自分から様々な発信ができるように働き掛けていくことが重要です。また，自ら未知のことへ挑戦しようと思えるよう，安心できる環境を整えていくことも必要です。

【小学部　1段階】

> 　主として知的障害の程度は，比較的重く，他人との意思の疎通に困難があり，日常生活を営むのにほぼ常時援助が必要であるものを対象とした内容を示している。
> 　この段階では，知的発達が極めて未分化であり，認知面での発達も十分でないことや，生活経験の積み重ねが少ないことなどから，主として教員の直接的な援助を受けながら，児童が体験し，事物に気付き注意を向けたり，関心や興味をもったりすることや，基本的な行動の一つ一つを着実に身に付けたりすることをねらいとする内容を示している。

　この段階では，児童が教員と一緒に様々な体験を行い，事物に気付いて注意を向けたり，関心や興味をもったりできるようにすることが大切です。その上で，学習活動の中に「やる・やらない」「食べる・食べない」など2つ，あるいは3つの具体的な選択肢を提示し，児童が自ら手を伸ばすなどして1つのことを選び【意志行動（選択）】，遊んでみたり食べてみたりした結果【主体行動（目標達成）】，楽しかったのか，おいしかったのか，おいしくなかった

のか等，児童が感じたことを教員が汲み取りながら一緒に振り返ることで，自分は何が好きか，何が苦手かといったことを児童が徐々に認識できるようにするとともに，自分で選んで行動したことをポジティブに受け取ることができるよう**【信念（自己への気付き）】**，サポートしていくことが大切です。

＜参考＞
　【実践編】54 〜 62 頁，63 〜 71 頁
　【資料編】188 〜 189 頁，194 〜 195 頁

【小学部　2段階】

> 　知的障害の程度は，1段階ほどではないが，他人との意思の疎通に困難があり，日常生活を営むのに頻繁に援助を必要とする者を対象とした内容を示している。
> 　この段階では，1段階を踏まえ，主として教員からの言葉掛けによる援助を受けながら，教員が示した動作や動きを模倣したりするなどして，目的をもった遊びや行動をとったり，児童が基本的な行動を身に付けることをねらいとする内容を示している。

　この段階では，児童が教員の援助を求めながらも，自分なりの方法で自分が感じた気持ちや要求などを教員や友達に伝える場面を設け，自分の感じた気持ちや要求などが相手に伝わったことを確認できるよう，教員が「○○と思っているんだね」「△△がしたいんだね」等と受け止めることが大切です。その上で，学習活動の中で児童がやってみたいことを複数の選択肢から選び**【意志行動（選択）】**，繰り返し試したり，選び直したりできるように環境を整え**【主体行動（目標達成）】**，その行動の結果から，何をしたことが楽しかったのか，何がうれしかったのか，何がうまくいかなかったのかといったことを，教員とのやり取りの中で表現することで自己への認識を深められるようにするとともに，児童が「もっとやってみたい」「次は○○をやってみたい」などと，新たに生まれた気持ちや要求を汲み取り，次の学習への意欲を高められるように**【信念（自己への気付き）】**サポートしていくことが大切です。

＜参考＞
　【実践編】なし
　【資料編】206 〜 207 頁，208 〜 209 頁

【小学部　3段階】

> 　知的障害の程度は，他人との意思の疎通や日常生活を営む際に困難さが見られる。適宜援助を必要とする者を対象とした内容を示している。
> 　この段階では，2段階を踏まえ，主として児童が自ら場面や順序などの様子に気付いたり，主体的に活動に取り組んだりしながら，社会生活につながる行動を身に付けることをねらいとする内容を示している。

第Ⅰ部　理論編

　この段階では，児童が言葉を用いて自分の思いや気持ちを伝えるだけではなく，なぜそう思うのか，なぜそれをしたいのかといったことを教員が聞き取っていくことで，児童が自分のイメージや思いを相手が分かるように工夫して伝えるためのサポートをすることが大切です。その上で，児童生徒がやってみたいと思っていること（例：クラスの友達とゲームをして遊びたい，家族にプレゼントを渡したい等）を各教科・領域等の内容と結び付けながら学習活動に取り入れ，その思いを実現するためには何が必要か，誰に協力してほしいかといったことを教員と一緒に考え，自分の思いを実現する方法に気付けるようにし【意志行動（意思決定）】，教員のサポートを得ながら思いの実現に向けて行動を起こし【主体行動（自己管理）】，自分の思いを実現するためのプロセスで学んだことを教員と一緒に振り返ることで，その後も学んだことを生かしながら，さらに人との関わりや行動範囲を広げていけるように【信念（自己への気付き）】サポートしていくことが大切です。
　＜参考＞
　　【実践編】152 ～ 160 頁，161 ～ 168 頁
　　【資料編】200 ～ 201 頁，202 ～ 203 頁

【中学部　1段階】

> 　小学部3段階を踏まえ，生活年齢に応じながら，主として経験の積み重ねを重視するとともに，他人との意思の疎通や日常生活への適応に困難が大きい生徒にも配慮した内容を示している。
> 　この段階では，主として生徒が自ら主体的に活動に取り組み，経験したことを活用したり，順番を考えたりして，日常生活や社会生活の基礎を育てることをねらいとする内容を示している。

　この段階では，生徒が自分の行動や経験を言葉で整理し，自分の思いや考えを明確にしながら，自分の行動を管理できるようサポートすることが大切です。その上で，生徒が自らの思いや願いを伝える場を設け，その思いや願いを実現していくためには，各教科・領域の中で何を学ぶか，これまでの学びを整理し，新たに学ぶべき事柄を教員と一緒に考えることで，学ぶことへの意味付けを図りながら，それぞれの学習において目標を設定できるようにしていきます【意志行動（目標設定）】。そして，設定した目標の達成に向けて，どのように学んでいけばよいか，その方法を教員と探りながら行動を起こし【主体行動（自己管理）】，何をどのように学んだことで，何ができるようになったのかということを教員と一緒に明らかにしながら，できるようになったことを日常生活や社会生活の中で活用していく方法を考えられるように【信念（自己理解）】サポートしていくことが大切です。
　＜参考＞
　　【実践編】72 ～ 80 頁，81 ～ 88 頁
　　【資料編】190 ～ 191 頁，196 ～ 197 頁

第4章　発達年齢段階における自己決定の段階

【中学部　2段階】

> 　中学部1段階を踏まえ，生徒の日常生活や社会生活及び将来の職業生活の基礎を育てることをねらいとする内容を示している。
> 　この段階では，主として生徒が自ら主体的に活動に取り組み，目的に応じて選択したり，処理したりするなど工夫し，将来の職業生活を見据えた力を身に付けられるようにしていくことをねらいとする内容を示している。

　この段階では，自分の将来に向けた思いや願いを言葉でまとめ，その思いや願いが形成された理由を周囲の人に伝えられるようにするためのサポートが大切です。その上で，生徒が自らの将来に向けた思いや願いについて語ることができる場を設け，その思いや願いの実現に向け，教員と一緒に現状を整理しながら，各教科・領域の中で新たに何を学んでいく必要があるか考えることで，学ぶことの意味を理解し，それぞれの学習において目標を設定できるようにしていきます【意志行動（目標設定）】。そして，設定した目標の達成に向けて，どのように学んでいけばよいか，その方法を選択しながら行動を起こしたり，行動していく中で新たに生まれた課題を教員と一緒に解決したりしながら【主体行動（問題解決）】，学んだことによって，どの程度目標を達成することができたか教員と確認し，できるようになったことを日常生活や社会生活の中で活用していこうとしたり，難しかったことをどのような方法で解決していくかを考え，新たな目標を設定したりできるように【信念（自己理解）】サポートしていくことが大切です。

<参考>
【実践編】89～97頁
【資料編】202～203頁，210～211頁，216～217頁

２．高等部

　高等部においては，生徒自らが主体的に，将来の生活を見据えて，必要とされる基本的な生活習慣や社会性，職業能力等を身に付けていく段階から，それらを踏まえてより実用的かつ発展的な内容を習得することをねらいとする段階などを念頭に置き，より深い理解や学習へと発展し，学習や生活を質的に高めていくことのできる段階の構成としています。

　これらの各段階において，生徒の自己決定を高めるためには，生徒が将来の生活を見据え，どのように生きたいか，どのようにありたいかということを考え，その思いや願いを教員や家族，友達との対話によってより明確にしていくことが重要です。

第Ⅰ部　理論編

【高等部　1段階】

> 　中学部2段階やそれまでの経験を踏まえ，生活年齢に応じながら，主として卒業後の家庭生活，社会生活及び職業生活などとの関連を考慮した，基礎的な内容を示している。
> 　この段階では，主として生徒自らが主体的に学び，卒業後の生活を見据えた基本的な生活習慣，社会性及び職業能力等を身に付けられるようにしていくことをねらいとする内容を示している。

　この段階では，生徒が自分の卒業後の姿を思い描き，家庭生活や社会生活，職業生活における思いや願いを表明していくためのサポートが大切です。その上で，生徒が自らの将来に向けた思いや願いに基づき，学校生活や家庭生活など，それぞれの場面における目標を設定する場を設け，その目標達成に向け，教員と一緒に現状を整理しながら，何の教科・領域で何を学んでいけばよいか，どのようなスケジュールや方法で行動を起こしていけばよいか，計画を立てられるようにしていきます【意志行動（計画作成）】。そして，計画に沿って行動した結果を振り返り，目標達成に向けた進捗状況を確認できるようにすることで，目標達成を阻害する問題の解決に向けて計画を修正したり，教員に援助依頼したりできるようにします【主体行動（問題解決・自己主張）】。生徒が自分の将来に向けて，どの程度目標を達成することができているか教員と確認し，できるようになったことを，卒業後どのように役立てていくか考えたり，状況に応じてどのように周囲の人に援助要請をしていくか考えたりしながら，今学んでいることと将来へのつながりが理解できるように【信念（自己理解）】サポートしていくことが大切です。

<参考>
【実践編】98 〜 106 頁，126 〜 134 頁，135 〜 142 頁
【資料編】192 〜 193 頁，198 〜 199 頁，214 〜 215 頁

【高等部　2段階】

> 　高等部1段階を踏まえ，比較的障害の程度が軽度である生徒を対象として，卒業後の家庭生活，社会生活及び職業生活などとの関連を考慮した，発展的な内容を示している。
> 　この段階では，主として生徒自らが主体的に学び，卒業後の実際の生活に必要な生活習慣，社会性及び職業能力等を習得することをねらいとする実用的かつ発展的な内容を示している。

　この段階では，生徒が自分の卒業後の具体的な姿を思い描き，家庭生活や社会生活，職業生活における思いや願いを表明していくためのサポートが大切です。

　その上で，生徒が自らの将来に向けた思いや願いに基づき，学校生活や家庭生活など，それぞれの場面における目標を設定する場を設け，その目標達成に向け，教員と一緒に現状を整理しながら，自らどのような学びが必要かを考え，何の教科・領域で，どのようなスケジュールや方法で行動を起こしていくか，計画を立てられるようにしていきます【意志行動（計画

作成)】。そして，計画に沿って行動した結果を振り返り，目標達成に向けた進捗状況を確認することで，目標達成を阻害する問題の解決に向けて計画を修正したり，適切な人に援助依頼したりできるようにします**【主体行動（問題解決・自己主張)】**。生徒が自分の将来に向けて，どの程度目標を達成することができているか教員と確認し，できるようになったことを，社会の中でどのように役立てていくか考えたり，困難な状況にどのように対処することが適切か考えたりしながら，将来への見通しをもてるように**【信念（自己理解)】**サポートしていくことが大切です。

＜参考＞
　【実践編】107 ～ 115 頁，116 ～ 125 頁
　【資料編】204 ～ 205 頁，218 ～ 219 頁，220 ～ 221 頁

第Ⅰ部　理論編

第5章　自己決定の尺度と評価

第1節　自己決定の尺度

1. 自己決定力を高める指導を取り入れる難しさの背景

　『小学校学習指導要領』（文部科学省，2017）では，自ら学習の課題や学習活動を選択する機会を設けるなど，児童の興味・関心を生かした自主的，自発的な学習が促されるように工夫することとし，自己決定の重要性が示されています。また，『特別支援学校小学部・中学部学習指導要領』（文部科学省，2017）『特別支援学校高等部学習指導要領』（文部科学省，2019）においても，個々の児童又は生徒に対し，自己選択・自己決定する機会を設けることによって，思考・判断・表現する力を高めることができるような指導内容を取り上げることが示されています。

　国立特別支援教育総合研究所（2010）は，『知的障害のある児童生徒のキャリアプランニング・マトリックス（試案）』を作成しました。キャリアプランニング能力は「人間関係形成能力」「情報活用能力」「将来設計能力」「意思決定能力」の4つに分けられ，「意思決定能力」には，遊び，活動の選択から，産業現場等における実習などの経験に基づく進路選択につながる「自己選択」が含まれています。これらのことから，障害の有無にかかわらず，自己決定に関するスキルである自己選択ができるように育成することは重要であることが分かります。松田ら（2007）は，自己選択・自己決定を行うことは，知的障害児の自主性・主体性を高める効果があると述べています。自己決定する力の育成は，知的障害児が主体的に取り組む意欲を高める上でも重要な課題であることは明らかです。

　進藤ら（2004）は，知的障害児（者）の自己決定する力を育成することについて，その重要性が認識されつつも，十分に保証されているとは言い難いと述べており，実際にどのように授業場面において自己決定の場を意図的に設けていくのか検討していく必要があると考えられます。自己決定に関する指導方法が分からないだけでなく，自己決定を評価する方法が確立しておらず，自己決定する力を高める指導の難しさが指摘できます。自己決定とは潜在的にある力として測定することができ，その結果を指導に生かすことが望ましいとされています。

　日本における自己決定を測定する尺度については，本書で述べられている自己決定の三大要素である「決める」「行動する」「信じる」に基づいた自己決定力を高めるサイクルに関する尺度はいまだ存在しません。第2章で紹介されているように，アメリカでは自己決定の尺

第5章　自己決定の尺度と評価

度開発が進んでいて教育現場でも広く使われています。現在，日本語版の開発と妥当性が測られている段階です。

第2節　自己決定の評価方法

1．自己決定の評価方法の種類

　一般的な学習評価の方法としては，表2に示した高浦（1998）の提唱する7つの評価モデル（ポートフォリオ，プロフィール，パフォーマンス，プロダクト，プロセス，プロジェクト，パーソナリティ）が知られています。これらは，それぞれに特長がありますから，児童生徒にとってよりよい方法を選択して活用することが望まれます。

表2　評価技法の7Pモデル（高浦，1998）

評価モデル	内　　容
Portfolio ポートフォリオ	・ファイル等を蓄積した学習プリント，資料，写真，カード等を整理し，教員と児童生徒が対話しながら行う評価である。
Profile プロフィール	・いくつかの観点に沿って，点数化し，その結果をレーダーチャートに図示し，学習のプロフィールを見ながら，次の学習課題を設定する評価である。
Performance パフォーマンス	・観察，実験，実技，討論，発表などの活動を，主に観察法を使いながら評価する。
Product プロダクト	・作文，レポート，工作や模型，絵画や彫刻，CDやホームページ，料理や建物などの作品のよさを評価する。
Process プロセス	・学習過程における興味や関心，友達との協調性，課題意識の深まり，学習の満足感等について，数分程度で記入できるカードを用いて評価する。
Project プロジェクト	・あるテーマとしてプロジェクトの企画と運営の在り方を自己評価する。
Personality パーソナリティ	・これまでの自分の成長の年表形式で，振り返らせ，1年間の学習を通して観点別に評価する。

　一方，自己決定を評価するためには，知的障害のある児童生徒が確かに目標を達成した，または近づいたということを自分で評価することが必要です。教員が「きっとこの子は自己決定力が高まったであろう」「この子は自己決定力が高まっていない」と決めつけて勝手に評価するのではなく，確かに自己決定力が高まったということを本人自身が『自己評価』することで，知的障害のある児童生徒は自己決定力の高まりを自覚し，教員は児童生徒の自己決定力の高まりを評価することができます。自己評価をするときには，「どうしてそのように評価をしたのか。」など知的障害のある児童生徒と対話をしながら進めていくことが重要です。「どうしてそう思ったのか。」と聞きながら理由を掘り下げたり，フィードバックを与えたりすることで，自己決定に対する自信が高まります。このように，自己決定力を高めるためには教員のファシリテーション力も必要となってきます。

第Ⅰ部　理論編

　障害が重く，児童生徒自身が自己評価をすることが難しいという場合には，教員が変容を観察することで自己決定を評価することができます。「障害があるから・・・」「障害が重いから・・・」という理由で自己決定できないと思い込んではいないでしょうか。障害の有無や程度は自己決定とは関係ありません。微細な変化に対する評価をすることで，自己決定を評価していきます。特別支援教育に携わる教員の専門性の一つとなります。表3には，9つの自己決定を評価する方法について示します。

表3　自己決定の評価方法

自己決定を評価する方法	概　　　　要
『K-W-H-L チャート』	知っていること（K），知りたいこと（W），知りたい情報を見つける方法（H），知りたい情報について学んだこと（L）について整理する。
単元目標到達スケール	単元目標に対する達成度を5件法で自己評価，数値の変化を示す。
観点別のレーダーチャート	観点別に自己評価し，得点の数値の変化を示す。
三大要素に対して各10点満点などで点数化する尺度	自己決定の三大要素である「意志行動」「主体行動」「信念」の項目に対して，達成状況を点数化して評価する。
三大要素に関連する自信の程度を評価する尺度	自己決定の三大要素である「意志行動」「主体行動」「信念」の項目に対して，「1. 全く自信がない」～「6. とても自信がある」の項目の中から自己選択・自己決定して評価する。
三大要素に関連する具体的な姿の変容の観察	自己決定の三大要素である「意志行動」「主体行動」「信念」の項目に対して，目標を設定し，行動がどのように変容したのか具体的な姿を記録して評価する。
三大要素と単元の目標とを関連させた項目を評価する尺度	自己決定の三大要素である「意志行動」「主体行動」「信念」と，単元目標（学習指導要領を根拠とした目標）とを関連させた項目を作成し，「よくできた」「できた」「あまりできなかった」などを自己選択・自己決定して評価する。
決定の主体について評価する尺度	活動内容について，誰が決めたのか決定の主体について自己選択・自己決定して評価する。選択する項目は「自分で決めた」「先生と決めた」「友達を真似た」「決められなかった」など。
サポート段階の変化の観察	自己決定の三大要素である「意志行動」「主体行動」「信念」の項目について，教員のサポートの段階の変化を観察して評価する。 ※サポートの段階についての詳細は第1章で紹介。

2.『K-W-H-L チャート』の活用

　【実践編】には，知的障害のある児童生徒の自己決定力を高めるための指導法と評価の一つとして，表4に示した『K-W-H-L チャート』を共通で活用しています。Kは「What I know」，Wは「what I want to know」，Hは「How I will learn」，Lは「What I learned」の頭文字です。『K-W-H-L チャート』は，知っていること（K），知りたいこと（W），知りたい情報を見つける方法（H），そして，知りたい情報について学んだこと（L）を整理するグラフィックオーガナイザーです。グラフィックオーガナイザーとは，思考の流れた枠組みを可視化して示すように工夫された表現，あるいはそのような表現方法を学ばせるワークシートの総称のことです（鈴木，2005）。

『K-W-H-L チャート』は，単元の導入，中間，最終に使用されます。この方法は，知的障害のある児童生徒がすでにもっている知識を活性化し，授業や学びの目的を設定，知りたい情報を見つける方法を計画し，そのトピックスに関する知識を記録することで，知的障害のある児童生徒の理解をサポートします。『K-W-H-L チャート』は，授業の中で児童生徒の「主体的な学び」を向上させるツールとして取り入れられています。

表4　『K-W-H-L チャート』

What I Know 知っていることは何?	What I Want to Know 知りたいことは何?	How Will I Learn どうやって学びたいの?	What I Learned 学んだことは何?

『K-W-H-L チャート』は，Ogle（1986）が開発した『K-W-L チャート』が基となっています。『K-W-L チャート』は，文章を読む際に，既有知識を活用しながら学習者が活動的に読む形態にするために開発されました。他の学習者とやり取りしながら自らの既有知識を基に文章を読む目的となる「問い」をつくり，文章を読みながらそれを追究し，解決するという学習過程を辿ることを支援するツールです。『K-W-H-L チャート』を活用することで，学習に対して受け身の姿勢になりがちな知的障害のある児童生徒でも，学習で習得した知識を整理したり，新たに感じた疑問などを記入したりして，学習者が主体的に課題を解決していく能動的な学習を進めることができます。障害の程度が重度な場合には，知的障害のある児童生徒と対話をしながら記入をしたり，教員が代わりに記入したりすることも考えられます。また，タブレット端末などの ICT 機器を使用したり，イラストなどを提示したりしながら活用することも可能です。教員が勝手に記入するのではなく，どのような形でも，知的障害のある児童生徒が『K-W-H-L チャート』の作成に関わっているということが重要になります。

3．日本の学習指導要領との関連性

現行の学習指導要領等では，教育課程を通じて児童生徒にどのような力を育むのかという教育目標を明確にし，それを広く社会と共有・連携していけるようにするためには，教育課程の基準となる学習指導要領等が，「社会に開かれた教育課程」を実現するという理念のもと，学習指導要領等に基づく指導を通じて知的障害のある児童生徒たちが何を身に付けるのかを明確に示していく必要があります。そのためには，指導すべき個別の内容事項の検討に入る前に，まずは学習する知的障害のある児童生徒の視点に立ち，教育課程全体や各教科等の学びを通じて「何ができるようになるのか」という観点から，育成すべき資質・能力を整理する必要があります。その上で，整理された資質・能力を育成するために「何を学ぶのか」という，必要な指導内容等を検討し，その内容を「どのように学ぶのか」という，知的障害の

第Ⅰ部　理論編

ある児童生徒の具体的な学びの姿を考えながら構成していきます。

　学習指導要領で提唱している，「何ができるようになるのか」，「何を学ぶのか」，「どのように学ぶのか」は教員側から見た視点ですが，『K-W-H-L チャート』は学び手である知的障害のある児童生徒側から見た視点であるといえます。そのためにも知的障害のある児童生徒が学びの主体者になるための環境づくりが必要です。『K-W-H-L チャート』を学びの柱として単元を通して活用することで，自分の得意なこと，好きなことなどの長所を活用しながら，どのようなサポートを受ければよいか周りの人と一緒に考えながらなりたい自分に近づいていきます。そのようなプロセスを繰り返すことで自己決定力が高まります。

第6章　自己決定力を高めるための授業づくり

第6章　自己決定力を高めるための授業づくり

1.　自己決定力を高めるとは

　「自己決定力」とは，自分で判断し，自分で決める力のことです。人間は一生で最大35,000回もの選択を行っているといわれています。日常の小さな選択から，人生の岐路で迫られる大きな決断まで，様々な形で「決定」を繰り返しています。その際に重要になるのが自己決定力です。

　この自己決定力を高めるためには，授業活動の中で取り組んでいく必要があります。特に，なかなか自分で思うように決定することができない知的障害のある児童生徒には，教員が「自己決定理論」やそのプロセスを明確に示して教授していくことが重要となります。

　本書の【資料編】には，特別支援学校学習指導要領（小学部・中学部・高等部）に示されている段階の考え方に示す段階の構成について，『エイジェンシー起点理論』が提唱する3つの自己決定行動とそれに関連した10のスキルを取り入れた各教科等の単元・題材の取組例を示しました。そして，さらにこれを具体化した授業活動の展開例が【実践編】の例示です。それでは，実際に読者の皆様がどのように授業活動を展開すれば自己決定力が高まるのかを説明します。それを示した授業づくりスケジュールが表5です。

表5　自己決定力を高めるための授業づくりスケジュール

授業開始前（計画）	授業開始（実施）	授業終了後（評価）
①過去の授業活動の確認 ②授業構想 ③学習指導案の作成 　（自己決定に至るサイクル） 　（三大要素と10のスキル）	④『K-W-H-L チャート』の提示の 　（K-W-H） ⑤自己評価のトレーニング ⑥自己決定に至るサイクルの実施 ⑦三大要素と10のスキルの実施 ⑧知的障害児へのサポート 　7段階の活用	⑨『K-W-H-L チャート』の提示の（L） ⑩「評価技法の7P モデル」の活用 ⑪単元目標到達スケールの実施 ⑫観点別の自己評価の実施 　　　　　　　　　　　　　　など

2.　自己決定力を高めるための具体的な授業づくり

（1）　授業開始前（計画）

　各教科等の単元・題材による授業活動を展開していくためには，最初に授業全体の構想を計画するところから始まるはずです。多くの教員は，まずは過去に同じような授業活動をしていればそれを確認し，過去の活動を振り返り（反省し）ながら，今年度の知的障害のある児童生徒の実態や障害等を加味する中で，<u>新たな授業活動になるように肉付け</u>をしていくの

第Ⅰ部　理論編

ではないでしょうか。

　児童生徒の自己決定力を高めるためには，この「新たな授業活動になるように肉付け」する際に，「自己決定理論」とそのプロセスを組み入れることが重要となります。つまり，図7に示しているように，自己決定に至るまでのサイクル（自己決定力→自己決定に関わる力・スキルの指導→これらの力・スキルを練習し実践する機会をつくる→必要に応じてサポートや配慮を与える→自己決定→・・・）を取り入れることです。そして，その中に三大要素（意志行動＜決める＞，主体行動＜行動する＞，信念＜信じる＞）を含めるようにし，必要とされる10のスキル（「選択」「意思決定」「目標設定」「計画作成」「目標達成」「自己管理」「問題解決」「自己主張」「自己の気付き」「自己理解」）を組み入れることです。このようなことが構想できたなら，学習指導案を作成してみることをお勧めします。

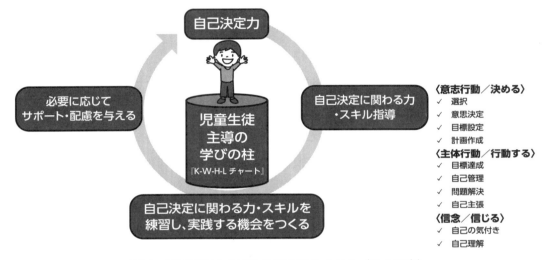

図7　自己決定力を高める実践のサイクル（三大要素）

(2)　授業開始（実施）

①　『K-W-H-L チャート』の活用

　授業活動が開始したら，知的障害のある児童生徒に対して表6の『K-W-H-L チャート』を提示します。これは，授業前・授業中・授業後において活用していきます。授業前には，これから学習する単元の学習内容について「What I Know：知っていることは何？」，まだ知らないため「What I Want to Know：知りたいことは何？」，知りたい情報を得るために「How Will I Learn：どうやって学びたいの？」などを『K-W-H-L チャート』に整理して記入します。また，授業活動の最後には，その単元・題材で学んだことを記入します。

　『K-W-H-L チャート』を活用することで，学習に対して受け身の姿勢になりがちな知的障害のある児童生徒でも，学習で習得した知識を整理したり，新たに感じた疑問などを記入したりして，主体的に課題を解決していく能動的な学習を進めることができます。

第6章　自己決定力を高めるための授業づくり

表6　『K-W-H-L チャート』（第Ⅱ部　実践6より）

What I <u>K</u>now 知っていることは何？	What I <u>W</u>ant to Know 知りたいことは何？	How Will I <u>L</u>earn どうやって学びたいの？	What I <u>L</u>earned 学んだことは何？
・中国の人口が14億人いて人口が多い ・国によって話す言葉が違う ・サウジアラビアは，砂でいっぱいの砂漠がある ・日本と韓国は近い	・外国のスポーツや有名な食べ物は何か ・外国の学校ではどのような授業をしているか ・外国の人口や言葉，外国の給料はどのくらいか	・タブレット端末で検索する ・社会の本を見る ・外国の人に聞く ・校外学習で質問する	・外国と日本では服装や肌の色が違う ・韓国は辛い食べ物多い ・中国の学校は朝7時から夕方5時まで勉強する

② 知的障害のある児童生徒へのサポート7段階の実施

　授業活動の中では，知的障害のある児童生徒が最初から自己決定することは難しいので，教員の段階的なサポートが必要となります。第2章で提示しましたが，アメリカではそのサポートとして，7段階（Ⅰ．児童生徒自身にやらせる，Ⅱ．ジェスチャーを使って児童生徒がやるべきことを促す，Ⅲ．言葉掛け，Ⅳ．視覚的提示，Ⅴ．見本を示す・模倣する，Ⅵ．児童生徒の体を動かし行動のきっかけを与える，Ⅶ．児童生徒の体を支持して動かす）を設けています。この7段階は，対象の知的障害のある児童生徒が必要なだけ併用します。このサポートを取り入れることもよいでしょう。

（3）授業終了後（評価）

　「自己決定力が高まった」ということは，どのようなことでしょうか。自己決定力は，その単元・題材の中で高まる場合もあれば，年間を通して，あるいは小学部・中学部・高等部といった長い期間で高まっていく場合もあります。

　ここでは，【実践編】に示していているように「1つの単元・題材」の中で，確かに自己決定力が高まったことについて明らかにします。それには，評価をして証拠を得ることです。自己決定力の評価については，第5章でそれぞれの手法を示しましたが，その中から2つを紹介します。

① 観点別の自己評価

　多くの教員は単元目標や本時の目標を意識して授業をしていますが，知的障害のある児童生徒が目標を意識して授業に参加できていたかは定かではありません。知的障害のある児童生徒の自己決定力を高めていくためには，本人自身が目標を意識し，自身の学習状況を自己評価することが必要不可欠となります。自己評価をすることで，自身の学びを実感することにつながります。

　例えば，【実践6】高等部3年の社会科「外国の文化について調べて発表しよう」では，知的障害のある生徒に対して単元の目標が分かりやすい言葉で共有し，6つの観点（「知識」「技能」「思考力」「判断力」「表現力」「学びに向かう力，人間性等」）を示しました（表7）。そして，その観点に沿って生徒が自己評価をしました。

生徒自身の学習状況を見える化して，生徒にフィードバックするために考案したのが図8に示した「単元目標到達スケール」の評価方法です。対象生徒に対しては，単元目標についての自己評価（30点満点）を計2回実施しました。1回目の自己評価では20点であり，【B：もう少しで達成できる】の段階に該当しました。また，2回目の自己評価では28点であり，【S：達成をはるかに越えている】の段階に到達しました。

　このように，「単元目標到達スケール」を活用して，単元を通して目標達成に近づいていることを視覚的に示すことで，教員は生徒の学習状況を把握し，授業改善を図ったり，ポジティブなフィードバックをしたりすることにつながります。

表7　生徒に提示した社会科「外国の文化について調べて発表しよう」における単元目標

観　点	目　　標
知　識	外国と日本の文化の違いを知る。
技　能	外国と日本の文化を比べながらまとめる。
思考力	文化の違いの根拠を考える。
判断力	文化の違いの適切な理由を選択肢から選ぶ。
表現力	理由や根拠を友達や先生に伝える。
学びに向かう力，人間性等	自分で学習の計画を立てて，主体的に学習を進める。

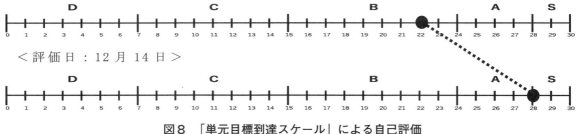

図8　「単元目標到達スケール」による自己評価

　また，単元の目標に対して5件法（5，4，3，2，1）で自己評価を実施し，合計得点と観点別の得点の変化を示したのが図9の「レーダーチャート」による評価方法です。その結果，全項目において維持または点数が上がりました。特に【判断力】が3点から5点，【表現力】が1点から3点，【学びに向かう力，人間性等】が2点から5点に上がり，大きな変化が見られました。

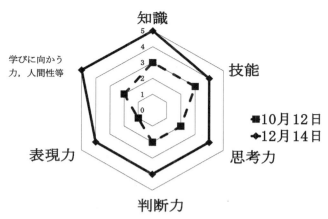

図9 「レーダーチャート」による観点別の自己評価

　このように，知的障害のある児童生徒が目標を意識し，達成するための道のりを考え，達成したことを実感し，自信をもつことが，知的障害のある児童生徒の自己決定力を高めていくことにつながります。これまでの授業実践を見直し，教員主導ではなく，児童生徒主体の授業づくりが求められています。「知的障害のある子はどうせ無理だから」「教員が手取り足取り導いてあげないといけない」という思い込みを疑い，教員の意識改革を進めていくことが現在の知的障害教育には必要なのではないでしょうか。

3．初心者や未経験の教員が取り組める実践とは

　読者の中には，初心者の教員，あるいは自己決定を意識した授業づくりを経験したことのない未経験の教員がいるかもしれません。大丈夫，安心してください。このような初心者や未経験の教員が取り組める実践を紹介しましょう。

　知的障害のある児童生徒に自己決定させる方法の最初の段階は，「二者択一」です。つまり，「どっちか」「YESかNoか」です。このような経験を経ることで，「3つから選ぶ」「4つから選ぶ」というように選択数を増やしていきます。しかし，3→4→5のように，ただ単に数を増やすのではなく，たとえ2～3の選択数であっても複雑かつ高度で難易度を上げレベルアップしていくことが必要です。

　初心者や未経験の教員が自己決定を高める授業づくりをしていく際に参考になるのが，【資料編】に示した各教科等の段階に示している「各教科の目標及び内容における自己決定（三大要素）を高めるための単元・題材」です。例えば，＜国語科　小学部1段階＞では，表8に示したような「自己決定の三大要素と関連スキル」を意識した取組例があります。

　「意志行動（選択スキル，目標設定スキル）」では，「○」と「×」のカードを準備し，指さしで「やる」「やらない」，「食べる」「食べない」等の選択ができるようにする授業活動です。

　「主体行動（自己管理スキル，目標達成スキル，自己主張スキル）」では，クラスの友達の

第Ⅰ部　理論編

発言や発表を聞き，グラフィックオーガナイザーやイラストを使い，自分の考えや経験を比べられるようにする授業活動です。

「信念（自己の気付きスキル）」では，目標が達成できた日はカレンダーにシールを貼る等の活動を行い，目標にどれだけ近づいたのかを振り返って進歩を褒めるようにする授業活動です。このような内容は，どのような単元・題材にも応用できるはずです。授業活動をする際には，「自己決定の三大要素と関連スキル」を意識して，取り組むようにすれば，「自己決定理論」とそのプロセスを含んだ内容になります。自信をもって授業づくりに励みましょう。

本書で紹介するワークシートやチェックリストは，右の２次元コードからダウンロードできます。児童生徒の自己決定力を高めるよう，日常の実践でご活用ください。

表８　国語科・小学部１段階における「自己決定の三大要素と関連スキル」を意識した取組例（第Ⅲ部資料編より）

関連する自己決定のスキル		児童の自己決定を意識した教員の取組
意志行動	選択 目標設定	・写真付きのメニュー表を見せて，自分が食べたいメニューを指差しや発声等で伝えられるようにする。 ・「〇」と「×」のカードを準備し，指さしで「やる」「やらない」，「食べる」「食べない」等の選択ができるようにする。 ・読み聞かせ用の絵本を何冊か用意し，児童が選ぶ場を設ける。特定の児童の発言だけが尊重されることがないように，日によって順番を変えて児童が選べるようにする。 ・現在できている挨拶や，よりよい挨拶について教員と一緒に考えて，写真カード等を用いながら１日や１週間で家庭や学校でいつ，誰に，どのように挨拶をしたいか目標設定できるようにする。
主体行動	自己管理 目標達成 自己主張	・運動会や遠足などの行事を写真で振り返り，どの活動を頑張ったのか，楽しむことができたのかなど，写真を指差して伝えたり，発声して伝えたりできるようにする。 ・どの活動を一番頑張ったのか，楽しむことができたのか，カードなどを用いて順位付けの判断ができるような練習の場を設ける。 ・クラスの友達の発言や発表を聞き，グラフィックオーガナイザーやイラストを使い，自分の考えや経験を比べられるようにする。 ・児童が目標設定したことを取り組むことができたか，自分で「〇」「△」「×」などを指差して振り返る場を設ける。
信念	自己の気付き	・自分の考えや経験が，他者と同じであったり，違ったりすることを示し，自己の気付きにつながるようにする。 ・目標が達成できた日はカレンダーにシールを貼る等の活動を行い，目標にどれだけ近づいたのかを振り返って進歩を褒める。

第Ⅱ部 実践編

第Ⅱ部　実践編

実践1　特別支援学校小学部　生活科

風の働き方を調べるために よりよい方法を見つける力を高めていく授業

「みんなでヒラヒラ，ビューン」

【実践の概要】

対象児童は，「楽しいこと，好きなことをたくさん見つけたい」「友達と一緒に勉強したり遊んだりしたい」「自分の気持ちを伝えられるようになりたい」と多くの願いをもっています。この実践では，小学部1年生の児童が，友達と一緒に色々なものを風で動かしたり，風の大きさを変えたりすることを通して，風が起きる仕組みや，風の働きに関心をもつことができるようにしました。

対象児童は，色々な選択肢を吟味し，よりよいものを選択することに課題がありましたが，以下に示す自己決定力を発揮するサイクルを通し，自分で色々な道具や方法を試したり，友達の活動の様子からよいと思うものを取り入れたりして，よい方法を見つけられるようになりました。

【この単元における自己決定力を高める実践のサイクル（三大要素）】

サポート・配慮：使用する道具や取り組む方法の選択をすることができるように，個別に絵カードや写真カードを用意する。

目指す姿：友達の様子から色々な工夫の仕方を知り，よりよい方法を見つけられるようになる。

力・スキルの指導：単元計画参照

実践する機会：色々な風の起こし方を体験し，風を使った遊び方に気付く。

【自己決定力を高める学びの柱『K-W-H-L チャート』】

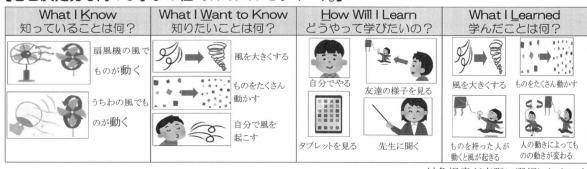

対象児童が実際に選択したイラスト

実践1 特別支援学校小学部 生活科

生活科 学習指導案

1. 単元名 「みんなでヒラヒラ，ビューン」

2. 単元設定の理由

（1）児童観

　学級の児童は，1年生の4名である。活動に見通しをもつことができれば，前向きに取り組むことができる。自分から友達に関わる場面は少ないが，教員が仲介することで，友達とペアやグループで活動に取り組むことができる。

　対象児童は，初めての活動には興味を示すが，大まかな流れが分かるまでは，教員と一緒に活動に参加することを希望することが多い。示範を見せたり，教員が手を添えたりすることを繰り返し，できると感じられれば一人で活動に参加することができる。自分の好きなものや活動を見つけることが上手で，直感的に好きと感じたものに継続して取り組む。しかし，複数のものが用意されていたり，友達が近くで活動したりしていても目を向けることはほとんどなく，一人での活動に集中していることが多い。

（2）単元観

　本単元では，これまでの学習において風でものが動くことを理解している児童に対し，具体物の量や距離がつかみやすいような仕掛けをして活動に取り組ませることで，風の大きさによるものの動き方の違いを捉えさせる。また，ものを持った自分の身体を動かすことによっても風が起こり，ものが動くことを視覚的に捉えることができるようにする。このように体験活動を通して，児童が身の回りにあるものの仕組みや働きを感覚的に捉え，風が起きる仕組みや風の働きについて関心が高まることが期待される。

　対象の児童は，ものが動いたり，様子が変化したりすることに関心をもつことができる。本単元までに風やゴムの仕組みを利用したおもちゃで遊んだ経験があり，扇風機の風で花紙が舞う様子や，紙コップのロケットが飛び出す様子に喜び，繰り返し活動に取り組む姿が見られている。しかし，初見で自分が好きだと感じた道具や方法で取り組むことが多く，周りの友達の活動の様子に目を向けたり，色々な方法を試したりする姿はほとんど見られない。本単元ではこのような児童の課題に対して自分が取り組んだことと周りの友達の様子を比較し，よいものを吟味できる機会が多くあるため，色々な道具や方法を試しながらよりよいものを見つけようとした経験を積むことができると期待される。

（3）指導観

　全体の指導では，友達の様子に目を向けられるように，動画や写真を共有する。また，友達の考えに気付くことができるように，各活動の中で一番よいと感じた方法を紹介し合い，称賛する場面を設定する。使用する道具や取り組む方法を考える活動や自分のおすすめの方法を選択する際には，個別に絵カードや写真カードを用意し，思考する時間を設ける。

第Ⅱ部　実践編

3．単元目標

(1) 全体目標（3観点）

知識及び技能	・風の大きさの変え方や風の起こし方が分かり，風の働きについて関心をもつことができる。	生活科1段階 (1) 目標 　ア (2) 内容 　ものの仕組みと働き
思考力，判断力，表現力等	・風の大きさが変わるとものの動き方が変わることに気付き，教員や友達に伝えることができる。	
学びに向かう力，人間性等	・ものが動いたときに目で追ったり，身体を動かして風を起こそうとしたりして，活動に取り組もうとすることができる。	

(2) 個人目標（対象児童）

知識及び技能	・風の大きさの変え方や風の起こし方が分かり，風の働きについて関心をもつことができる。	生活科1段階 (1) 目標 　ア (2) 内容 　ものの仕組みと働き
思考力，判断力，表現力等	・風の大きさが変わるとものの動き方が変わることに気付き，教員や友達に伝えることができる。	
学びに向かう力，人間性等	・ものが動いたときに目で追ったり，身体を動かして風を起こそうとしたりして，活動に取り組もうとすることができる。	

4．自己決定力を高める実践のサイクル（三大要素）を促す対象児童に焦点をあてた単元構成のポイント

意志行動：決める

・学習計画を立てる場面では，『K-W-H-L チャート』を活用し，教員と一緒に絵カードの中から選択する。

・各活動において，複数の道具から使用したい道具を選んだり，取り組む方法を決めたりする。また，友達の様子を見て取り入れるかどうかを決める。

・活動を振り返る場面や単元のまとめでは，自分が試した方法や友達の様子から，自分がよりよいと感じたものを決める。

主体行動：行動する

・各活動において，使用する道具や取り組む方法を変えて教員と一緒に試したり，友達のよいところを取り入れたりして，よりよい方法を見つける。

・自分が考えた方法でうまくいかない場合や，どのように取り組めばよいか分からない場合は，友達の様子を見たり，タブレット端末で動画を視聴したりする。

信　念：信じる

・各活動や，単元全体のまとめでは，写真や動画を用いて活動の様子を振り返る。使用した道具や取り組んだ方法の中から一番よいと感じたものや頑張ったと思うものを紹介し，教員や友達から認められる経験をすることで，自分の取組や選択，発表に自信をもつことができるようにする。

実践 1　特別支援学校小学部　生活科

5．単元計画（本時：5／8時間目）

☆『K-W-H-L チャート』の活用

時数	主な学習活動（全体）	自己決定力を高める 10 のスキルとの関連
1	**風の大きさを変えてみよう** ☆『K-W-H-L チャート』を活用して学習を振り返る。 ・扇風機やうちわで風を起こす。 ・扇風機の強さやうちわの大きさを変えてものを動かす。 ・風の大きさによるものの動き方の変化について考える。	**【選択】** ・使用する道具や取り組む方法を選択する。 ・友達のよいところを取り入れるかを選択する。 ・友達の様子を見てよいところを取り入れるか，動画を視聴して情報を取り入れるかを選択する。 ・自分の考えを伝える方法を選択する。
1	**友達と一緒に風の大きさを変えてみよう** ・友達と一緒にうちわでものをあおいで風を大きくしてものを動かし，一人であおいだときと動き方の違いを動画で比較する。 ・扇風機の数を増やして，ものを動かし，扇風機が1台のときと動き方の違いを動画で比較する。 ・風の大きさによるものの動き方の違いをロイロノートでまとめる。 ☆『K-W-H-L チャート』を活用して学習を振り返る。	**【意思決定】** ・自分と友達の活動の様子を比較し，自分が一番よいと思う方法を決める。 ・使用する道具や取り組む方法を決める。 **【目標設定】** ・めあてを確認し，自分なりのイメージをもつ。 ・どのようにものを動かしたいか考える。 **【計画作成】** ☆活動のはじめに『K-W-H-L チャート』を活用して教員と一緒に学習の計画をする。
1	**風を利用したゲームをする** ・チーム対抗でテープや花紙を多く飛ばすことができるかを競うゲームをする。 ・自分が一番よいと思う方法を実行する。	**【目標達成】** ・活動を振り返り，自分ができたことが分かる。 ・自分がイメージするものの動かし方ができたときの自分の行動に気付く。
1	**ビニール凧をつくる** ・好きな素材や色，大きさのビニール袋を使って凧をつくる。 ・好きな色のペンやシールを使って飾り付けをする。 ☆『K-W-H-L チャート』を活用して学習の計画をする。	**【問題解決】** ・自分が考えた方法でうまくいかない場合や，どのように取り組めばよいか分からない場合は，友達の様子を見たり，タブレット端末で動画を視聴したりする。 ・よりよい方法を見つけるために，色々な道具を使ったり，方法を試したりする。
2 本時 (1/2)	**ビニール凧を揚げる** ・色々な道具の中から自分が使いたい道具を選び，凧を揚げる。 ・どのように身体を動かせば凧が揚がるかを考え，実行する。 ・友達の様子を見たり，動画視聴をしたりすることで，凧を揚げるためにはどのように身体を動かせばよいか気付く。 ・友達のよいところを真似する。 ・活動の様子を動画で確認し，どのように凧を揚げていたかを振り返る。 ・おすすめの凧の揚げ方を紹介する。	**【自己管理】** ・自分が使用する道具や取り組む方法を考える。 ・自分が選択しやすい提示方法を伝える。 **【自己主張】** ・ものを動かすことができたり，動き方の変化に気付いたりしたときに，教員や友達に伝えることができる。 ・自分がよいと思う方法を発表する。 ・自分が頑張った活動を伝える。
1	**風で動くおもちゃで遊ぶ** ・風車やスカーフ，ビニールテープでつくったおもちゃなどの中から好きなものを選ぶ。 ・手に持つだけでなく，腕を通したり，腰に付けたりして身体に身に付けて遊ぶ。 ・友達の活動の様子に目を向け，自分がよいと思う遊び方を真似する。 ・ロイロノートで自分のおすすめの遊び方を紹介する。	**【自己の気付き】** ・好きな道具や取り組みやすい方法に気付く。 ・自分が一番よいと感じる方法に気付く。 **【自己理解】** ・自分の好きな道具や取り組み方が分かる。 ・友達の活動の様子を知る。 ☆『K-W-H-L チャート』を活用して各活動や単元全体でできたこと，分かったことを確認する。
1	**まとめをする** ・活動を振り返り，ロイロノートでどの活動に頑張って取り組んだか紹介する。 ☆『K-W-H-L チャート』を活用して学習を振り返る。	

第Ⅱ部　実践編

6．対象児童の個別の教育支援計画と個別の指導計画との関連

【個別の教育支援計画にある本人の思いや願い】

> ・楽しいこと，好きなことをたくさん見つけたい。
> ・友達と一緒に勉強したり遊んだりしたい。
> ・自分の気持ちを伝えられるようになりたい。

【個別の指導計画における学習指導要領の各教科・目標及び内容との関連】

> 生活科
> ・体験活動を通して，身の回りにある自然やものの仕組み，働きについて関心をもつ。

　生活科では，小学部生活科1段階より「シ　ものの仕組みと働き」【風やゴムの働き】を取り上げ，色々な道具を使用したり，風を起こす方法や風の大きさを変えたりする方法を考えたりする体験活動を通して，風を起こす仕組みや働きについて感覚的に捉え，風が起きる仕組みや風の働きについて関心を高められるようにする。

7．対象児童の「自立活動」の目標と合理的配慮

【自立活動の目標】　＜心理的な安定＞＜人間関係の形成＞＜コミュニケーション＞

> ・初めての活動に見通しをもち，不安を軽減して活動に参加することができる。
> ・友達の様子に目を向け，友達と一緒に活動に取り組むことができる。
> ・自分の考えや気持ちを自分なりの方法で伝えることができる。

【生活科における合理的配慮】　合理的配慮の観点（①-2-1，③-2）

> ・個別に用意された絵カードや写真カードを使用し，自分の考えを伝えることができるようにする。
> ・使用する道具や取り組む方法の選択肢を個別に示す。
> ・テレビ画面に着目しやすい座席配置にする。

8．対象児童への個別最適化と協働的な学びを促すポイント

【個別のICT教材】

・自分や友達の活動を振り返ったり，おすすめの方法を紹介したりすることができるように，ロイロノート・スクール※を活用する。

> ※ロイロノート・スクール…画像・動画・テキスト・Web・地図などをカードとして使用・共有し，プレゼンテーションや動画編集などができるアプリケーション

【合理的配慮】

・個別に用意された絵カードや写真カードを使用し，おすすめの方法を紹介することができるようにする。

・使用する道具や取り組む方法の選択肢は，好きなものや取り組みやすそうなものを中心に個別に用意する。

実践1　特別支援学校小学部　生活科

【学習支援体制】

・友達の活動の様子に目を向けることができるように，テレビ画面に着目しやすい座席配置にする。

・児童が活動に安心して取り組み始めるまでに時間がかかるため，活動時間を確保する。

・おすすめの方法や頑張ったことを選ぶ際には，個別に思考する時間を確保する。

9．本時の学習活動

（1）本時の目標

　本時では，自分で試したり，友達の活動の様子を見たりして，色々な風の起こし方を体験し，風を使った遊び方に気付くことができるようにする。

（2）学習活動の場面（本時：5／8）

時間	主な学習活動	教員の指導（・），児童の活動（○），支援・配慮（＊）	
導入10分	1　前時に使用した扇風機とうちわを使ってビニール凧を揚げる。	・前時までに使用した扇風機やうちわを使って風を起こすと，ものが動くことを確認させる。 ○扇風機の風にビニール凧を当てたり，友達に持ってもらったビニール凧をうちわであおいだりすると，凧が動くことを確認する。	凧の動きに着目することができるように，教員が指差しや「凧が動いているね」といった言葉掛けをする。
	2　身体を動かすことで風を起こすことができることに気付く。	・活動1で使用したビニール凧を教員が持って立ち，ビニール凧が動かない様子を見せる。その後，パーテーションで身体を隠し，児童から手のみ見えるようにしてビニール凧を揚げる。 ○手でビニール凧を持つだけでは凧は動かないが，何らかの方法で身体を動かすことで凧を揚げられることに気付く。 ＊指差しと言葉掛けにより凧の動きに着目することができるようにする。 　2段階　3段階	
	3　めあてを共有する。	・本時のめあて「みんなの力で凧を揚げよう」をテレビ画面やホワイトボードに提示し，共有する。	
展開20分	4　本時で使用する道具を知る。	・使用する道具を紹介する。 ○前時に作成した凧や，友達や教員が作成した大きさや素材の異なる凧を使って活動することを知る。 ＊使用する道具に着目しやすいように，タブレット端末やミニホワイトボードにも提示する。　4段階	タブレット端末やミニホワイトボードにイラストや写真を提示し，大きさや素材の違いに着目することができるようにした。
	5　ビニール凧を揚げる。	・色々な道具や方法を使い，ビニール凧を揚げることができるようにする。 ○色々な道具の中から自分が使いたいものを選択し，身体を動かしてビニール凧を揚げる。 ○ペアになり，「凧を揚げる」「友達の様子をタブレット端末で撮影する」の二つを役割分担しながら凧を揚げる。 ○友達の使用している道具や，凧を揚げる方法に目を向け，よいところを取り入れる。 ＊使用する道具や取り組む方法を選択しやすいように，タブレット端末やミニホワイトボードを使用する。　3段階　4段階 ＊児童が活動に安心して取り組み始めるまでに時間がかかるため，活動時間を確保する。　3段階	タブレット端末やミニホワイトボードにイラストや写真を提示し，大きさや素材を伝えることで，使いたいものを選択することができるようにした。

59

第Ⅱ部　実践編

終末15分	6　活動のまとめをする。	・身体を動かすことで凧が揚がったことを確認し，おすすめの方法を選択させる。 ○活動中の動画を視聴し，ロイロノートを活用して自分のおすすめの揚げ方（一番よいと思う方法）を選択する。 ＊選択しやすいように着目するポイントを分かりやすく示す。 ③段階　④段階 ○自分のおすすめの揚げ方（一番よいと思う方法）を大型テレビに映し，紹介する。	活動内容を説明したり，友達が取り組んだりする様子を伝えたりした。 身体の動かし方に着目することができるように，動画を短く区切ったり，動かしている部分に丸を付けたりした。
	7　本時の活動を振り返る。	・友達のおすすめの揚げ方をタブレット端末で撮影し，テレビ画面かタブレット端末の画面か自分の着目しやすい方法で確認させる。 ・児童が決めたおすすめの凧の揚げ方を再度紹介し，具体的にどのようなところがよかったのか伝える。	

〈知的障害のある児童生徒へのサポート7段階〉

①段階 ：子供の様子を見守る	②段階 ：ジェスチャーを使って子供がやるべきことを促す	③段階 ：言葉掛け	④段階 ：視覚的提示
⑤段階 ：見本を示す，模倣する	⑥段階 ：子供の体を動かし行動のきっかけを与える	⑦段階 ：子供の体を支持して動かす	

10．単元を通して見られた対象児童の自己決定についての変容

> ## 学習活動の初期

【風の大きさを変えるとものの動き方がどのように変わるか考える場面】

　風を大きくするための方法を考える場面では，大きさの異なるうちわを2種類用意すると，大きい方のうちわを手に取り，テープをあおいで動かしていた。教員が「小さい方はどうかな？」と小さい方のうちわを手渡したが，使用することはなかった。友達を気にする様子は見られなかった。

<用意した道具>
大・小のうちわ，大・小の扇風機，テープ，花紙

← 自分の好きな道具や方法で取り組む様子が見られた。

【風を利用したゲームをする場面】

　チームに分かれてテープをたくさん遠くに動かすことができたかを競うゲームでは，大きいうちわを選択し，テープの上部からあおぐ姿が見られた。友達がうちわを二つ手に持っている様子を確認すると，教員にうちわを要求し，使用する姿が見られた。また，活動に取り組む中で，テープの横からあおいだ方がテープを遠くまで動かすことができることに気付き，実行する姿が見られた。同じチームの友達よりも，違うチームの友達の活動の様子に目を向けることが多かった。自分から使用する道具や方法を変化させる姿が初めて見られた。

<用意した道具>
大・小のうちわ2枚ずつ，大・小の扇風機

← 初めて道具や方法を変化させた。友達のことを意識し始めた可能性がある。

> ## 学習活動の中期

【身体を動かすことで風を起こし，凧を揚げる場面】

　長い紐が付いた小さなビニール凧を選択した。どのように身体を動かせばよいか分からず，しばらく立ち尽くしていたが，友達が腕を左右に振って凧をなびかせている様子を見ると動きを真似していた。その後，紐が短い方が自分の身体の動きと連動しやすいことに気付き，紐の長さを変更していた。その凧を持ち，身体を回転させると凧が浮くことが分かると，しばらくその

<用意した道具>
大・小のビニール凧，長・短の紐
マジックテープ，ビニールテープ

実践1 特別支援学校小学部 生活科

動きを繰り返していた。授業の終盤に友達が運動場を走っていることに気付き，試してみると凧が揚がることが分かり，実行していた。おすすめの方法を選択するときにはロイロノート上で「歩く」「走る」「回る」「跳ぶ」の中から「走る」と「回る」を交互に指差し，最終的に「走る」を選んだ。

<用意した道具>
大・小のビニール凧，長・短の紐
マジックテープ，ビニールテープ

友達からの影響を受けて凧揚げを成功させた。

【前時の活動を踏まえて，身体を動かすことで風を起こし，凧を揚げる場面】

前時と同じ短い紐が付いた小さな凧を使い，走りながら凧を揚げていた。友達が対象児童より大きいビニール凧を使用し，走りながら揚げている様子を見ると，友達と同じ凧に変更していた。友達が腕を伸ばして凧を高く揚げている様子に気付くことができるように教員が「〇〇くんの凧は高く揚がっているね」と伝えると，その友達に着目し，同じように揚げていた。しかし，腕を上げると走るスピードが落ち，うまく凧が揚がらないことに気付くと，再び元のスタイルで走って凧を揚げていた。授業の終盤はペアの友達から長い紐が付いた大きなビニール凧を借りて走りながら凧を揚げることを繰り返していた。おすすめの方法はホワイトボード上に貼られた絵カードを用いて，選択した。「歩く」「回る」「跳ぶ」は教員に渡し，「走る」のみをホワイトボードに残した。教員が「『走る』がよいと思ったのかな？」と聞くと，再び「走る」指差し頷いていた。

<用意した道具>
大・小のビニール凧
長・短の紐
マジックテープ，ビニールテープ

色々な道具や方法から自分に合うものを探して実行する様子が見られた。

学習活動の終期

【活動を振り返り，まとめる場面】

単元の中で頑張った活動について活動ごとの写真を見ながら振り返りをした。ロイロノート上で「凧揚げ」を選択した。具体的にどの場面か聞くと，「走って凧を揚げている」写真を選択し，発表時には自分の写真を笑顔で指し示す様子が見られた。教員が「たくさん走って凧を揚げることができていたね」と声をかけると，拍手をしていた。

頑張って取り組んだことやできたことを実感している様子が見られた。

11. 自己決定力の評価

以下の表はそれぞれ1時間当たりの対象児童の姿をまとめたものである。「①使用した道具の数」は，教員が用意した道具の中から自分で試したり，友達の活動の様子を見たりして活動中に使用した道具の数を示している。「②取り組んだ方法の数」は，風を使ってものを動かすために対象児童が自分で試したり，友達からの影響を受けて取り組んだりした方法の数を示している。「③友達の様子を見て自分の活動に取り入れた数」は，自分では思いつかなかったが，友達が活動している様子を見てよいと感じ，取り入れた方法の数を示している。

第Ⅱ部　実践編

<児童の変容>

	単元開始前	本単元					
		第1時	第2時	第3時	第5時	第6時	第7時
①使用した道具の数（6つの中から）	1	2	2	3	3	4	5
②取り組んだ方法の数	1	1	2	2	3	2	5
③友達の様子を見て自分の活動に取り入れた数	0	0	1	2	3	4	3

　自己決定力を発揮する三大要素における本単元前後の対象児童の変容の評価は，以下のとおりである。

＜単元開始前と単元終了後における対象児童の変容＞

	単元開始前	単元終了後
意思決定に関連する姿	・使用する道具や方法は自分が直感的によいと思ったものに決める。他のものを選んだり，意思決定の際に友達からの影響を受けたりすることはほとんどない。 ・おすすめの方法を決める際には，右側にある絵カードを指差すことが多い。活動中に取り組んだ内容と異なることが多い。	・はじめに使用する道具や方法は直感的によいと思うものだが，選択の幅が広がり，自分で他のものを選んだり，友達から影響を受けたりして決める。 ・おすすめの方法を決める際には，違うと判断したものは排除する。活動中の様子に伴うものが多い。
主体行動に関連する姿	・色々な道具を使ったり，取り組む方法を変えたりしてどれがよいか吟味する姿は見られない。	・使用する道具や取り組む方法を変えて試したり，友達の姿に着目してよいところを取り入れたりして，色々な方法を実行する姿が見られた。
信念に関連する姿	・自分の姿を客観的に捉えることが難しく，振り返りをする際には自分の気持ちを表出することはほとんどなかった。	・活動中の様子を写真や動画で捉え，自分が称賛されていることが分かったり，拍手をして喜びを表出したりする姿が見られるようになった。

12. 自己決定力の高まりによる波及効果

　対象児童は，本単元を通して色々な選択肢の中から色々な方法を試したり，友達のよいところを取り入れたりして，よりよい方法を見つけたことで，単元目標については，どの観点も達成することができた。

　他教科においても，図画工作科でのスタンプ遊びでは，2学期のはじめは直感的に好きだと感じた素材や形のスタンプを使い続けていたが，3学期に行った際には，色々な種類のスタンプを押してみて，気に入ったものを使用する姿が見られた。また，友達が押したスタンプの形を覗き込み，「貸して」と手を伸ばして伝える姿も見られた。その結果，色々な形のスタンプを使った作品をつくることができ，教員や保護者から称賛される経験をすることにつながった。

実践2　特別支援学校小学部　算数科

ヒーローになりきることで意欲を高め、主体的な学びの姿を引き出す授業

「3までの数であそぼう」

【実践の概要】

対象児童は、初めての活動や間違えることに対して不安感が強いことから、色々な活動にスムーズに参加できるようになり、友達や先生と楽しく過ごしたいという願いをもっています。算数科の目標は、3までの数の概念を高めることにありました。そこで、実践では、対象児童の不安感をなくすことに着目し、「3までの数であそぼう」という単元活動の中で、対象児童が好きなアニメのヒーローになりきるというごっこ遊びの仕掛けを用いた授業展開を行った結果、数遊びの学習にスムーズに参加する姿や、自分から数える姿、自分自身の活動について振り返る姿が見られるようになったなどの主体的な学びの姿に変容が見られました。

【この単元における自己決定力を高める実践のサイクル（三大要素）】

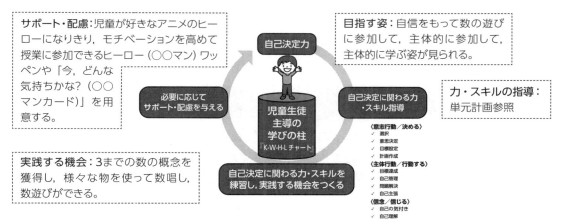

【自己決定力を高める学びの柱『K-W-H-Lチャート』】

What I Know 知っていることは何？	What I Want to Know 知りたいことは何？	How Will I Learn どうやって学びたいの？	What I Learned 学んだことは何？
・1から3までの数字を見て「イチ、ニ、サン」と言えること	・楽しく遊べる色々な1から3までの数遊びのやり方を知りたい	・初めてのことや間違えたらどうしようと思うとドキドキするから、ニコニコできる数遊びのやり方が知りたい	・ヒーロー（○○マン）に変身すれば、自信をもって数を数えることができること

対象児童が実際に発表（記載）した内容

第Ⅱ部　実践編

算数科　学習指導案

1．単元名　「3までの数であそぼう」

2．単元設定の理由
(1) 児童観
　学級の児童は，小学部2年生であり，学習指導要領算数科の指導段階では1段階に属する児童が4名，1段階から2段階への移行段階である児童が1名である。ものとものとを対応させて配ることを学習する段階の児童や，1から10までは数唱できるものの，5の数（量）を見て，「よん」と答えるなど，5までの数の認識が不確実な児童もいる。

　対象児童は，1から3までの数字を見て，「いち，に，さん」と読むことはできる。指で1，2，3と作ることもできるが，2と3は不確実である。自立活動の課題としては，ほぼ全てのことに関して初めての活動の際には，不安な気持ちから，尿失禁をしたり，寝転がったりすることから，「心理的な安定」が大きな課題である。その他，「環境の把握」「コミュニケーション」でも課題を抱えている。対象児童にとって初めての活動に参加する際には，すべて教員の全介助によるサポート7段階から始めることが多く，まずは学習に参加しようとする気持ちを整える学習態勢づくりが求められる。

(2) 単元観
　単元では，特別支援学校学習指導要領小学部算数科1段階「B 数と計算」を取り上げ，「数のまとまりや数え方に気付き，数詞とものとの関係について関心をもつことができるようになること」をねらいとしている。具体物の量を数で表すことを体験的に気付くことができるように，「数詞と数字と具体物の三者間における双方向の理解を促し，ものの数を数える素地を養うこと」に重点をおいている。「5までの範囲で数唱をすること」「3までの範囲で具体物を取ること」「対応させてものを配ること」の3つの内容を網羅した学習を本単元で毎時間，併せて学習活動を行うことを通して，5までの数唱ができるようになることと，3までの数量の理解につながることが期待できると考え，本単元を計画した。

(3) 指導観
　全体の指導では，「数字，数詞，具体物（数量）」の三者間における双方向の理解を促すことができるように，単元全体を通してこの三者をすべて網羅する学習活動を行い，継続して行うことで，3までの数量の理解ができるようにしたい。また，第一次，第二次，第三次を区切りとして，数遊びの内容を変えることで，色々な数遊びに取り組めるようにすることで，経験を重ねながら，ものの数を数える素地を養いたいと考える。

　さらに，毎時間，全体での活動，グループ（またはペア）活動，個人の活動＜チャレンジタイム＞を設けて，友達や教員と一緒に楽しく色々な数遊びをすることで，活動への意欲を高めるようにしたい。

実践2　特別支援学校小学部　算数科

　毎回，授業の最後には，振り返り場面を設定して，自己決定（信念）につながる自己評価の指導を行う。第一次では，どの活動が楽しかったのかについての選択，第二次では，表情イラストカードによる3段階の振り返り，第三次では，表情イラストカードと◎や△などの記号による5段階の振り返りへと，数遊びに対して自己評価する力を高められるよう，段階的に指導していきたい。

3.　単元目標

(1)　全体目標（3観点）

知識及び技能	・3までの範囲で，数字と対応させて具体物を配ることができる。	算数科1段階 (1) 目標：B 数と計算 イ，ウ (2) 内容：B 数と計算 ア（ア）㋒㋓
思考力，判断力，表現力等	・数詞とものとの関係に注目し，数のまとまりや数え方に気付き，3までの数の具体物を数唱しながら手に取ることができる。	
学びに向かう力，人間性等	・1から3までの数詞とものとの関係に関心をもち，学習や生活で活かそうとする。	

(2)　個人目標（対象児童）

知識及び技能	・1から5までの数字が分かり，指で数字を作って数えることができる。	算数科1段階 (1) 目標：B 数と計算 イ，ウ (2) 内容：B 数と計算 ア（ア）㋒㋓
思考力，判断力，表現力等	・1から3までの数のまとまりや数え方に気付き，その数量を確認して配ることができる。	
学びに向かう力，人間性等	・3までの色々な数遊びの学習に主体的に取り組もうとする。	

4.　自己決定力を高める実践のサイクル（三大要素）を促す対象児童に焦点をあてた単元構成のポイント

意志行動：決める

・「間違えても，できなくても大丈夫」という気持ちをもつことができるように，友達や教員が活動する様子を観察させて児童が見通しをもつことができたら参加を促すようにする。

・「○○マンカード」のイラストで，色々な数遊びの学習に参加できるかどうかを自分で決めることができるようにする。

・『K-W-H-L チャート』は，1時間目と6時間目の個別学習＜チャレンジタイム＞の時間に，好きなヒーローである「○○マン」のイラストを用いて，対象児童と教員とで対話しながら，チャートの内容を決めるようにする。

主体行動：行動する

・「○○マンワッペン」をつけて変身することで，自分に自信をもって，児童が数遊びの学習に主体的に活動できるようにする。

・指示された数の具体物を置くヒントになる台紙「お助けシート」を使い，自分で正解を確かめな

第Ⅱ部　実践編

がら具体物を置くことができるようにする。
・友達と一緒に歌やゲームでの数遊びをすることを通して，仲間との関わり合いの中で，児童が主体的に行動できるようにする。

信　念：信じる

・遊びの学習を振り返ることができるように，第一次では，毎時間，授業の最後にその時間に行った好きな活動を選ぶことでの振り返りをする。第二次からは，「よくできた，ふつう，むずかしい」の3つの表情カードを用いて，各児童の目標に応じた1つの行動に限定（例：数字の1のところから具体物を置くことができたかどうか）して自己評価する。第三次からは，1つの数遊びに限定して「よくできた・できた・ふつう・すこしむずかしい・むずかしい」の5段階の表情と「❀・◎・○・△・×」の記号を併せた振り返り表を使用して，自己評価と教員による他者評価を併せて行うことで，より，数遊びに対して自己評価する力を高められるようにする。

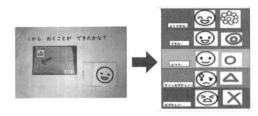

5．単元計画 （本時：10／13 時間目） ☆『K-W-H-L チャート』の活用

時数	主な学習活動（全体）	自己決定力を高める10のスキルとの関連
5	第1次【全体での活動】 ・「すうじのうた」を歌おう。（5までの範囲での数唱） ・数字と3までの数のイラストとのマッチング2択クイズをしよう。（3までの数を唱えながらイラストを指差す。） 【グループでの活動】 ・ボウリングゲームで倒したピンを数えよう。（対応させてものを配る） 【個人の活動】＜チャレンジタイム＞ ・好きな数遊びを選んで，チャレンジしよう。 ☆自分が「イチ・・・」と数を数えられることや，これから遊ぶ数遊びにはどんなものがあるのかについて知ること，ヒーロー（○○マン）に変身できることなどから，『K-W-H-L チャート』に教員と一緒に記入する。（1時間目）	【選択】 ・「数字と3までの数のイラストとのマッチング2択クイズ」で，正解だと思う方を選択する。 【意思決定】 ・「○○マンカード」を持ちながら，自分が選ぶカードを決める。 【目標設定】 ・授業の導入時に本時の目標を決める。（例：ひとりでがんばる，せんせいといっしょにがんばるのイラスト入りのカードの2択で選ぶことで目標を決める。） 【計画作成】 ・＜チャレンジタイム＞で，どの順番で数遊びをしたいかを決めて取り組む。 【目標達成】 ・友達と一緒に協力してホットケーキパーティーの準備（3つまでの食器やケーキを配る）をして，準備ができたら完成を喜び合う。
4	第2次【全体での活動】 ・輪投げをしよう。（5までの数字を覚える） 【グループでの活動】 ・お買い物ごっこをしよう。（指示された数の具体物を置いて数える） 【個人の活動】＜チャレンジタイム＞ ・いろいろな3までの数遊びにチャレンジしよう。	【自己管理】 ・終了の合図が鳴るまで，＜チャレンジタイム＞の時間いっぱい数遊びに取り組む。 【問題解決】 ・「お助けシート」を使い，「お買い物ごっこ」でお客役から頼まれた品物の数を自分で確認しながら数えることができる。

実践 2　特別支援学校小学部　算数科

4	☆ヒーローになって数遊びに参加すると自信をもって数を数えることができるようになったことを教員と一緒に確認して、『K-W-H-L チャート』に記入する。（1時間目）	【自己主張】 ・＜チャレンジタイム＞で取り組んだ活動を発表する。 ・「○○マンカード」で、「参加できる」もしくは「参加できない」気持ちを主張する。
4 本時 (1/4)	第3次 【全体での活動】 ・形や物が変わっても数は変わらないことを知ろう。（「全部同じ数」の理解） 【グループでの活動】 ・みんなでホットケーキパーティーの準備をしよう。（3までの具体物を取って数える） 【個人の活動】＜チャレンジタイム＞ ・「パクパク○○マン」をはじめとしたいろいろな3までの数遊びにチャレンジしよう。	【自己の気付き】 ・一番楽しかった数遊びについて写真カードで選んだり、イラストと記号が描かれた振り返り表で活動を振り返る。 【自己理解】 ・「すうじのうた」の発表会では、1から5までの数唱や指で数を作ることができるようになったことを確認する。

6．対象児童の個別の教育支援計画と個別の指導計画との関連

【個別の教育支援計画にある本人の思いや願い】

・色々な活動にスムーズに参加できるようになりたい。
・友達や先生と一緒に楽しく勉強がしたい。

【個別の指導計画における学習指導要領の各教科・目標及び内容との関連】

国語科小学部2段階イ内容 [知識及び技能] ア（ア）、[思考力，判断力、表現力等]A 聞くこと・話すことイ
・言葉が、気持ちや要求を表していることを感じることができる。
・簡単な指示や説明を聞き、その指示等に応じた行動をすることができる。
自立活動の区分「心理的な安定」「コミュニケーション」
・情緒の安定を図り、安定した気持ちで活動に参加できる手段を身に付ける。
・表情や身振り、絵カードなどで自分の気持ちを少しずつ伝えることができるようになる。

　小学部国語科2段階の［思考力，判断力，表現力］より「A 聞くこと・話すこと」を取り上げ、簡単な指示を聞き、その指示に応じた行動をすることや、自分の気持ちを伝えることで、学習にスムーズに参加できるようにする。また、学習に参加することそのものに大きな課題がある対象児童に対して、まずは、自立活動における「心理的な安定」を図り、気持ちの面での学習態勢づくりから取り組むようにする。

7．対象児童の「自立活動」の目標と合理的配慮

【自立活動の目標】＜心理的な安定＞＜コミュニケーション＞

・間違えることに対し極端に不安感があり、間違えると落ち込んでしまい、その後の学習活動に参加できない場面が多いことから、成功体験から開始し、心理的に安定して取り組むことができる。
・今、活動に参加できるかどうかについての気持ちを絵カードや簡単な言葉で表現することができる。

【算数科における合理的配慮】 合理的配慮の観点（① - 2 - 3）

・対象児童が好きなヒーローに変身することで、自分自身へのモチベーションを高くもち、数の学習に取り組めるようにする。教員がマンツーマンで対象児童に付き添い、初めての数の学習活動のときには、まずは、対象児童に正解を伝えることから開始する。

第Ⅱ部 実践編

8．対象児童への個別最適化と協働的な学びを促すポイント

【個別のICT教材】

・Chromebook（オリジナル教材）を使用する。これはJamboardで作成した一対一対応で，しろくまちゃんにホットケーキやお皿，フォークのイラストをドラッグして配る教材である。対象児童が好きな絵本（わかやまけん著『しろくまちゃんのほっとけーき』こぐま社）にちなんだ内容であるので，意欲をもって活動に取り組むことができる。

【合理的配慮】

・活動の最初には，対象児童が好きなアニメのヒーローに変身できるグッズ（○○マンワッペン）や「○○マンカード」を用意して，対象児童の心理的な安定を図る（右図参照）。

【学習支援体制】

・具体的な言葉やイラストで示した2択に限定した「選択」の機会を設定し，選択後に対象児童が完全にこの選択でよいのかどうかを納得できるまで待つ時間を設ける。
・支援度の高い友達とペアでの活動を行うことで，「友達のサポートをしたい」という気持ちが強い対象児が主体的に学習に取り組むことができるような活動を多く設定する。
・初めての活動のときには，サポートの段階を見極めながら，成功体験からスタートできるようにし，徐々に一人で活動できるようにサポートの仕方を変更していくようにする。

9．本時の学習活動

(1) 本時の目標

本時は，児童の好きな絵本にちなんだホットケーキパーティーの準備をするごっこ遊びを行うことを通して，友達とペアになり，楽しみながら3までの具体物を配ることができるようにする。

(2) 学習活動の場面（本時：10／13）

時間	主な学習活動	教員の指導（・），児童の活動（○），支援・配慮（＊）	
導入5分	1 本時の目標を選ぼう！	○対象児童は，「○○マン」のワッペンを胸につける。 ＊「○○マンカード」を持ち，活動に参加できる気持ちかどうかを発表する。 4段階 ・○「ひとりでがんばる」か，「せんせいといっしょにがんばる」の2つのイラストカードの選択肢を提示して，目標設定する。	「○○マンカード」を用いて，活動に参加できる気持ちが整ったことを自分で確認してから活動に参加ができるようにする。
導入30分	2【全員での活動】形や物が変わっても数は同じであることを知ろう！	＊GIGAスクールサポーターに依頼して作成したオリジナル教材「形や物が変わっても数は同じ」（例：風船2個が出ている電子黒板の画面をタッチすると効果音が鳴って，バイク2台に変身する教材）を使用する。 1段階 タッチすると効果音が鳴ってイラストが変わります	児童が形や物が変わったことを意識でき，なおかつ興味をもって活動できるように効果音をつける。

実践2　特別支援学校小学部　算数科

導入30分	3【ペアでの活動】ホットケーキパーティーの準備をしよう！3個までの具体物を配ろう	*各自，グループもしくはペアを顔写真で確認する（2人のペアと3人のグループに分かれる）。 *ペアもしくはグループのリーダーの児童は，「〇〇を配ってください。」とペアの友達に伝えて，「しろくまちゃん」を貼った3つの箱に配るお皿やケーキ（イラストカード）などを3枚ずつ，他の友達に手渡してその児童が「しろくまちゃん」の箱に1枚ずつ配る。対象児童は，お助けシートを使用する。	お助けシート（次ページ参照）を使い，友達に手渡す具体物の数を正しく準備することができるようにする。シートに書かれた1の数字のところから具体物を置かなかった場合には，指差しで伝える。
	4【個人の活動】〈チャレンジタイム〉色々な5までの数遊びをやってみよう！	*「パクパク〇〇マン」（イラストの〇〇マンの口に，指示された数の食べ物のおもちゃを取って入れる課題）や輪投げ，ボウリングなどの数遊びを準備することで，各児童が好きな数遊びを選んで取り組めるようにする。 *対象児童が「パクパク〇〇マン」の課題を行った後は，5段階の「振り返り表」を使用して，自己評価と教員の他者評価をする。 3段階　4段階	自己評価がしやすいように，視覚的に分かりやすい振り返り表を使用する。課題達成状況について，客観的に自己評価できる力へとつなげていくために言葉掛けによる他者評価を併せて行うようにする。
終末10分	5 まとめをしよう！【全員での活動】本時の活動の様子を動画や写真で確認しよう！	*「3までの具体物を配っている場面」の様子を写真や動画で見せて，「ひとりでがんばる」もしくは「せんせいといっしょにがんばる」の各自の目標が達成できていたかどうかについて，児童が2つもしくは3つの表情カードを使って自己評価ができるようにする。さらに，児童たちが好きな「〇×ブザー」の〇（ピンポン）を鳴らす他者評価を行い，児童が「できた」ことを実感できるようにする。	

〈知的障害のある児童生徒へのサポート7段階〉

1段階	:子供の様子を見守る	2段階	:ジェスチャーを使って子供がやるべきことを促す	3段階	:言葉掛け	4段階	:視覚的提示
5段階	:見本を示す，模倣する	6段階	:子供の体を動かし行動のきっかけを与える	7段階	:子供の体を支持して動かす		

10．単元を通して見られた対象児童の自己決定についての変容

学習活動の初期

【1時間目から5時間目まで行った「〇〇マンカード」を持って臨んだ『数字と3までの数のイラストとのマッチング2択クイズ』の場面】

● 9月20日（1回目）対象児童を指名する。「Aさんは今，ふにゃふにゃな〇〇マン？それとも元気な〇〇マン？どっち？」とカードを渡すと手に取るが，そのまま顔を下に向けてしまい，テレビに表示している「数字と3までの数のマッチング2択クイズ」には参加できなかった。

● 10月31日（4回目）授業開始時から対象児童は「〇〇マンカード」を手に取る。対象児童を指名したときに，「元気がない〇〇マン」を指差す。「じゃあ，元気な〇〇マンに変身できたら伝えてね」と伝えるとうなずく。他の友達が活動した後に，対象児童を指名すると，「元気な〇〇マン」を指差して，発問に答える気持ちが整ったことを伝えることができ，その後，一人でテレビの前に行き，クイズの発問に答えることができた。（回答は不正解）

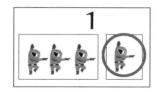

「〇〇マンカード」を用いて選択する場面を設定することで，自分の気持ちに意識を向ける姿が見られた。

第Ⅱ部　実践編

- 11月10日（5回目）「○○マンカード」は授業開始時から手に取る。対象児童を指名すると，「元気な○○マン」を指差して，テレビの前に自分から移動して，クイズに正答することができた。

学習活動の中期

【6時間目から9時間目に行った数字と数量の一致を目指した「お買い物ごっこ」の場面】

　1回目は，客役の児童から注文された数の商品を数えるために使用した「お助けシート」の1の数字のところから商品を置くことができず，サポート6段階であった。しかし，8回目には，サポート1段階になり，「3個ください」の注文に対し，お助けシートを使って商品を1の数字のところから置き，「イチ，ニ，サン」と言いながら，商品が3つあることを自分で確認することができた。

数詞と具体物を照らし合わせて数を数える姿が見られた。

【10時間目から13時間目に行った数あそび「パクパク○○マン」
（3までの数の個別課題）の自己評価の場面】

お助けシート

　「◎，○，△，×」の5段階とそれに合わせた表情カードと色のグラデーションを取り入れた振り返り表を使用して，【個別の活動＜チャレンジタイム＞】に行った数あそび「パクパク○○マン」に限定して，自己評価と教員の他者評価を行った。
活動の振り返り場面で，△を指差して「すこしむずかしい」と言うなど，自分の活動を振り返る姿が増え，それを伝えられるようになった。

単元開始時から段階的に振り返りの選択肢を増やすことで，内容も深みが増し，振り返りが習慣化してきた。

学習活動の終期

11. 自己決定力の評価

　自己決定力を発揮する三大要素における単元開始前と単元終了後の対象児童の行動や言動，サポート段階の変化の評価は以下のとおりである。

・自信をもって数遊びの学習に参加することができる。【意志行動に関する項目】

・数を数えたときに，数えた数が合っているかどうかについて確認できる。

【主体行動に関する項目】

・数遊びの学習を振り返り，よくできたかどうかについて考えることができる。

【信念に関する項目】

<結果（単元開始前と単元終了後における対象児童の行動や言動，サポート段階の変化）>

三大要素	単元開始前	単元終了後
【意志行動】	具体物を数えるときには，手を取って一緒に数えるサポート7段階であった。	・具体物を数えるときには，教員が見守ることでできるサポート1段階で数えられるようになった。（ただし，正確さについては今後の課題である。） ・友達に対し，対象児童が「イチ（1のところから具体物を置くんだよ）」と言って，教える姿が見られた。

実践2　特別支援学校小学部　算数科

【主体行動】	数字を見ると「イチ，ニ」と言うが，自分から具体物を指差して数えようとする様子は見られなかった。	物が複数並んでいるのを見ると，自分から指差して「イチ，ニ…」と数えるようになった。数え間違えると，サポート4段階で「気付いた」（あっ!間違えた）と言って，間違えたことに気付くことができるようになってきた。
【信　念】	「自分の行動を振り返る」ことそのものが難しく，イラストの表情カードでは，振り返りではなく「そのときに気に入った好きなカードを選ぶ」という段階であった。（できた，ふつう，できなかったの3つの表情イラストカードを使用）	「⊚，◎，○，△，×」の5段階で，取り組んだ課題の間違えが多かったりしたときには，「サンカク」や「むずかしい」などと答えるようになるなど，自己評価ができるようになってきた。（ただし，対象児童は△マーク自体が好きなマークであるため，振り返りからの選択ではなく，好きなマークを選択をしている可能性はある。）

●対象児童の自己決定力の経過～数あそび「パクパク○○マン」の記録より（抜粋）～

回数	日付	教員の支援や対象児童の様子	児童の評価	教員の評価
2回目	1/25 （金）	1から3までの数をランダムに指示する。（15回発問） 開始時の「1」の発問ではできなかったが，2回目の「1」の発問からは，「○○マン」の口に入れる食べ物のおもちゃを1つ置くことができた。ただし，時折，教員の指差しや「2はどうだったかな?」などの声かけあり。（サポート3,4段階）	「むずかった」と言って△を指さす。	◎
3回目	2/1 （木）	1から3までの数をランダムに指示する。（15回発問） 対象児童は「2」の発問ですぐに食べ物のおもちゃを並べ始めるが並べた数は間違えていた。しかし，担当したS先生が2の指だけを見せると（サポート4段階），「気付いた」と言って，間違えていることに気が付き，自分で再度2個並べることができた。	⊚	◎

12.　自己決定力の高まりによる波及効果

　本単元を通して，対象児童は，【知識・技能】の観点では，5までの数唱ができるようになったこと，【思考・判断・表現】の観点では，1から3までの数のまとまりや数え方に気付き，その数量を確認して配ったりすることができるようになってきたこと，【主体的に学ぶ態度】の観点では，数の学習に意欲的に参加することができるようになり，自分で数の確認をする姿も見られるようになったことなどから，単元目標については，ほぼ達成できた。

　対象児童は，例えば，絵本を読んでいるときにいちごが4個並んでいるのを見ると，指で「イチ，ニ，サン」と言いながら数え始めるなど，数への関心が高まっていることがうかがえる。また，本単元指導期間と同じ時期に行っていた国語科の授業では，表情イラストとジェスチャーによる気持ちを表現する学習を行っていた。その成果として，対象児童は「○○マンカード」を使用しなくても両手を腰にあてて「プンプン」と言い，まだ活動に参加できるまでに至っていない気持ちを表現できるなど，自己主張する姿が見られるようになった。このように，各教科等との関連に基づいた授業展開を行ったことで，さらに指導効果を高めることができたのではないかと考える。

第Ⅱ部　実践編

実践 3　特別支援学校中学部　国語科

伝えたいことをテーマに沿って選択し，他者へ伝える力を高める授業

「経験したこと・印象に残ったことを発表しよう」

【実践の概要】

　対象生徒は，「先生や友達と，うまく関わることができるようになりたい」「相手の気持ちを考えて発言できるようになりたい」という目標をもっています。この実践では，中学部の生徒たちが，行事で頑張ったことや，一年間の思い出を振り返って，印象に残ったことを発表する学習の中で，相手に伝えたいことを3つから4つに絞り，相手に分かりやすい文章にまとめる学習を繰り返しました。

　対象生徒は，経験したことを詳細に書く傾向にあり，はじめは紹介したいことを決めきれず思いつくまま原稿用紙4枚分も作文を書いていましたが，友達のまとめ方を見たり教員からのアドバイスを参考にしたりすることを通して，事実を時系列で全部書くというこれまでの作文のパターンから，伝えたいことのBEST3に絞ってから書くという方法を身に付け，他者へ伝える力を高めました。

【この単元における自己決定力を高める実践のサイクル（三大要素）】

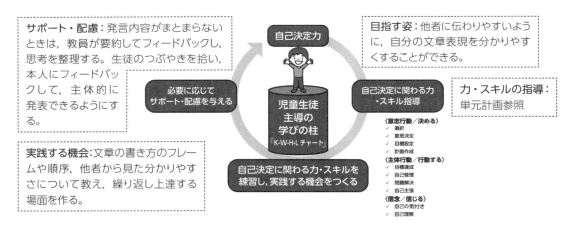

【自己決定力を高める学びの柱『K-W-H-Lチャート』】

What I Know 知っていることは何？	What I Want to Know 知りたいことは何？	How Will I Learn どうやって学びたいの？	What I Learned 学んだことは何？
・書くときに1マスあける ・丁寧な言葉で書く ・主語をきちんと書く ・出来事だけではなく，自分の感想も書く	・分かりやすいように書く ・どれぐらいが適切な量になるか ・「しかし」や「ですが」などの使い方	・とりあえず，紹介文を書いてみる ・長くなったら，書き直す	・友達や先生に分かりやすい文章の書き方 ・書くことをしぼること ・下書きをすれば，清書を書きやすい

対象生徒が実際に発表（記載）した内容

実践3　特別支援学校中学部　国語科

中学部2年国語科　学習指導案

1．単元名　「経験したこと・印象に残ったことを発表しよう」

2．単元設定の理由

（1）生徒観

　本学習グループの生徒は，中学部2年生の男子2名である。要点をまとめて順序立てて話すことは，2名とも課題となっている。書くことについては，2名ともテーマや活動中の写真を示すと，時系列に沿って事実を羅列するように書いていくことができるが，語彙の不足や読み返す習慣のなさから，書き言葉と話し言葉が混ざったり，「楽しかったです」のような同じフレーズを繰り返し書いたりすることもある。

　対象生徒は，大人と話すことを好み，自分の興味がある分野の話を一方的に伝えようとする。書くことについても，要点をまとめることが苦手で長々と自分の思いを綴る傾向にある。自己決定については，自立活動の時間に学んだ経験があるが，自分の行動として様々な場面で般化した姿として見られることは少ない現状がある。

（2）単元観

　本単元は，中学部国語1段階のA　聞くこと・話すこと「見聞きしたことや経験したこと，自分の意見などについて，内容の大体が伝わるように伝える順序等を考えること」を主に指導する単元である。

　そのために，まず文部科学省著作教科書『国語☆☆☆☆』の題材「作品をしょうかいしよう」で，経験した事柄や自分の気持ち，意見などを相手に伝えることを順序立てて書いたり話したりすることを理解できるようにする。次に，夏休みの思い出（9月），修学旅行の感想（12月），一年間の思い出（3月）と定期的に経験したことを発表する題材を設定し，自分が伝えたいことを「一つ目は」「二つ目は」「三つ目は」のように箇条書きにして，それらを作文にまとめ，発表する学習を繰り返す。

　生徒が伝えたいことや感じたことなどを自己決定して文章表現したり，自信をもって発表したりすることを通して，言葉や文章で自分の考えや気持ちを伝え合う力の向上を目指すことをねらい，本単元を設定した。

（3）指導観

　全体の指導では，口頭での発表内容や紹介文の内容を互いに参考にできるように，個人活動，ペア活動を組み合わせるようにする。また，互いの発表を聞いて感想などをコメントする場面を設け，自己評価や他者評価を経て，紹介文をまとめることができるようにする。その際，生徒Aには視覚的にも文章の内容が理解できるようにするために，生徒Bが書いた下書きや清書をICT機器を用いて大型画面に映すなど，個別最適な学びが実現するような支援を行う。

第Ⅱ部　実践編

3．単元目標
(1) 全体目標（3観点）

知識及び技能	・言葉には，自分が経験した事実や自分の気持ち，意見などを相手に伝える働きがあることを理解し，まとまりのある文章を書くことができる。	国語科1段階 (1) 目標 　イ (2) 内容 A 聞くこと話すこと　ウ
思考力，判断力，表現力等	・一年間の思い出を想起して，自分で決めて，発表することができる。	
学びに向かう力，人間性等	・言葉や箇条書きによって，友達や教員に考え，感想などを共有するために伝えようとしている。	

(2) 個人目標（対象生徒）

知識及び技能	・一年間の思い出の紹介文で，文の構成，語句の使い方を知り，紹介したいことを5行程度で書くことができる。	国語科1段階 (1) 目標 　イ (2) 内容 A 聞くこと話すこと　ウ
思考力，判断力，表現力等	・一年間の思い出を想起して，教員の助言を受けて書くことを決め，発表することができる。	
学びに向かう力，人間性等	・ワークシートのメモを読み上げ，友達や教員に考えや感想などを伝えようとしている。	

4．自己決定力を高める実践のサイクル（三大要素）を促す対象生徒に焦点をあてた単元構成のポイント

意志行動：決める

・毎時間の授業のめあてを明確に示すとともに，『K-W-H-L チャート』により，紹介文を書くことについての学習レディネスや自己課題を認識できるようにする。
・紹介文の題材について，本生徒が書きたい内容を選択・決定できる時間を十分に取り，教員が誘導しすぎないようにする。

主体行動：行動する

・題材を変えながら自分が伝えたいことを「一つ目は」「二つ目は」「三つ目は」のように箇条書きにして，それらを作文にまとめ，発表する学習を繰り返す。
・自分の印象に残っていることを発表する場面では，じっくり発表させて意図を聞き取るとともに，書きたいことを書く時間を確保する。
・紹介文を一通り書いたら，自分で黙読したり朗読したりする時間を設け，他の人に伝わりやすい内容になっているかや，事実の羅列だけでなく感想や気持ちも書いているかどうかを自分で評価できるようにする。

信念：信じる

・構想段階で箇条書きしたものや，5 行程度書いてみたものを自分の意見として発表する。
・事実だけでなく，感想や気持ちも書いているかどうか，自分で読み返してチェックする。

実践3　特別支援学校中学部　国語科

・毎時の振り返りで，自己決定の三大要素に基づく項目について自己評価する場面を設け，自分で決めて取り組む学習形態に慣れるようにする。
・繰り返し紹介文を書く中で，自己評価や友達との相互評価に加え，教員から変容している点を適切に評価して伝え，自信をもてるようにする。

5．単元計画 (本時：5／6時間目)

☆『K-W-H-L チャート』の活用

時数	主な学習活動（全体）	自己決定力を高める 10 のスキルとの関連
1	教科書「作品をしょうかいしよう」の通読 ・「はじめに」「次に」「最後に」の構成でまとめられていることを理解する。 **夏休みの何を紹介するかを構想する** ・出来事，作品を想起して，書いてみたい内容をワークシートにまとめ，発表する。 ☆『K-W-H-L チャート』に既習事項を記入する。	【選択】 ・「夏休みの思い出」「修学旅行」「一年間の思い出」の題材それぞれで，何をテーマに紹介文をまとめたいかを自己選択・自己決定する。 【意思決定】 ・各題材で自分が決めたテーマの中で，特に紹介したい内容を3つから4つに絞る。
2	**「夏休みの思い出」の作文を書く** ・前時のメモを見ながら，「はじめに」「次に」「最後に」の構成で文章を書く。 ・書いたものを発表し，文章表現について自己評価する。	【目標設定】 ・紹介文をまとめることについて，自己の学習履歴を想起しながら，目標を立てる。 【計画作成】 ・紹介文のためのワークシートを時間内に書けないときは，自宅に持ち帰り仕上げてくるなど，紹介文を書くことの見通しをもち，自分でスケジュールを決める。
3	**「修学旅行の感想」についての構想** ・修学旅行で特に印象に残ったことを3つから4つ挙げて発表する。 ・紹介したい内容や感想をワークシートにまとめ，発表する。	【目標達成】 ・作文書きに取り組む中で，事実と感想を織り交ぜて書くなどの目標を達成する。
4	**「修学旅行の感想」の作文を書く** ・前時のワークシートを見ながら，「一つ目」「二つ目」「三つ目」の構成で文章を書く。 ・書いたものを発表し，文章表現について自己評価する。	【自己管理】 ・紹介文を書く際に，より分かりやすい文章になるように，読み返して書き直したり書き加えたりする。 【問題解決】 ・ワークシートに書いた内容に言葉を足して付箋紙などを増やしていくことで，書きたいことを焦点化しながら具体的に書く。
5 (本時)	**「一年間の思い出」についての構想** ・一年間の生活で特に印象に残っていることを3つから4つ挙げて発表する。 ・書きたい内容や感想をワークシートにまとめ，発表する。	【自己主張】 ・自分が書きたいテーマや内容について，自分の言葉で発表する。
6	**「一年間の思い出」の作文を書く** ・前時のワークシートを見ながら，「一つ目」「二つ目」「三つ目」の構成で文章を書く。 ・書いたものを発表し，文章表現について自己評価したり，書き足したいことを加えたりする。 ☆『K-W-H-L チャート』に自己評価を記入する。	【自己の気付き】 ・各題材で，ワークシートや紹介文を書くことで，自分の目標を意識する。 【自己理解】 ・紹介文を書く際に，要点を3つ程度に絞り，焦点化して書くことが，より伝えやすいことを知る。

6．対象生徒の個別の教育支援計画と個別の指導計画との関連

【個別の教育支援計画にある本人の思いや願い】

・先生や友達と，うまく関わることができるようになりたい。
・相手の気持ちを考えて発言できるようになりたい。

第Ⅱ部　実践編

【個別の指導計画における学習指導要領の各教科・目標及び内容との関連】

> （国語科1段階）
> ・順序立てて考える力や感じたり想像したりする力を養い，日常生活や社会生活における人との関わりの中で伝え合う力を
> 　高め，自分の思いや考えをもつことができるようにする。
> （職業・家庭科1段階）
> ・将来の職業生活に必要な事柄について触れ，課題や解決策に気付き，実践し，学習したことを伝えるなど，課題を解決す
> 　る力の基礎を養う。

　本題材では，国語科1段階の分かりやすく伝えることを扱う。本生徒は自分の思いのままに話すことが多く，相手とやり取りしながら話すことが十分身に付いていない。そこで，夏休み明けや行事の後に印象に残ったことを発表する学習を行う。この学習では国語科の「A 聞くこと・話すこと」の「ウ　見聞きしたことや経験したこと，自分の意見などについて，内容の大体が伝わるように伝える順序等を考えること」を中心に指導し，「B 書くこと」の「イ　相手に伝わるように事柄の順序に沿って簡単な構成を考えること」も扱う。また，自己決定の般化を意図して，職業・家庭科でも提示された活動から自分にできそうなものを選択決定する場面や，自己決定の取組について省察し自己評価する場面を設ける。

7. 対象生徒の「自立活動」の目標と合理的配慮

【自立活動の目標】＜人間関係の形成＞＜コミュニケーション＞

> ・安心できる小集団の活動の中で，相手の話を受けて言葉のやり取りをすることができる。

【国語科における合理的配慮】合理的配慮の観点（①-1-2）

> ・パターンによる学習が習得しやすい特性を生かし，作文書きを「考える」「口頭で発表する」「メモを書く」「言葉を足して
> 　膨らませる」のパターンで指導する。

8. 対象生徒への個別最適化と協働的な学びを促すポイント

【個別のICT教材】

・友達が書いた箇条書きや下書きを見て，自分の考えを深める参考にするため，生徒Bが書いたワークシートを写真に撮り，大型画面に投影して共有する。

・自分が書いたワークシートに直接教員が書き加えるのを好まないため，本生徒が書いたワークシートを撮影し，画面上でマーカーを引いたり，語句の訂正を朱書きしたりする。

【合理的配慮】

・発言内容がまとまらないときは，教員が要約してフィードバックし，本生徒の思考を整理する。

・本生徒のつぶやきを拾い，本人にフィードバックして，主体的に発表できるようにする。

【学習支援体制】

・ワークシートやタブレット端末，ホワイトボード，大型テレビなど，本生徒が課題を理解しやすいように視覚的な情報を整理して提示する。

・自己評価に友達からの評価も加えたり，友達の紹介文を聞いてどう感じたかを発表させたりして，

実践3　特別支援学校中学部　国語科

対話的・協働的な学びができるようにする。

9．本時の学習活動

（1）本時の目標

　一年間の思い出の文章を書く活動を通して，思い出ベスト3の優先順位を決めて，思い出一つにつき5行程度で要点をまとめて書くことができるようにする。

（2）学習場面の展開（本時：5／6）

時間	主な学習活動	教員の指導（・），生徒の活動（○），支援・配慮（＊）	
導入 10分	1．本時のめあてを知る。	・教員は，教科書の題材を用いて本時のめあてを説明する。 ・生徒ABに，文章のまとまりがどこにあるか発表させる。 ○まとまりで書かれている文章の特徴について，考えたことを発表する。 ・『K-W-H-Lチャート』の各欄について説明する。 ○チャートのK，W，Hの欄に学習状況を自己評価しながら書く。 ＊紹介文を書く能力等について，生徒に学習状況を尋ねながら，なるべく自分の言葉で記入させる。　3段階	『K-W-H-Lチャート』を大型画面に映し，学習状況や，作文で上手になりたいことを自分の言葉で記載するように助言する。
展開 30分	2．何を紹介したいかを決めて発表する。	・教員は主な行事の写真を提示して，生徒の行事や思い出などについて質問をしながら，何について印象に残っているかを考えさせる。 ○一年間の出来事について思い出したことを自由に話す。	これまでの学習を想起させて，自分の言葉で話すように助言する。
	3．ワークシートに思い出ベスト3を書く。	（板書例） ・ワークシートの「一つ目」「二つ目」「三つ目」の下に行事や経験したことを一つずつ書くことを伝える。 ○紹介文のタイトルや，どんなことを紹介したいかをワークシートに箇条書きで書く。 ＊何を紹介したいかを焦点化できない場合には，複数のテーマで考えてよいことを伝える。 ○一年間の学校生活で印象に残っている3つのことを自分で決めて，箇条書きで記入する。 ＊自分で構想を立てられないときには，一年間の学校行事の写真を手掛かりとしてベスト3を選ばせ，思考を整理するきっかけを与える。　3段階	複数の行事の写真の中から，「第3位の発表です！」とテレビ番組の演出のように，発表する雰囲気をつくるようにする。
	4．ワークシートに思い出を5行程度で書く。	・ワークシートに下書きし，お互いに発表し合うように促す。 ○ワークシートを見ながら，紹介文のタイトルや三段落の構想について発表する。 ＊生徒のワークシートをタブレット端末で撮影し，大型テレビに映して，相手の作文の構想を見ることができるようにする。 ＊教員は生徒Aの思考を整理するため，画面上でワークシートの良い点をマーキングしたり，書き足してほしいところにコメントを挿入したりする。　3段階　4段階	生徒Aのワークシートを撮影して大型画面に映し，教員が赤ペンで書きこみ，評価を加える。

第Ⅱ部　実践編

終末10分	5. 本時の振り返りをする。	・本時の学習内容の理解度と本時の自己決定についてタブレット端末から自己評価を回答させる。 ○学習内容の理解度について，5段階の選択肢から回答する。 ＊『K-W-H-Lチャート』のLの欄に，本時で学んだことを自分の言葉で記入させる。 ・生徒の良い点を称賛し，次時は紹介文にまとめることを伝えて，意欲を高める。

> 本時に学んだことをめあてを意識しながら自分の言葉で書くように助言する。

〈知的障害のある児童生徒へのサポート7段階〉

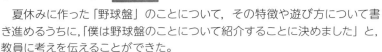

10. 単元を通して見られた対象生徒の自己決定についての変容

学習活動の初期

【夏休みの思い出を発表する場面】

夏休みに作った作品を紹介する場面で，自作の野球盤とパチンコ台のどちらを書けばよいのかを決めることができず，鉛筆が止まっていた。そこで，両方について書いてみて，その後どちらをメインに書きたいかを決めてもよいことを伝えると，安心して書き始めることができた。

> どちらも書きたい思いが強く，選択できなかったため，共感しながら助言をした。

【構想を書く場面】

夏休みに作った「野球盤」のことについて，その特徴や遊び方について書き進めるうちに，「僕は野球盤のことについて紹介することに決めました」と，教員に考えを伝えることができた。
「頭の中で考えるとごちゃごちゃするけれど，書いてみたら，何を書きたいかひらめいた」という本人の発言からも，構想を文字にしてワークシートに書いてみる手順の必要性を理解できたようである。

> 実際にワークシートに書いてみることによって，考えていることを整理することができた。

学習活動の中期

【修学旅行の感想を書く場面】

夏休みの作品紹介の題材で，構想するまでに時間を要していたことから，2泊3日の修学旅行においても，書きたい題材が乗り物，行き先，食事内容など豊富にあり，何について書くかを悩むことが容易に予想された。そこで，また食べたい食事メニューを思い浮かべさせたところ，ショッピングセンター内の肉吸い定食，ホテルのビーフシチュー，ホテルのバイキングを挙げることができた。

> 「修学旅行食事メニューベスト3」のように，イメージする範囲を絞り，テレビ番組のように演出すれば構想しやすかった。

【7行の用紙に伝えたいことを書く場面】

本生徒は事実を詳細に書くことが多かったため，ワークシートの行数を7行までと決め，その中で「肉吸い定食」について膨らませるよう助言した。さらに，事実だけでなく感想を書くのがよいとアドバイスしたところ，「ジューシーでご飯との相性もよかった」と，より分かりやすい感想を書くことができた。

> 食レポをイメージさせると書きやすいようだった。

実践3　特別支援学校中学部　国語科

【一年間の思い出を構想する場面】
　一年間の思い出を想起する場面では，教員があらかじめいくつかの行事の写真を用意していたが，一つ一つの思い出を語り始めて，3～4つに絞ることに時間を要する様子が見られた。そこで，「思い出ベスト3」を発表する場面を設けて，先に友達が発表するのを見せた。このことで，この問いには正解はなく，自分のイメージで主なものを3つ言えばよいということが分かり，「修学旅行」「夏休みの旅行」「中学生議会の意見発表」を挙げることができた。

> ベスト3という言葉で理解を促すことができた。

【学習活動の終期】

【思い出を3つに絞って，下書きをする場面】
　本生徒は，作文は思ったことを次々に綴り長文になっていたが，これまで下書きをしてから清書するという経験が少なかった。そのため，原稿用紙の5行分を印刷したワークシートを用い，紹介したいことを5行程度でまとめさせた。「放送原稿みたいですね」とつぶやきがあり，友達も共感していた。

> 下書きは，放送原稿みたいなものだということに気付いた。

【下書きを見ながら清書をする場面】
　ワークシートの20文字×5行の下書きを見ながら，スムーズに清書することができた。本生徒は『K-W-H-Lチャート』にも「下書きをすれば清書を書きやすい」と記入しており，下書きのよさを実感できたようだ。

> 下書きをしてから清書をすれば，書きたいことに悩まなくてよいことに気付いた。

11. 自己決定力の評価

　本単元では，毎時間の終末で振り返りを行い，学習指導要領の目標・内容に沿った達成度と自己決定の3項目について選択式のアンケートを実施した。単元開始時に夏休みの作品についての紹介文作成に取り組んだ9月26日と，一年間の思い出の紹介文作成に取り組んだ3月18日について，生徒Aの自己決定に関する自己評価は，以下に示すとおりである。

7. 最後に，今日の授業で，あなたの自己決定はどうでしたか？どれか一つに○をつける

	よくできた	できた	あまりできなかった
① 決める（書くことを自分で決定する）			○
② 行動する（自分で書いたり発表したりする）		○	
③ 信じる（自分の思いや気持ちを信じて書いたり発表したりする）			○

（9月26日の自己評価）

7. 最後に，今日の授業で，あなたの自己決定はどうでしたか？どれか一つに○をつける

	よくできた	できた	あまりできなかった
① 決める（書くことを自分で決定する）	○		
② 行動する（自分で書いたり発表したりする）	○		
③ 信じる（自分の思いや気持ちを信じて書いたり発表したりする）		○	

（3月18日の自己評価）

　単元開始当初は，自己決定についても学習したばかりで，紹介したいことの発表やワークシート記入においても教員への依存傾向がみられた。9月26日の自己評価では，正直に「自分で決めていない」とつぶやき，「決める」「信じる」について「あまりできなかった」としている。一方で，本単元における最後の授業であった3月18日の自己評価では，「決める」「行動する」について「よくできた」とし，「信じる」も「できた」の評価としている。単元の終

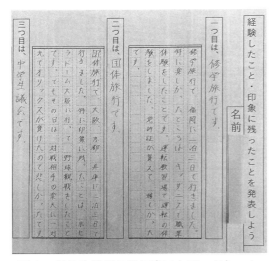

図1　対象生徒が3月に書いたワークシート

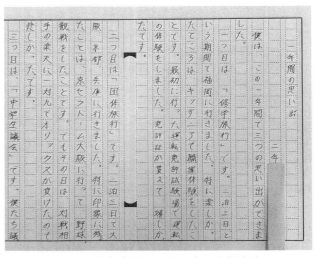

図2　対象生徒が3月に書いた紹介文

盤に向かい，自己決定の三大要素のいずれについても意識するようになり，自信がついていることがうかがえる。単元開始時に原稿用紙に4～5枚書いていた文章を，単元終末時には用紙2枚に収めることができたことからも，本生徒が書きたい内容を決めて，要点を絞って書くことができるようになったと評価することができる。

12．自己決定力の高まりによる波及効果

　本生徒は，学級の係の仕事を選ぶ場面や，職業家庭科で「給料」をもらい近くの商店で好きなお菓子やジュースを買う場面など，学校生活全般において自分で決めて行動することに時間を要していた。

　しかし，本単元に入る前に自立活動の時間に使用した「自己決定って何？」のスライドが印象に残っており，本単元でも繰り返し，「自分で決めていいよ」「自己決定はどうだった？」という声掛けを続けることで，自己決定の概念を知ることができた。目標達成のために自分で決めることの大切さ，自分で決めてよいという自己決定することを実践的に学び，3学期の買い物では手早く商品を選択することができた。

　また，これまでは教員からの助言がないとなかなか決めきれなかった生徒会役員選挙への立候補について，自分の意思で決めることができた。立会演説の内容についても，小学部の児童が聞いてくれるように分かりやすく，という視点で短い文章にまとめることができていた。さらに，選挙を通じて小学部児童と距離が縮まり，「〇〇君も誘っていいかな」「〇〇君，昼休みに野球をしよう」と友達や下級生に声を掛けるなど，自分で決めて行動する場面が増えたことも，本指導の波及効果として挙げられる。

実践4　特別支援学校中学部　美術科

| 実践 **4** | 特別支援学校中学部　美術科 |

ICT 機器を活用し，
自分の抱く造形イメージを表現する授業

「デジタル表現 〜クレイアニメーション〜」

【実践の概要】

　対象生徒は，「友達と楽しく勉強したい」「相手の気持ちを考えられるようになりたい」という目標をもっています。主体的に美術の活動に取り組み，創造活動の喜びを味わうためには，完成した作品をイメージしながら，そのイメージに到達するための制作計画を考え，試行錯誤することが求められます。

　対象生徒は，完成に向けた見通しをもって，自分のイメージを拡げながら取り組むことが課題です。ICT 機器を活用し複数のアプリケーションを用いて，生徒が「表現したい内容の表現方法」を試行錯誤できる機会を設け，自分のイメージを捉えやすくし，創造活動の喜びを味わうという実践サイクルを通じて，作品制作を行いました。この ICT 機器を効果的に活用した授業を通じて，作品の完成に向けて必要な情報を獲得し，他の生徒の作品制作の様子を参考にしながら友達との交流を深めるなど，自分の表現の成功体験を積み重ね，素材へのアプローチを修正していくようになりました。

【この題材における自己決定力を高める実践のサイクル（三大要素）】

サポート・配慮：ICT 端末で複数のアプリケーションを用いて，試行錯誤の過程を視覚化し，周囲と共有する機会を設けることで表現の幅を拡げる機会をつくる。

目指す姿：自分の表現の幅を拡げ，様々な表現の仕方やその工夫ができる。

自己決定力

必要に応じてサポート・配慮を与える

児童生徒
主導の
学びの柱
『K-W-H-L チャート』

自己決定に関わる力
・スキル指導

力・スキルの指導：題材計画参照

〈意志行動／決める〉
✓ 選択
✓ 意思決定
✓ 目標設定
✓ 計画作成
〈主体行動／行動する〉
✓ 目標達成
✓ 自己管理
✓ 問題解決
✓ 自己主張
〈信念／信じる〉
✓ 自己の気付き
✓ 自己理解

実践する場面：様々なアプリケーションを用いて，感情や心情を表現しながら，作品完成まで試行錯誤を行う。

自己決定に関わる力・スキルを練習し，実践する機会をつくる

【自己決定力を高める学びの柱 『K-W-H-L チャート』】

What I **K**now 知っていることは何？	What I **W**ant to Know 知りたいことは何？	**H**ow Will I Learn どうやって学びたいの？	What I **L**earned 学んだことは何？
・キーワード検索（音声入力）で好きな動画を見る ・キーワード検索（音声入力）し好きな画像を見る ・カメラ機能で写真や動画を撮る	・絵を描くアプリが知りたい ・ゲームを作って遊びたい ・カメラ機能が楽しい	・友達と一緒に使ってみたい ・先生からやり方を学びたい	・Viscuit で模様ができた ・onion cam2 でアニメーションができた ・keynote でイラストが描けた ・Canva の AI で画像が作れた

対象生徒が実際に発表（記載）した内容

第Ⅱ部　実践編

美術科　学習指導案

1．題材名　デジタル表現 〜クレイアニメーション〜

2．題材設定の理由

(1) 生徒観

本学習グループは1年生が4名，2年生が5名，3年生が3名の計12名（男子10名，女子2名）である。言葉でのコミュニケーションができ，簡単な文字の読み書き，計算，集団行動などができる学習グループである。

対象生徒は，中学部2年生の男子生徒である。パターン化された人物表現や文字・記号などを用いたイラストが得意で，道具への興味に応じて豊かな表現ができる。しかし，絵の具や粘土等，道具や素材への探求心を模索した結果，「うまくいかなかった」と言って作品を壊したり，「もう終わり」と完成をあきらめたりすることがある。美術における発達として考えると，客観的な描写に対して苦手意識をもつようになる時期でもある。

(2) 題材観

本題材では，生徒が作品の制作開始から完成までの見通しをもち，作品の完成に向けて計画的に制作していけるよう，ICT機器をツールとして活用し，作品の完成形を構想する経験を重ねる。造形活動において様々なアプリケーションやソフトを用いることによって，生徒の制作意欲を喚起すること，作品の完成まで過程の中で色々な選択をすること，生徒のイメージがすぐにフィードバックされることで結果が理解しやすくなることが期待できる。

イメージのアウトプット

対象生徒はICT機器への興味・関心が高い。ICT機器を対象生徒の「表現の支援ツール」として活用することで，視覚や触覚などの五感を使ってインプットされたイメージが，「表現」という手段でアウトプットできることを知り，自らの心理的世界や思想的，社会的な意識の表出へとつながることが期待できる。

(3) 指導観

全体の指導では，全体で見るモニターと手元で操作できるタブレット端末を活用する。これにより，モニターに映したものと，自分の制作しているものを見比べながら操作できるようにする。また，毎時のまとめではモニターを通して鑑賞活動をし，造形的な考え方や自分の見方や感じ方を深められるようにしたり，アンケート形式の自己評価を通して教員と対話をすることで，自分自身で「できたこと・できなかったこと」などに気付いたりできるようにする。

実践4　特別支援学校中学部　美術科

3．題材目標

（1）全体目標（3観点）

知識及び技能	・材料や用具の扱い方を身に付け，表したいことに合わせて，材料や用具の特徴を生かしたり，それらを組み合わせたりする。	美術科2段階 内容：知識・技能 -A 表現ア（イ）
思考力，判断力，表現力等	・経験したことや想像したこと，材料などを基に，表したいことや表し方を考えて，発想や構想をし，作品の完成を見通して計画的に表す。	美術科1段階
学びに向かう力，人間性等	・主体的に美術の活動に取り組み，創造活動の喜びを味わい，美術を愛好する心情を高め，心豊かな生活を営む態度を養う。	内容：思考力，判断力，表現力等 -A 表現ア（ア）

（2）個人目標（対象生徒）

知識及び技能	・材料や斤具の扱いに親しみ，表したいことに合わせて，表し方を工夫し，材料や道具を選んで使う。	美術科1段階 内容：知識・技能 -A 表現ア（イ）
思考力，判断力，表現力等	・経験したことや想像したこと，材料などを基に，表したいことや表し方を考えて，計画的に表す。	美術科1段階
学びに向かう力，人間性等	・主体的に美術の活動に取り組み，創造活動の喜びを感じる。	内容：思考力，判断力，表現力等 -A 表現ア（ア）

4．自己決定力を高める実践のサイクル（三大要素）を促す対象生徒に焦点をあてた単元構成のポイント

意志行動：決める

・素材を基に構想し，色や形，自分が表したいことを決める。

・生徒が素材への興味を自身にインプットし，その感覚を表現としてアウトプットしやすくするために，決定と結果を繰り返すプログラミングアプリを用いる。簡単なプログラミングを通して，スケッチのような体験を繰り返すことで，完成した作品のイメージを固めていく。

主体行動：行動する

・構想を基に，表現する。ICT を活用し，うまくいかなくてもやり直したり，完成のイメージを基に計画立てしたりし，問題解決に向けて行動する。

・自身の決定したプログラムが結果になることを繰り返し経験する。

信　念：信じる

・造形的な表現＝自己主張ができているか。自己の表現，作品の完成を信じる。完成作品や制作過程を基に自己理解を深める。

・授業のまとめで鑑賞や自己評価をする。本時の作品について振り返り，認められたり，褒められたりする経験を重ねる。

第Ⅱ部　実践編

5.　題材計画（本時：8／14時間目）　　　　　　　　　　　　　☆『K-W-H-L チャート』の活用

時数	主な学習活動（全体）	自己決定力を高める 10 のスキルとの関連
4	「うごくもよう」 〜プログラミングアプリ「Viscuit」〜 ①色や形から伝わる様々な感情を考える。 ②プログラミングを使って模様を制作する。 ③壁に投影し，自身の影とともに鑑賞する。 ④好きな音楽に合わせて動く模様を作る。 ⑤形の重なりのイメージができているか振り返る。 ☆『K-W-H-L チャート』に既習事項を記入する。	【選択】 ・「Viscuit」を使い，自分の好きな音楽，色，素材，写真や画像生成 AI の画像などを選択する。 【意思決定】 ・様々なアプリを使い，自分のイメージ通りに表現できているのかを考え，作り方や動かし方を決める。 【目標設定】 ・どのように ICT 機器を利用して，作品の成功イメージを完成させるか目標を設定する。 【計画作成】 ・ICT 機器を活用し造形の完成に向けた見通しをもち，取り扱う材料や用具を選んだり，組み合わせたりしてどのように表すか計画する。 【目標達成】 ・ICT 機器を活用し，構想のアウトプットを図ることで，作品の完成（目標）までの見通しをもって制作する。
2	「セルフポートレート」 〜ソフト Keynote を使った描画表現〜 ①色から伝わる感情，様々な企業ロゴ，アイコンなどから伝わるイメージについて考える。 ②写真を撮り，Keynote の描画機能を使ってシルエットへ加工する。 ③自分の好きな色を組み合わせてポートレートを作成する。 ④自身のイメージカラーが表現できているか，友達の意見を聞き振り返る。	
2 本時 (2/2)	「クレイアニメーション」 〜アプリ「Onion Cam2」〜 ①粘土の可塑性を生かし，少しずつ変化させて短いアニメーションを作る。 ②アニメーションの時間の経過などを体験し，自身の好きなアニメーションについて，作り方や動かし方を考えてみる。 ③動くと信じて制作できているか，活動を振り返る。 ④粘土の可塑性や時間の経過について経験を通して学び，そのイメージを陶芸に生かすことができたか，自身の活動を振り返る。	 目標達成のイメージ形成
4	「パッケージデザインについて」 〜 Keynote での POP 表現〜 ①味と色の関係について。目隠しをしてお菓子を食べ，何色か考える。 ②中身や味が伝わる配色になっているか，友達の感想を聞く。 ③「あったらいいな，こんなお菓子」新商品を味から考え，展開図にデザインする。 ④組み立てたパッケージを Keynote に取り込み，新商品として POP を作成する。 ⑤パッケージから味が想像できるよう表現できているか，友達の意見を聞く。	【自己管理】 ・管理ツール「classroom」を使用し，制作の姿勢を他者と共有することで，制作の進捗状況を他者と比較し，自身の制作活動を客観的に見る。 【問題解決】 ・自身の行動によりうまくいかなかった場合は，教員の助言や「Viscuit」の機能の利点を使って試行錯誤しながら，問題をやり直す。 【自己主張】 ・こんなお菓子があればいいと考え，その味を想像しながら，展開図にデザインをし，自分の考えを表現する。
2	「画像生成」 〜「Canva」マジック生成でコラージュ素材づくり〜 ①作品集づくりの仕上げとして，自分の好きな素材をコラージュ表現する。 ② Canva の画像生成 AI を使ってイメージを言語化・画像化する。 ③新しいイメージを作るために，友達と言葉を組み合わせて生成してみる。 ④コラージュの素材として利用する。 ⑤自身の感情や心情について表現できているか，振り返る。	【自己の気付き】 ・Forms の振り返りシートによる自己評価。アンケート形式の自己評価を通して教員と対話をし，自分自身で「できたこと・できなかったこと」などに気付く。 【自己理解】 ・様々な素材やアプリを使用して，自分自身の感情や心情を発見し，理解する。 ・教員や友達の意見を聞いて，自分の強みや好みに関して理解を広げる。 ☆『K-W-H-L チャート』に振り返りを記入する。

実践4　特別支援学校中学部　美術科

6．対象生徒の個別の教育支援計画と個別の指導計画との関連

【個別の教育支援計画にある本人の思いや願い】

・友達と楽しく勉強したい。
・相手の気持ちが考えられるようになりたい。

【個別の指導計画における学習指導要領の各教科・目標及び内容との関連】

中学部美術科1段階　＜関連する内容：B-(イ)＞
・表し方や材料による印象の違いなどに気付き，自分の見方や感じ方を広げることができる。
中学部美術科1段階　＜関連する内容：B-(イ)＞
・自分たちの作品や身近な造形品の創作などの鑑賞を通して，よさや面白さに気付き，自分の見方や感じ方を広げることができる。
中学部美術科1段階　＜関連する内容：共通-(イ)＞
・感じ取ったことや想像したことなどを話したり，他の生徒と共感したりすることができる。

　「友達と楽しく勉強したい」「相手の気持ちが考えられるようになりたい」という本人の思いの実現に向け，中学部美術科の教科目標（2）の「見方や感じ方を深めるようにする」という目標に着目した。

　日々の活動の中から経験して感じたこと，あるいは身の回りにある材料などからイメージしたことを手がかりに，生徒は自分の思いや願い，他者への気持ち，分かりやすさ，よさや美しさを考えながら発想したり構想したりすると予想される。このことから，生徒自身が感じたことを他者と共有できるよう，導入時には，教員と対話をして本人のイメージを言語化したり，友達が発表した内容についてモニターに視覚的に提示したりした。

7．対象生徒の「自立活動」の目標と合理的配慮

【自立活動の目標】＜心理的な安定＞＜人間関係の形成＞

・最小限の言葉掛けや見守りのもとで成功体験を積み重ね，気持ちを安定させて活動に取り組むことができる。

【美術科における合理的配慮】合理的配慮の観点（①-3-4）

・活動時，安心した気持ちで活動できるよう，教員が言葉掛けしやすい端の座席に配置にしたり，受容的な友達を近くの座席に配置したりする。

8．対象生徒への個別最適化と協働的な学びを促すポイント

【個別のICT教材】

・タブレット端末を使用し，その時間の目標に合わせたアプリケーションを使う。例えば，形の重なりのイメージを生み出すための「Viscuit」アプリ使用など。この経験を通して得たイメージを基に，パッケージデザインで形の重なりなどの表現ができているか，経過を通して変容を見取る。

【合理的配慮】

第Ⅱ部　実践編

・制作の途中で友達の作品から得られるイメージを参考にしたり，また違う表現を試みたりと，互いの制作を見合う環境は重視しつつ，授業者と対話することで気持ちのコントロールの支援がしやすいような座席配置をする。

【学習支援体制】

・造形的なものの見方・考え方の参考としては，教科書などの環境教材を用いる。導入時，教員の発問に対しての答えについてはできるだけ取り上げ，ホワイトボードに記録し，一人一人考え方，感じ方が違うこと，感じ方に不正解はないということを確認する。

・活動の振り返りの際に，よい表現や発問，問題解決に向けた姿勢などを取り上げ，褒める。

9．本時の学習活動

(1) 本時の目標

　タブレット端末でアプリを使って簡単にアニメーションを作成できることを知り，制作活動に意欲的に取り組む。

(2) 学習活動の場面（本時：8／14）

時間	主な学習活動	教員の指導（・），生徒の活動（○），支援・配慮（＊）	
導入5分	1 今日の学習を知る。	・今日の活動の流れや制作手順などを説明する。 ○モニターを見て，制作手順に制作時の姿勢などについて説明を聞く。 ＊今日使用するアプリ「Onion Cam2」を使って，モニター上で写真を撮る。写真をつなげて粘土が動いている様子を見せ，制作手順からアニメーションの仕組みが分かるようにする。 5段階	モニターにアプリの操作を映し，粘土が動いているように見える手順を示す。
展開35分	2 粘土を少しずつ動かし，タブレット端末で撮影する。 (1) 粘土の性質を生かして表現する。 (2) アニメーション表現で時間の経過について経験する。	・生徒へタブレット端末を配布し，アプリ「Onion Cam2」を起動する。 ○制作時の机上環境を教員と一緒に確認する。 ＊制作時にどこに何を置けばよいか，イラストを見て理解できるようにする。 4段階 ・タブレット端末を机上に設置，マスキングテープで位置をマークするよう指示する。 ・撮影のポイント「カメラは動かさない」ことを口頭で伝える。 ○制作の姿勢を確認する。 ＊撮影の仕方を実際にやって見せる。 5段階 ＊アプリ「Classroom」で生徒端末から制作の様子を教員用端末で把握できるように設定しておく。 ・利き手は画面のシャッターボタン，もう片手は粘土専用であることを伝える。 ○粘土の形を少しずつ変化させながらタブレット端末で撮影する。 ＊「Classroom」で対象生徒の制作の様子を把握する。 1段階	粘土，机，タブレット端末の配置をイラストで提示する。 操作と動きを教員が具体物を用いて提示する。
終末10分	3 鑑賞 自分の作品を発表したり，友達の作品を見たりする。	・全体でモニターを見ながら個々の作品を発表するようにする。 ○アプリ「Classroom」を使い，作品を鑑賞する。 ・個別に活動の振り返りシート記入させ，収集する（Forms）。 ○本時の活動について振り返りシートを使い自己評価をする。	Classroomで制作を把握しておき，活動を見守る。

〈知的障害のある児童生徒へのサポート7段階〉

1段階：子供の様子を見守る　2段階：ジェスチャーを使って子供がやるべきことを促す　3段階：言葉掛け　4段階：視覚的提示

5段階：見本を示す，模倣する　6段階：子供の体を動かし行動のきっかけを与える　7段階：子供の体を支持して動かす

10. 題材を通して見られた対象生徒の自己決定についての変容

> 学習活動の初期

【色や形，動きを選択する場面】

アプリ「Viscuit」を用いて，①選択②決定③結果の一連を繰り返して体験した。簡単な図形を描き，その動きを入力する場面でうまくいかずに諦め，描く→消すを繰り返したり，他の動作をしてしまったりして模様が思うように作れなかった。そのため，サポート7段階の言葉掛けと視覚的提示を使い，共同のモニターに動作ヒントを出した。それを参考に手元に向かい再度，プログラムを組みはじめ，図形が動き始めた。嬉しそうに「できた」と完成したことを報告してくれた。

Viscuit の模様づくり

【表現活動を通して自己主張の場面】

自身の選んだ音楽をテーマに「Viscuit」で模様をつくり，壁に投影して友達と鑑賞し合う活動で，友達のブレイクダンスなど楽しそうに鑑賞した。自身の発表時は恥ずかしがって思うように表現できなかったようだが，このアプリを通して①形を重ねると模様ができること，②音楽に合わせて色や形をイメージすること，という2点を経験した。

> 学習活動の中期

【完成をイメージし，具現化の目標達成をする場面】

アプリ「Keynote」でのセルフポートレートでは，色から伝わるイメージを基に，自身のイメージカラーを決め背景に設定したり写真の輪郭をなぞったりすることができた。また，友達と写真を撮り合う場面や，共同のモニターを使って手順を確認し一度で完成させることができた。

完成をイメージし，成功体験を重ねる。

【表現の計画作成をする場面】

「Onion Cam2」というアプリを用いたクレイアニメーション制作では，共同モニターを活用して制作手順や環境を整え，第一段階のサポートを実施したところ，対象生徒のアニメーションは動作しなかった。Classroomを通じて生徒のタブレット端末の操作は把握していたが，生徒自身が計画作成や自己管理の成果を直接確認できるよう，見守ることにした。鑑賞時に動き出した他の生徒の粘土作品を見て，完成までの過程の重要性を理解したようだった。

生徒は，粘土を使った造形作業に集中していた。粘土作品としては表現が完成していたことを評価し，次の陶芸活動の際に，この経験を生かせるよう言葉掛けをした。

失敗を経験し，なぜかを考える。

> 学習活動の終期

【自己理解し，行動を調整する場面】

パッケージデザインでは，苦い味を表現するために赤と黒を選んでデザインすることができ，マジックで平面をきれいに塗りつぶすことができた。これまで様々なアプリで「塗りつぶし」の機能について経験したことがイメージとして表現できた成果の表れとなった。画像生成AIを使ってのコラージュ素材づくりでは，イメージはどこからくるのかについてみんなで意見を出し合った。「見たことのないイメージを作ろう」と提案し，友達と言葉を出し合って作り出していく試みでは，生徒が友達の意見に共感したり，自身の考えを修正したりする姿を見ることができた。完成への見通しをもって制作活動に取り組むことが難しかったが，イメージの生み出し方について理解した様子だった。

第Ⅱ部　実践編

11. 自己決定力の評価

　Formsのアンケート形式にした振り返りシートを使って，毎時終末に5段階の自己評価を行った。各評価項目は自己決定の3要素と関連させた。(1)～(6)の6項目のうち，(1)は道具・題材の記録なので数値は付けず，下記(2)～(5)の累計（計25点満点）を表にした（表1）。

(1) 使った道具をチェック【意志行動に関連】
(2) 作ったり考えたりするのが楽しかった【主体行動に関連】
(3) 新しいことを知ることができた【信念に関連】
(4) 自分で考えたことを描いたり作ったりすることができた【主体行動に関連】
(5) 最後まで頑張ることができた【信念に関連】
(6) 道具を大切に使うことができた【意志行動に関連】

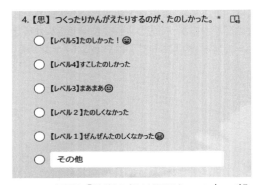

Forms画面「美術の振り返りシート」一部　　　表1　観点別自己評価の向上

　実践当初，対象生徒は「(5) 最後まで頑張ることができた」「(6) 道具の扱い」についての振り返りでなかなか自己評価が上がらなかった。活動の振り返りが定着した3か月後には，活動の指示通りに動けるようになり，(5)と(6)の自己評価も高まった。教員との対話によって，自身の行動，活動について振り返ったことを授業の中で反映できるようになったことが考えられる。

12. 自己決定力の高まりによる波及効果

　3学期の陶芸の際には，自身で行動を調整し，板づくりの立体物を完成させることができた。友達と楽しく授業に参加することへの目標に対して引き続き取り組んではいるが，行動を自身で振り返り「自分で決めたことが結果につながる」という一連の体験を繰り返したことが他の学校生活の場面でも見られるようになってきた。「～したかったの？」と相手の気持ちを考えて言葉にしたり，状況や場面に応じて「ぼくも！」と共感したりと本人なりに人間関係を築こうとしている姿が見受けられるようになってきた。自ら気付き，支援を受けて行動を修正していく一連の流れを繰り返すというサイクルを少しずつ自分で繰り返せるようになってきている。

実践 5　特別支援学校中学部　保健体育科

実践 5　特別支援学校中学部　保健体育科

自信をもって運動することや
自己課題を積極的に解決するための授業

「球技 ～ワザを覚えてネオホッケーを楽しもう～」

【実践の概要】

　対象生徒は，「どんな仕事に就きたいかは考え中で決まっていないが，お金を稼げるようになりたい」という目標をもっています。保健体育は，学習活動を通じて生徒自身が心と体を一体として捉え，生涯にわたり心身の健康を保持増進し，豊かな生活を実現するために必要な資質・能力を身に付けることを可能とします。これは将来的にどのような仕事を行っていく上でも基盤となることです。また，生徒自身が楽しみながら様々な事柄に積極的に取り組む力を高めることができます。この実践では，運動技能や対戦型のゲームにおける自分の課題を見つけ，その解決に向けて，使用する道具や練習方法を自ら考え，決めていくことで，運動に対する自信を高めて楽しみながら積極的に取り組むことができる機会を通じて自己決定力を高めました。対象生徒は，はじめのうちは自信をもって運動することや，積極的に取り組むことに抵抗感を抱いていましたが，以下に示す自己決定力を発揮する実践のサイクルを通し，自己の課題を解決しようとしたり，何度も繰り返して学習に取り組んだりできるようになりました。

【この題材における自己決定力を高める実践のサイクル（三大要素）】

サポート・配慮：積極的に色々な方法を試して運動することができるよう，多くの教材・教具を提示し，本人に確認をとりながら他の道具の使用を促す。

目指す姿：自分の課題とすることに対して，どのような方法があるか，色々な方法を試すことができる。

力・スキルの指導：題材計画参照

自己決定力

必要に応じて
サポート・配慮を与える

児童生徒
主導の
学びの柱
『K-W-H-L チャート』

自己決定に関わる力
・スキル指導

自己決定に関わる力・スキルを
練習し，実践する機会をつくる

〈意志行動／決める〉
✓　選択
✓　意思決定
✓　目標設定
✓　計画作成
〈主体行動／行動する〉
✓　目標達成
✓　自己管理
✓　問題解決
✓　自己主張
〈信念／信じる〉
✓　自己の気付き
✓　自己理解

実践する機会：色々な道具を使って新しいワザに楽しみながら挑戦する。

【自己決定力を高める学びの柱『K-W-H-L チャート』】

What I Know 知っていることは何？	What I Want to Know 知りたいことは何？	How Will I Learn どうやって学びたいの？	What I Learned 学んだことは何？
・ボールを打つ ・ボールを打ってゴールを決める ・点数を入れられないようにゴールを守る	・うまくシュートするにはどうしたらいいか ・どうやったらうまく（ゴールに）入るのか ・真っ直ぐ打つやり方を知りたい	・まだよく分からない ・やってみないと分からない	・ボールの打ち方がよく分かった ・速く動けるようになった ・フリーストロークで真っ直ぐ打つやり方が分かった

対象生徒が実際に発表（記載）した内容

第Ⅱ部　実践編

保健体育科　学習指導案

1. 題材名　球技「ワザを覚えてネオホッケーを楽しもう」

2. 題材設定の理由

(1) 生徒観

　中学部の生徒は，第1学年〜第3学年（全学年）18名（男子11名，女子7名）である。生徒は，毎朝行っている朝の運動の時間で，ランニングの他に体つくり運動に取り組んでいる。そのため，身体を動かすことに対して抵抗感を示す生徒は少ない。中学部の生徒は，これまでにネオホッケーの技術練習やゲームを経験している生徒が多く，対外試合出場経験がある生徒もいる。

　対象生徒は，友達と一緒に練習したりゲームしたりすることに少し消極的な面があり，プラスチック製のスティックや軽いボールを扱うネオホッケーの運動では，道具の操作やボールを目で追うことには苦手意識が見られる。

(2) 題材観

　本題材では，保健体育の体育分野にある「球技」の中でも，本校における体育の時間に独自に設定しているネオホッケーを題材として取り上げて指導を行う。これは，プラスチック製のスティックとボールを使った対戦型のスポーツであり，攻撃・守備・キーパーを合わせて1チーム6人でゲームを行う。これまでの授業では，試合用具の取り扱い方やスティックを持ったランニング練習，友達同士のパス練習，得点を決めるためのシュート練習などの学習を多く設定していた。しかし，生徒自身が運動課題を考えながら，友達と自分のよさを活かし楽しく授業に取り組める姿を期待し本題材を設定した。

　対象生徒は，自信をもって運動したり自己の課題を積極的に解決したりすることに苦手さが見られるが，自身で試行錯誤することを通してこれらの課題を解決することが期待できる。なお，本稿では，道具の持ち方やボールの打面の向き等を「技術」，技術を組み合わせた一連の動きを「ワザ」と表記する。

(3) 指導観

　全体の指導では，生徒が練習したいと思うワザのグループに参加して運動したり，自分で使用する道具を選択したりして技術練習やゲームに積極的に取り組めるようにする。また，これまでの練習の流れや道具の提示方法を変えて，あえて自分で練習方法や使用する道具を考えたり選択したりする活動や機会を設定することで，生徒が自らの課題を見つけたり，その解決策を考えたりして，楽しみながら運動に取り組めるようにする。さらに，道具の選択は自由で，様々な道具の組み合わせを試行錯誤したり，友達と一緒に学習に取り組んだりできるようにする。

実践5　特別支援学校中学部　保健体育科

3．題材目標

（1）全体目標（3観点）

知識及び技能	・ネオホッケーの楽しさや喜びに触れ，その行い方が分かり，基本的な動きや技能を身に付け，簡易化されたゲームを行うことができるようにする。
思考力，判断力，表現力等	・ネオホッケーについての自分の課題を見つけ，その解決のための活動を自己や友達と考えたり，工夫したりしたことを他者に伝えるたりする力を養う。
学びに向かう力，人間性等	・ネオホッケーに積極的に取り組み，きまりや簡単なルールを守り，友達と助け合ったり，場や道具の安全に留意したりし，自己の力を発揮して運動をする態度を養う。

保健体育科1段階
(1) 目標：ア，イ，ウ
(2) 内容
E　球技：ア，イ，ウ

保健体育科2段階
(1) 目標：ア，イ，ウ
(2) 内容
E　球技：ア，イ，ウ

（2）個人目標（対象生徒）

知識及び技能	・ネオホッケーの楽しさに触れ，その行い方が分かり，基本的な動きや技術を身に付け，運動やゲームを行うことができる。
思考力，判断力，表現力等	・自分の課題を見つけ，その解決のための活動を自分で考えたり，工夫したりしたことを他者に伝えたりすることができる。
学びに向かう力，人間性等	・ネオホッケーに積極的に取り組み，友達と助け合ったり，場や道具の安全に留意したりしながら自己の力を発揮して運動をすることができる。

保健体育科2段階
(1) 目標：ア，イ，ウ
(2) 内容
E　球技：ア，イ，ウ

4．自己決定力を高める実践のサイクル（三大要素）を促す対象生徒に焦点をあてた題材構成のポイント

意志行動：決める

・練習を行うグループや使用する道具の選択場面では，道具の写真だけではなく，実際に道具を手に取りながら選択できるようにする。教員は，対象生徒に対して，一度使用したものや友達と同じものであっても，自由に選択してよいことを伝え，選びやすい雰囲気づくりに努める。

主体行動：行動する

・グループでの練習場面では，ワザが成功しても失敗しても何度も挑戦してよいことを伝えるとともに，言葉掛けや背中を押すなど，自分から積極的に取り組めるように促す。

信　念：信じる

・ワザの練習やゲームの場面では，進んで何度もボールを打ったりゴールを狙ったりして，時間いっぱいまで継続して取り組めるようにする。さらに，ゲームの場面では，友達と協力したりパスしたりすることで，チームが勝つことができるという自信がもてるようにする。

第Ⅱ部　実践編

5．題材計画（本時：3／8時間目）

☆『K-W-H-L チャート』の活用

時数	主な学習活動（全体）	自己決定力を高める 10 のスキルとの関連
1	ネオホッケーのミッションを知ろう 3つのワザとは？ ・今回の授業でできるようになってほしいワザ（技術3種類）についてミッション動画を視聴する。 　①スティックをうまく使ったドリブル（個人技） 　②より正確なシュート・得点（個人技） 　③パスの受けと速く強いシュート（チーム技） ・代替道具を使った示範映像を視聴する。 　なぜその道具を使うのか？その道具を使うとどんなことができるようになるのか？を映像を交えて説明する。 ・学年ごとに，ワザの3つの練習グループをすべて体験する。 ・次の授業で練習したいワザのグループを考え，自分で決めてワークシートに記入する。	【選択】 ・ワザの練習をどのグループで行うかについて自分で決める。 ・ワザがうまくできるようになるために必要な道具を選択する。 【意思決定】 ・自分がやってみたいワザ，できるようになりたいワザについて考える。 ・チームとして協力してゲームに取り組めるよう，自分のポジションや役割などを決める。 【目標設定】 ・ピンを何本倒すか，ボールをどこに打つかを決める。 ・友達が出場した大会ビデオを視聴することで，自分もネオホッケーの試合（ゲーム）に出場する気持ちをもつ。
4 本時 (2/4)	うまくなるための道具を考えてやってみよう①〜④ ・前時に決めたグループを確認し，グループに分かれて技術練習をする。 ・どの道具（スティックとボール）を使うかを自分で決める。 ・色々な道具を使って練習する。必要に応じて，または自分で考えて道具を変えて，たくさんチャレンジする。同じものを繰り返し使用してもよい。 ・個人で今日の成果をワークシートで振り返り発表する。 ☆『K-W-H-L チャート』を活用し，学んだことを記入する。 ・次時の目標を考える。うまくできたところ，うまくできなかったところ，次にやってみたいワザ・グループを決める。 ・授業のまとめとして本物の道具を使ってミニゲームを行う。	【計画作成】 ・タブレット端末を活用して道具の種類を見たり，実際の経験から次時のグループや，やってみたいワザを決めたりする。 【目標到達】 ・友達と一緒にゲームに参加することや，得点を決めたりボールに触れたりするなどの目標を達成する。 【自己管理】 ・時間いっぱいまで継続して運動する。 【問題解決】 ・練習に積極的に取り組み，うまくできるようになるために運動する。 ・ミニゲームや試合形式のゲームに取り組む。
3	ネオホッケーの試合をやってみよう①〜③ ・映像を見て，試合での代表的なルール（5種類）を確認する。フェイスオフ・ハイスティック・キッキング・ステップイン・チャージング ・試合形式のゲーム　試合時間8分間で，試合用のスティックとボールを使用してゲームを行う。 ・1チーム6人（学年対抗）で試合を行う。 ・次時の目標を考える。うまくできたところ，うまくできなかったところ，次のゲームでの目標を決める。	【自己主張】 ・どのワザに取り組むかを発表したり決定したりする。 【自己の気付き】 ・映像を見ることでワザを知る。 ・できたことや，うまくやるコツを知り知識として蓄えていく。 【自己理解】 ・実際に体験することで，自分の目標や課題を意識し理解する。

6．対象生徒の個別の教育支援計画と個別の指導計画との関連

【個別の教育支援計画にある本人の思いや願い】

・どんな仕事に就きたいかは考え中で決まっていないが，お金を稼げるようになりたい。

【個別の指導計画における学習指導要領の各教科・目標及び内容との関連】

保健体育科
・ボールや器具を使った運動や動作の動きを覚えて運動を行うことができる。
・自分で考えたり，友達の様子を見たりしながら，積極的に運動することができる。

実践5　特別支援学校中学部　保健体育科

　対象生徒は，本人の思いや願いの中にもあるように，自分の課題を把握したり，積極的に行動したりすることに自信がない様子が見られる。保健体育では，中学部保健体育科2段階より「E　球技　イ」を取り上げ，ワザの練習に取り組むことを通じて自分の課題を見つけ，自ら解決策を考えたり積極的に運動したりできるようにした。また，中学部保健体育科2段階の「E　球技　イ」にあるように，自信をもって何度もワザやゲームに取り組むことで，自己の力を発揮して運動できるようにした。

7. 対象生徒の「自立活動」の目標と合理的配慮

【自立活動の目標】＜心理的な安定＞

・周囲の状況や友達の様子を見て，自己の運動課題解決のために，よりよい方法を選択して運動に取り組むことができる。

【保健体育科における合理的配慮】合理的配慮の観点（①-2-3）

・積極的に色々な方法を試して運動することができるよう，多くの教材・教具を提示し，本人に確認をとりながら他の道具の使用を促すようにする。

8. 対象生徒への個別最適化と協働的な学びを促すポイント

【個別のICT教材】

・ワークシートをデータ化（PDF化）し，対象生徒が選択した道具をタブレット端末上で可視化してすぐに確認できるようにしたり，タブレット端末のメモ機能を活用して，生徒が使用した理由や感じた感想を生徒自身や教員が記録できるようにしたりする。

【合理的配慮】

・生徒自身が選択した道具や，そのときの思い等を記録し，必要なときにすぐにフィードバックできるようにしておく。

【学習支援体制】

・活動場所の近くに，使用道具の写真を提示した大型ホワイトボードを配置し，生徒が選択した道具が視覚的に分かるように，生徒の名前カードや顔写真カードを貼って提示する。

・焦って安易に目の前の道具を選択したり，運動時に緊張して動きがかたくならないように，落ち着いた雰囲気づくりに努めたり，生徒が十分に考えたり，選択理由を話せるような時間を保証したりする。

9. 本時の学習活動

(1) 本時の目標

　本時は，自分で決めたグループで道具を考えて選ぶことを通じてワザの練習を実施し，楽しみながら挑戦したり，自分の課題解決のために積極的に運動したりできるようにする。

第Ⅱ部　実践編

(2) 学習活動の場面（本時：3／8）　　☆『K-W-H-L チャート』の活用

時間	主な学習活動	教員の指導（・），生徒の活動（○），支援・配慮（＊）	
導入10分	1　本時の学習内容を聞く。 2　ラジオ体操を行う。 （準備運動）	・T1 は，本時の内容についてホワイトボードなどを使用し補足を加えながら説明し，他の教員は生徒の傾聴を促す。 ○教員の説明を聞き学習内容に見通しをもつ。 ・生徒の前で示範する。 ○大きな動きでラジオ体操を行う。 ＊生徒の目の前で示範し，体操の動きを視覚的に示し生徒が模倣できるようにする。 4 段階	
展開20分	3　自分で選んだグループの場所に移動する。	・T1 は，生徒にグループの場所への移動を指示する。 ○前時に決めたグループの場所（それぞれのグループ主指導者）の近くに移動する。 ＊忘れている生徒や，迷っている生徒には個別に言葉掛けをして移動を促すようにする。 3 段階	思い出すヒントとなる言葉を話す。
	4　ワザの練習でどの道具を使用するかを考えて，スティックとボールを選ぶ。	・自由に道具（スティックとボール）を選ぶよう指示する。 ○使用する道具を自分で自由に選ぶ。 ＊グループ主指導の教員は，道具を選ぶにあたって，必要に応じてアドバイスする。 （試合用のスティックとボールの組み合わせは不可とする） 3 段階 ＊T7 は対象生徒にタブレット端末を渡し，選択や記録を促す。 4 段階	ワザのポイントを示し，必要かつ使える道具は何か考えるよう促す。 道具を手に取りながら考えることができるようにする。
	5　ワザの練習を行う。 グループは3つ ①スティックをうまく使ったドリブル ②より正確なシュート・得点 ③パスの受けと速く強いシュート	・グループごとの主指導者はグループ練習の指示をする。 ○グループ主指導の教員の指示を聞きながら，安全に留意して運動する。 ＊うまくいかなかったり難しそうにしたりしているときには，誘導にならないことに留意しながら補助等を行う。 6 段階 ＊練習の途中で道具を変えてもよいことを説明し，色々と試行錯誤できるようにする。 3 段階 5 段階 ＊T7 は，対象生徒が積極的にタブレット端末を使用できるように言葉掛けをする。 3 段階	体の動かし方を具体的にやって見せたり説明したり，身体補助をして動きを促したりする。
終末10分	6　学習の振り返りをする。	・発表の仕方を説明し，挙手のあった生徒を指名する。 ○生徒が，授業でうまくできたことや難しかったことなど，ワークシートを記入して自己評価し，グループで発表する。 ☆どんなことを意識したのか，どんなところを頑張ったのか，できたのか難しかったのか，『K-W-H-L チャート』を活用しながら，その理由などを記入できるようにする。	タブレット端末を使用し，選択した道具や選んだ理由などを可視化できるようにする。
	7　次時の希望グループ，やりたいワザを考える。	○次の授業で行きたいグループや，やりたい・やってみたいワザを考える。 ＊本時の学習を受けて，次の課題を意識できるように促す。 1 段階	自分の成果や感じたことを，自身の言葉で表現したり他者に伝えたりすることができる機会を設定する。
	8　練習の成果を試すためにグループでミニゲームを行う。	・練習したポイントを活かせるように，言葉掛けを行う。 ○それぞれの練習グループごとに，実際の試合用の道具を使ってミニゲームを行う。 ＊生徒から出た意見や，うまくできたことを中心に，生徒自身が意識して取り組めるようにする。 1 段階	

〈知的障害のある児童生徒へのサポート7段階〉

1段階 ：子供の様子を見守る	2段階 ：ジェスチャーを使って子供がやるべきことを促す	3段階 ：言葉掛け	4段階 ：視覚的提示
5段階 ：見本を示す，模倣する	6段階 ：子供の体を動かし行動のきっかけを与える	7段階 ：子供の体を支持して動かす	

実践5 特別支援学校中学部 保健体育科

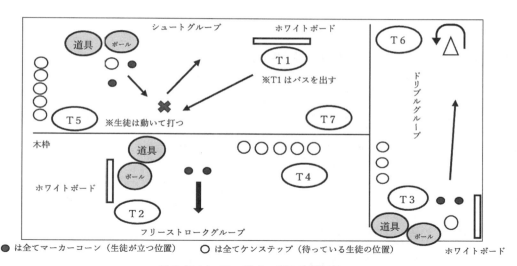

体育館内の場の設定（学習活動時）

10．題材を通して見られた対象生徒の自己決定についての変容

学習活動の初期

【どのグループで練習するか決める場面】

どのグループで練習を行うかを決める場面では，即時にグループを決めた。生徒にその理由を尋ねると，「去年もやったから。」という返答であった。自分の経験から，安心できる練習グループを選択した。

【使用する道具を決める場面】

グループでワザの練習を行う際に使用する道具を決める場面では，ワザの技術や道具の使い方よりも，使ったことのある道具や持ちやすく使いやすい道具を選択する様子が見られた。

教員から，違う道具の使用を促されても，「これでいいです。」と言って同じものを使用した。また，練習も1回行ったら，「もう大丈夫です。」と言って他の友達に順番を譲る様子も見られた。

決める際には迷っている様子が多い。

1回できたし，もう練習しなくてもよいという気持ちから，運動に消極的な様子が見られた。

学習活動の中期

【練習グループを考える場面】

練習グループを決める場面では，「前回は〇〇グループでやってできたので，今日はこの前と違うものをやってみます。」という発言があった。また，「今日は〇〇のグループで△△ができるようになりたいです。」という発言があり，運動に対する積極性が見られるようになった。

【練習で使用する道具の組み合わせを考える場面】

道具の組み合わせを考える場面では，「もう少し色々なものを使ってやってみます。シュートを真っ直ぐに決めたいです。」という発言があり，道具を手に取り，試してみたりよく観察したりする様子が見られた。また，複数の道具の組み合わせを考えて運動することができた。

もう少し難しい道具に挑戦してみよう！
ワザももっとうまくできるようになりたい！という期待感が見られた。

ワザができるようになっていることを実感した様子が見られた。

第Ⅱ部　実践編

学習活動の終期　【試合形式のゲームを行う場面】

　チームに分かれて，試合形式のゲームを行う場面では，色々な道具を用いて練習し，ワザができるようになったことを実感したことから，積極的にボールを打ちゴールを狙う様子が見られた。また，ゲーム中には，教員に「僕がボールを取って○○さん（友達）にパスした方がよいですよね？」や「勝てるようにするためにはどこのポジションに行けばよいですか？」と尋ねるなど，運動に対する積極性が増している様子が見られた。

自信をもって行動している様子が見られた。

【振り返りの学習の場面】
　振り返りの場面では，ワークシートを用いて，練習したグループや使用した道具を選んだ理由や，やってみてどうであったかを記入するようにした。
　題材の後半になると，自分の言葉で理由を答えることができるようになった。

問題解決を図るためにとった行動や決めた理由を話すことができた！

【これからやってみたいことを発表する場面】
　学んだことを生かして，また別の運動も頑張っていきたいと話した。

運動することに対する自信が見られた。

11. 自己決定力の評価

　題材2時限目～5時限目までの4回の授業で，ワークシートを用いた振り返りを行った。ワークシートは，自己決定力を高める三大要素との関連や，対象生徒が自身で考えて記入しやすいことを意識して作成し活用した。1回目と4回目のワークシートの記入内容を比較すると，道具の使いやすさの部分に，「カーペットクリーナーが（打ちやすくて）使いやすかった」と理由を記入することができた。【振り返りの学習の場面】でも先述したように，ワークシートの記入の他に，なぜその道具を選んだのかについて，教員の質問に対して理由を説明することができるようになった。

　本題材の後半の授業では，まとめとして試合形式のゲームを行った。対象生徒は，練習時の初め頃には，自ら進んで運動に取り組むことは少なく，教員の促しを待つような様子が多

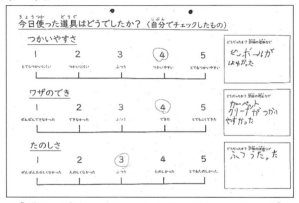

【グループ練習（1回目）授業後のワークシート】　　【グループ練習（4回目）授業後のワークシート】

実践 5　特別支援学校中学部　保健体育科

く見られていた。しかし，ゲームの中では，積極的にボールを取りに行ったり，自分のポジションについて教員に相談したりする姿が見られるようになった。

<対象生徒が選択した練習グループと道具>

項目	ワザ練習　1回目	ワザ練習　4回目
練習グループ	・シュートグループ	・フリーストロークグループ
使用スティック	・ネオホッケースティック	・プラスチックバット
		・カーペットクリーナー
使用ボール	・スポンジボール	・イレギュラーボール
	・ネオホッケーボール（大）	・ピンポンボール

12.　自己決定力の高まりによる波及効果

　対象生徒は，学校の日常生活場面においても，自ら行動を起こすことが少ない様子であった。しかし，本題材の学習活動後には，日常生活場面でも変化が見られるようになった。学級では，周囲の状況や友達の動きを見て，自分で判断して役割を行ったり行動を切り換えたりする様子が見られるようになった。また，同学年以外の友達に対して声をかけたり，関わりを積極的に求めたりすることも見られるようになった。これは，ネオホッケーの授業を通して，よりよい道具を選択したり使い方を工夫したりする経験が，自己決定力を高め，具体的な行動を起こすことに対する波及効果があったものと考える。

第Ⅱ部　実践編

実践 6　特別支援学校高等部　社会科

言葉で自分の思いを表現し，多角的に外国文化を捉える授業

「外国の文化について調べて発表しよう」

【実践の概要】

　対象生徒は，「コミュニケーション能力を高めたい」「たくさん体を動かしたい」「清掃や洗濯などの仕事ができるところに就職したい」という目標をもっています。また，対象生徒は，自分の気持ちを整理して言葉で相手に伝えたり，主体的に学習に取り組んだりすることに課題がありました。この実践では，社会科における授業で，外国の文化が日本とは異なる背景について考えて友達と意見交換をしたり，国際交流員の方から直接話を聞いたりすることで，異なる文化を尊重することの大切や，社会科の本質である，様々なことを多角的に捉えることができるようにしました。

　加えて，自分の考えを言葉にして積極的に友達や教員に伝えたり，教員が言ったことを自主的にメモしたりする姿が見られ，学習に対する主体性が高まりました。

【この単元における自己決定力を高める実践のサイクル（三大要素）】

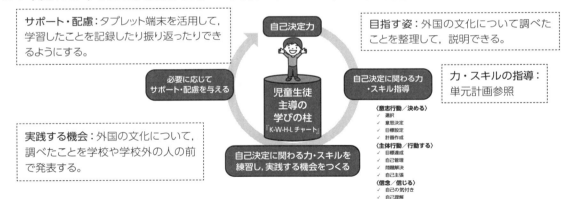

【自己決定力を高める学びの柱『K-W-H-L チャート』】

What I Know 知っていることは何？	What I Want to Know 知りたいことは何？	How Will I Learn どうやって学びたいの？	What I Learned 学んだことは何？
・中国の人口が14億人いて人口が多い ・国によって話す言葉が違う ・サウジアラビアは砂でいっぱいの砂漠がある ・日本と韓国は近い	・外国のスポーツや有名な食べ物は何か ・外国の学校ではどのような授業をしているか ・外国の人口や言葉 ・外国の給料はどのくらいか	・タブレット端末で検索する ・社会の本を見る ・外国の人に聞く ・校外学習で質問する	・外国と日本では服装や肌の色が違う ・韓国は辛い食べ物が多い ・中国の学校は朝7時から夕方5時まで勉強する

対象生徒が実際に発表（記載）した内容

実践6　特別支援学校高等部　社会科

社会科　学習指導案

1．単元名　「外国の文化について調べて発表しよう」

2．単元設定の理由
（1）生徒観
　生徒は，高等部3年生8名（男子5名，女子3名）である。どの生徒も学習の意欲的であり，友達の意見を参考にしたり，分からないことは教員に質問したりしながら授業に参加している。

　外国の様子については，アメリカや韓国，イタリアなど有名な国名は知っているが，自分の衣服は外国製のものもあることなど，日常生活の中にも外国とのつながりがあるということは感じていない生徒が多い。また，自分の意見や考えを積極的に述べる生徒いれば，教員がホワイトボードに書いていることを学習プリントやノートに書き写すだけの生徒もいる。生徒が教員とやり取りをする縦のつながりではなく，生徒同士で考えを述べ合うなどの横のつながりのある授業を意識していく。学習する意味を理解したり，学習内容を自分事として捉えたりすることで，生徒の自己決定力を高めることを大切にしていきたい。

　対象生徒は，高等部3年生の男子生徒である。数学など計算する活動は得意であるが，自分の考えを言葉にして説明することに苦手意識がある。見通しのもちづらい活動では，状況に合わせて行動することが難しくなることがあるが，活動に見通しがもてると自分から意欲的に活動に取り組むことができる。

（2）単元観
　本単元では，日本とつながりの深い国については，どのようなつながり・交流があるのかを考え，数カ国の中から生徒が主体的に1か国を選択し，その国の人たちの生活や文化の特色，日本との違いについて具体的に調べる活動が中心となる。また，調べたことを発表し合う活動を通して，学習の成果を全体で共有し，外国の文化について少しでも身近に感じることができるようにする。

　対象生徒は，外国についていくつか知っていることもあり，身近にある外国のものについては，「ピザはイタリア，カレーはインド」など食文化を中心に興味関心をもっている様子が見られる。食文化以外のことには興味関心が低く，衣服などに関する発言が少ない。外国の文化について日本と比較したり，外国の文化の背景にあるもの（気候や宗教が関係していること等）について考えたりすることで，異なる文化を尊重する態度を養うようにして，外国の文化について多角的に考察する力を育成することが期待できる。

（3）指導観
　外国の文化に関して自分が考えた理由や根拠について言語化できるように，友達同士や教員に説明する機会を取り入れる。振り返りでは，自己評価した理由を説明し合い，お互いにフィードバックを受けられるようにすることで，自身の学びを実感したり，他者から認められることで，自信をもって学習に臨んだりができるようにする。

第Ⅱ部　実践編

3．単元目標
(1) 全体目標（3観点）

知識及び技能	・外国の人々の暮らしの様子について調べ，外国と日本の文化の違いを理解し，文化を比較しながらまとめることができる。	社会科　高1段階 目標：イ 内容：カ - ㋐㋑
思考力，判断力，表現力等	・外国の人々の生活の様子に着目し，日本との文化や習慣の違いについて考え，適切な理由や根拠を判断したり，他者に伝えたりすることができる。	
学びに向かう力，人間性等	・外国の人々の生活の様子について，学習計画を立てて，主体的に学習問題を追求して解決しようとする。	

(2) 個人目標（対象生徒）

知識及び技能	・視点に沿って外国の文化について調べ，日本の文化との違いを理解しながらまとめることができる。	社会科　高1段階 目標：イ 内容：カ - ㋐㋑
思考力，判断力，表現力等	・日本と外国の文化の違いについて考え，選択肢の中から適切な理由を判断したり，友達や教員に伝えたりすることができる。	
学びに向かう力，人間性等	・教員と一緒に考えた学習計画に沿って日本とつながりの深い国や，自分の興味のある国について調べる学習に取り組もうとする。	

4．自己決定力を高める実践のサイクル（三大要素）を促す対象生徒に焦点をあてた単元構成のポイント

意志行動：決める

「自己評価の観点についての話し合い」
・単元で目指すべき具体的な姿を理解し，どのようなことを意識して学習するか決める。
「意図的な自己選択・自己決定の場面設定」
・選択肢を提示して，文化の違いの背景について考えられるものを選択して決定する。
「『K-W-H-L チャート』の活用」
・学習計画を立てていく場面では，『K-W-H-L チャート』を活用したワークシートを用いて，今知っていること，これから知っていく必要があることを整理し，学ぶために用いる手段（調べる，一人で考える，みんなで話し合う，練習する，その他）を記載する。

主体行動：行動する

「意図的な自己選択・自己決定の場面設定」
・選択肢を選んだ理由や根拠について考え，友達同士で説明する。
「調べ学習をする」
・自分で決めた国の文化について参考書や ICT 機器を使用して調べ学習をする。

信　念：信じる

「発表する」
・外国の文化について調べたことを発表する，友達から感想などのフィードバックを受ける。

実践6　特別支援学校高等部　社会科

「学習状況の自己評価」
・本時の目標に対して数値による5件法か具体的な姿を観点として示すルーブリックかを選択して自己評価をする。自己評価をした理由や根拠を友達や教員に説明し，フィードバックを受ける。

5. 単元計画（本時：14 ／ 14時間目）

☆『K-W-H-L チャート』の活用

時数	主な学習活動（全体）	自己決定力を高める10のスキルとの関連
1	<外国と日本の違い①> ・外国の国名を確かめる。 ・身近にある外国のものを探す。 ☆導入後に，外国の文化について，①知っていること，②知りたいこと，③知るための方法について考えるために『K-W-H-L チャート』を活用する。	【選択】 ・外国の文化について学習する場面では，文化の違いの背景について考え，適切だと思うものを選択する。 ・振り返りの場面では，自分の学習状況について，5件法のシートかルーブリックのシートか選択しながら自己評価をする。 【意思決定】 ・外国と日本の違いを学習する場面では，外国と日本を比較し，違いについて予想する。
1	<外国と日本の文化> ・外国の文化が違うのはどうしてなのか背景を考える。	【目標設定】 ・授業の導入の場面では，生徒との対話を通して本時の単元目標を設定する。
4	<外国について調べる> ・日本とのつながりのある国についてタブレット端末や書籍などを活用しながら調べる。 ・調べ学習の視点は，「有名な食べ物」「伝統衣装」「学校の様子」とする。 ・国際交流員の方に質問することを考える。	・単元の導入の場面では，この単元でどのような力を身に付けてほしいのか，3観点に沿って生徒の分かりやすい文言で共有する。 【計画作成】 ・外国の文化について調べ学習をする場面では，校外学習での中間発表や，高等部の生徒に向けて発表する日時を決めて，それまでに完成できるように調べ学習の計画を考える。
2	<国際交流センターに校外学習に行く> ・中間発表として国際交流員の方にまとめたものを発表する。 ・感想をもらったり，質問したりする。	【目標達成】 ・振り返りの場面では，単元目標に対してどの程度達成したのか自己評価する。 【自己管理】 ・外国の文化について調べ学習をする場面では，進捗状況から調べ学習の計画の再考も考える。
2	<発表資料をよりよくする> ・国際交流員の方に質問したことや，フィードバックを受けて発表資料をまとめる。	【問題解決】 ・外国について調べ学習をする場面では，「食べ物」「衣服」「学校の様子」の3つの視点を指定して，視点に沿って調べ学習をする。 【自己主張】
1	<調べたことを発信する> ・外国について調べてまとめたものを提示して高等部の生徒に向けて発信する。 ・二次元コードから感想を受け付ける。	・単元全体や振り返りの場面では，考えられる理由や根拠を説明する。 ・振り返りの場面では，自己評価シートの様式を5件法のシートにするか，ルーブリックのシートにするか選択して，教員に伝える。 【自己の気付き】
1 本時 (1/1)	<単元の振り返り> ・外国人が同じバスに乗っていたら?の質問に答える。 ☆単元の振り返りとして，外国の文化について，④学んだことについてまとめるために『K-W-H-L チャート』を活用する。	・振り返りの場面では，自己評価シートの様式を5件法のシートとルーブリックのシートのうち，自分に合うと思う様式を選択する。 【自己理解】 ・振り返りの場面では，自己評価を通して授業を通して何が身に付いたのか自己認識する。

101

第Ⅱ部　実践編

6．対象生徒の個別の教育支援計画と個別の指導計画との関連

【個別の教育支援計画にある本人の思いや願い】

・コミュニケーション能力を高めたい。
・たくさん体を動かしたい。
・清掃や洗濯などの仕事ができるところに就職したい。

【個別の指導計画における学習指導要領の各教科・目標及び内容との関連】

自立活動
・自分のなりたい姿やもっている力，必要な力などを対話を通して明らかにして自己理解を促す。
・友達と会話をして楽しかったことなどを振り返り，コミュニケーションについて自信をもつことができるようにする。
ホームルーム活動
・タブレット端末を使って，キャリア目標を達成するための毎月の目標を設定し，目標を達成できたか，達成できなかった場合は目標を見直すか，自分の行動をどのようにするかなどを振り返る。
数学科
・振り返りの場面では，数値による5件法の自己評価シートと学習状況の目指す姿が具体的な観点として示してあるルーブリックのシートを活用して学習状況を振り返る。

7．対象生徒の「自立活動」の目標と合理的配慮

【自立活動の目標】　＜環境の把握＞＜コミュニケーション＞

・情報の内容をまとまりで捉え，内容の要点やポイントを掴んでメモをしたり，情報を整理しながら言葉にして伝えたりすることができる。

【社会科における合理的配慮】　合理的配慮の観点　①-1-1

・新たに習得した知識をまとめることができるように，マス目のあるノートや学習プリントを使用するようにする。

8．対象生徒への個別最適化と協働的な学びを促すポイント

【個別のICT教材】

・これまでの学習を記録している記録しているタブレット端末を活用して，学習したことを振り返ったり，自身の学びを実感したりできるようにする。

【合理的配慮】

・情報を整理して記入できるような大きめのマス目のノートを使用する。
・理由について考えるときには，最初は選択肢を準備して，思考のきっかけとなるようにする。

【学習支援体制】

・生徒同士で説明し合う機会を設け，思考を言語化できるようにする。
・生徒同士で答えを確認する機会を多く設け，答えが違った場合には，教員が指摘するのではなく，自分たちで気付き自力で課題を解決できるようにする。

実践6　特別支援学校高等部　社会科

9．本時の学習活動

(1) 本時の目標

　本時は，単元の初めに行った質問と同じ質問（外国人が同じバスに乗っていたら？）に答える活動を通して，外国の文化を尊重する態度について考えることができるようにする。

(2) 学習活動の場面（本時：14 ／ 14）

時間	主な学習活動	教員の指導（・），生徒の活動（○），支援・配慮（＊）	
導入5分	1　前時までの学習を振り返る。	・生徒を指名して始めの挨拶を促す。 ○外国について調べ学習をしたこと，まとめたものを高等部の生徒に発信したこと，感想をもらったことなどを振り返る。 ○『K-W-H-L チャート』を確認し，これまでの学習の足跡や学習の目標を確認する。	考えたことに対して，受け止めながらどうしてそのように考えたのか理由や根拠も引き出すようにする。
展開35分	2　「外国人が同じバスに乗っていたら?」の質問に答える。	・理由や根拠を答えることが難しそうな生徒には，教員との対話を通して考えを引き出すようにする。 ○単元の前半でも答えた質問に答える。 ○理由や根拠を生徒同士で説明し合ったり，教員に説明したりする。 ＊自信や意欲につながるように，考えたことに対するフィードバックをする。 　3 段階	前半に考えたことと，後半に考えたことの変容が自覚できるように，見比べる部分を指差しながら示す。
	3　異なる文化を尊重することの大切さを認識する。	・無意識に感じている異なる文化を尊重することと，自身の考えの変容との関連を価値づける。 ○単元の前半で「外国人が同じバスに乗っていたら?」の質問に対する答え自分の答えと，本時の答えを比較して，自分の考えの変容を感じる。 ＊前半と後半の考えの変容を思考ツールにまとめ，考えを比較できるようにする。　2 段階	
	4　本単元での学びをまとめる。	○『K-W-H-L チャート』の「L 学んだこと」に本単元での学びを記入する。 ○どのようなことを記入したのか生徒同士で見合ったり，説明し合ったりする。 ＊これまでのノートや学習プリントを見返すことで，学びを振り返られるようにする。　3 段階	自身の学びを振り返れるように，ノートや学習プリントを見返すように言葉掛けをする。
終末10分	5　本単元の学習状況を振り返る。	・自己評価に対してポジティブなフィードバックとギャップを埋めるフィードバックを行う。 ○5件法の自己評価シートか，ルーブリックの自己評価シートを選択して，単元での学習状況を自己評価する。 ○選んだ理由や根拠を教員と対話する。 ○自己評価に対するフィードバックを受ける。 ＊生徒同士での伝合いは生徒同士の判断に任せるようにする。　1 段階 ＊学習状況を振り返られるように，5件法や具体的な姿を選択する。　1 段階	生徒主体で意見交換ができるように様子を見守る。 学習状況を振り返るポイントとして，観点を選択肢として示す。

〈知的障害のある児童生徒へのサポート7段階〉

1段階 ：子供の様子を見守る	2段階 ：ジェスチャーを使って子供がやるべきことを促す	3段階 ：言葉掛け	4段階 ：視覚的提示
5段階 ：見本を示す，模倣する	6段階 ：子供の体を動かし行動のきっかけを与える	7段階 ：子供の体を支持して動かす	

第Ⅱ部　実践編

10．単元を通して見られた対象生徒の自己決定についての変容

> 学習活動の初期　【社会科の授業を通してどのような自分になりたいか考える場面】

この単元を通してどのような自分になりたいか考えて，自己評価シートの観点を決定した。どのような自分になりたいか対象生徒と対話をしたが，「分かりません。」「特にありません。」と答え，なりたい自分や目標について考えることが難しかった。

自分自身についての理解が限られていた。

【外国の文化の背景について考えられるものを伝え合う場面】

サウジアラビアでは女性は肌を覆うような服装をしている背景について，選択肢から選んで答えた。選択肢を選ぶことはできたが，理由について上手く説明することができず，「自分で正しいと思うものを選べたけど，説明することが難しかった。」「○○さんには伝わらなかったと思う。」「伝えられるようになることが目標。」と説明して伝えられるようになりたいという目標を意識するようになった。

自信をもって選択肢を選んだが，友達に伝わらないという経験からなりたい自分を意識するようになったと思われる。

> 学習活動の中期

【社会科の授業を通してどのような自分になりたいか考える場面】

自分の考えを説明できるようになりたいという思いから，自己評価シートの観点について対象生徒と対話，「友達に伝えられる（5点）」「先生や友達に説明できる（4点）」「一人でできる（3点）」「先生と一緒にやってみる（2点）」「分からない（1点）」と決定した。

なりたい自分に近づくために自分の状況を振り返る必要性を感じた。

【外国の文化について日本との違いを比較する場面】

学習プリントの記入欄以外にも，教員がホワイトボードに書いたことを学習プリントの余白にメモするようになった。どうしてメモをするようになったのかを尋ねると，「大事なことだからメモした方がいいと思った。」「社会が分かるようになるためには必要なことだと思った。」と話し，学習に対する主体性の高まりが見られた。

上手く説明するために，勉強に対する主体性の高まりが見られた。

> 学習活動の終期　【自分の考えたことをお互いに伝え合う場面】

学習の中でなぜそのように考えたのか理由や根拠について伝え合った。自分から友達のところに移動して考えたことを説明したり，「どうしてそう考えたの？」と友達の考えを聞いたりするようになった。教員が介入しなくても，生徒同士で間違いに気付いたり課題を解決したりするようになり，協働的な学びにつながった。

友達に説明できるようになり，苦手意識を克服したと思われる。

【振り返りの学習の場面】

自分の学習状況について振り返りをする場面で，数値による5件法の自己評価シートと，目指す姿が観点として具体的に示してあるルーブリックの自己評価シートを使用した。「どんな姿を目指せばいいのか意識しやすいから」という理由でルーブリックの自己評価シートを選択した。自分にとってより適切に自己評価できる自己評価シートを選択して決定し，振り返りで活用した。

なりたい姿に近づくために自分に合った自己評価シートを決定した。

【学習したことについて感想を発表する場面】

外国の文化について尊重することの大切さを意識するようになった。「友達に自分の考えを説明できるようになった。」「他の授業でも自分の意見をたくさん言えるようになりたい。」と伝えることに対して自信がもてるようになった。

伝えることに対する自信から他の授業での学習態度にも波及した。

11. 自己決定力の評価

<単元目標到達スケールとレーダーチャートによる観点別の測定結果>

単元目標について，6つの観点（【知識】，【技能】，【思考力】，【判断力】，【表現力】，【学びに向かう力，人間性等】）に沿って生徒が自己評価をした。生徒に提示した単元目標を表1に示す。

表1　生徒に提示した「外国の文化について調べて発表しよう」における単元目標

観　点	目　標
知　識	外国と日本の文化の違いを知る。
技　能	外国と日本の文化を比べながらまとめる。
思考力	文化の違いの根拠を考える。
判断力	文化の違いの適切な理由を選択肢から選ぶ。
表現力	理由や根拠を友達や先生に伝える。
学びに向かう力，人間性等	自分で学習の計画を立てて，主体的に学習を進める。

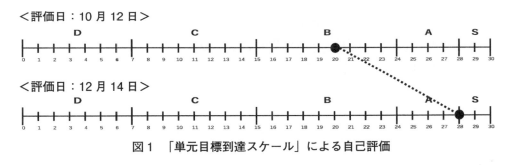

図1　「単元目標到達スケール」による自己評価

　対象生徒に対して，単元目標についての自己評価（30点満点）を計2回実施した。1回目の自己評価では20点であり，【B：もう少しで達成できる】の段階に該当した。また，2回目の自己評価では28点であり，【S：達成をはるかに越えている】の段階に到達した。6つの目標に対して項目別に得点の変化をレーダーチャートに示した結果，全項目において維持または点数が上がった。特に【判断力】が3点から5点，【表現力】が1点から3点，【学びに向かう力，人間性等】が2点から5点に上がり，大きな変化が見られた。

12. 自己決定力の高まりによる波及効果

　対象生徒は，「社会科が分かるようになりたい」「自分の考えを伝えられるようになりたい」という思いをもっていた。その思いを大切にするため，社会科の時間の振り返りで活用する自己評価の観点を生徒と対話して決定した。そのことが評価項目を達成する意欲と活動中の

第Ⅱ部　実践編

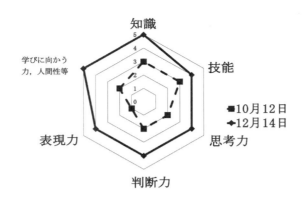

図2　レーダーチャートによる観点別の自己評価

自分の様子に意識を向けながら授業に取り組む意欲につながったものと思われる。他者への説明を意識することで，生徒同士でどのように考えたのか自発的に意見交換するようになり，教員主導から生徒主体へ授業スタイルの転換となった。社会科が分かるようになりたいという思いを基に，教員が本時の目標を生徒が理解できるような端的な言葉で共有することで，達成するための方法を生徒が考える機会となった。「社会が分かるようになるためには，先生の言っていることで大事だと思うことをメモするといい。」と振り返ったり，挙手して発言したりすることが増え，学習に対する主体性が高まった。社会科以外の授業でも，自分から考えたことを教員や友達に伝えたり，挙手して発言したりする姿が見られ，社会科で見られた主体性の高まりが他の授業でも見られるようになった。

実践 7　特別支援学校高等部　職業科

余暇活動についての対話を通して，よりよい生活の実現に向けた自分の考えを表現できる授業

「自分らしい卒業後の生活」

【実践の概要】

　対象生徒の目標は，「一般就労に向けて，社会的に自立し，自分で考えて行動する」ことです。対象生徒は，一人暮らしをし，車の免許を取ったりしたいと大きく夢を抱いている一方で，具体的に調整したり，一人で行動したりする経験が多くありません。対象生徒を含む高等部3年生の生徒は，卒業後の生活を見据えて，余暇活動の大切さやその充実を図ることや，仕事を前向きに続けるために健康管理ができるようになることが必要です。

　実践では，余暇の過ごし方を考えることを通して将来の自分をイメージし，友達の意見を参考にしながら，自分なりの考えを表現することを目指しました。自分がイメージしたことを表現することが難しい生徒が，一人一人に応じた表現ツールを活用しながら友達と対話を行うことで，将来の職業生活を見据えた目標設定や意思表示を主体的にしていくことができるようになりました。

【この単元における自己決定力を高める実践のサイクル（三大要素）】

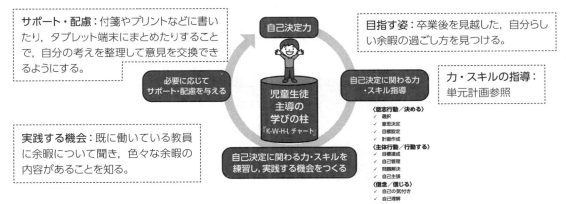

【自己決定力を高める学びの柱『K-W-H-L チャート』】

What I Know 知っていることは何？	What I Want to Know 知りたいことは何？	How Will I Learn どうやって学びたいの？	What I Learned 学んだことは何？
・余暇とは自分だけの時間だということ ・余暇の充実で，明日から少し頑張れるということ	・働く大人の余暇について	・先生たちへアンケートをとる ・先生の休日に密着する	・お金をもらったら色々なことができること ・給料をもらったら，理想通りになってほしい ・余暇をエンジョイしたい

対象生徒が実際に発表（記載）した内容

第Ⅱ部　実践編

職業科　学習指導案

1. 単元名　「自分らしい卒業後の生活」

2. 単元設定の理由

（1）生徒観

　本学習グループの生徒は，3年生9名（男子4名，女子5名）である。自分自身がどのような仕事をしたり，社会参加したりするのかといった卒業後のイメージをもつことはできるものの，将来の職業生活や日常生活に関わる具体的な知識や技能に関しては課題がある。

　対象生徒は，付箋やプリントに書かれた文字を読むことや，友達や教員の話を聞き，大まかな内容を理解することができる。しかし，想像することや考えて話す場面では，自分の考えを整理して具体的に言葉で表現することが苦手である。したがって，卒業後の生活をイメージして発言する場面では，友達の意見を聞いてうなずいたり，同意を伝えたりして参加する姿が多く見られる。

（2）単元観

　本単元では，卒業後の生活をイメージする中で，将来の職業生活を見据え，具体的な生活状況や職業に関する事柄について理解を深めていけるよう，身近な存在の教員へ余暇活動アンケートを取り，自分の生活と比べていく活動を行う。生徒が身近な大人の勤労観や余暇活動についての考えを知り，自分と職業生活のつながりをイメージし，「自分ごと」として考えることができるようにすることで，卒業後のよりよい生活の実現に向け，自分の生活を見直したり工夫したりしようとすることが期待できる。

　対象生徒は，具体的な職業生活や実際に働く大人の日常生活を示し，将来の生活と現在の生活とを比較できるようにすることで，自分自身の生活をよりよくしようと日常の行動を選択し，卒業後の自分らしい生活を目指してやるべきことを考え，意思決定できるようにする。その際，生徒の使いやすい表現ツールを用いることで，将来の職業生活を見据えた目標設定や意思表示を主体的にしていけるようになることが期待できる。

（3）指導観

　全体の指導では，机の配置や教員の立ち位置などに留意することで，積極的に発言したり，友達の考えを参考にしたりして活動できるようにし，生徒が自分の意思を伝え合う中で自分の考えを深め，主体的に行動できるようにする。また，生徒が自分の意見について具体的に自信をもって伝えることができるように，付箋やプリントに自分の思いや考えを書いたり，タブレット端末にまとめたりするなど，一人一人に応じた文字，言葉，思考ツールを用いる。

実践 7　特別支援学校高等部　職業科

3．単元目標

（1）全体目標（3観点）

知識及び技能	・将来の職業生活に関わる実践的な内容を知り，自分の生活や行動に生かすことができる。	職業科2段階 (1) 目標 イ (2) 内容 イー（イ）㋔
思考力，判断力，表現力等	・将来の職業生活を見据えて，金銭管理や余暇の過ごし方など自分らしくあるための余暇活動を考え，具体的に書き表すことができる。	
学びに向かう力，人間性等	・職業生活がよりよい社会参加や働くモチベーションにつながることを意識して，今の自分の生活を工夫しようとする実践的な態度を養う。	家庭科2段階 (2) 内容 ウーAウ（ア）（イ）

（2）個人目標（対象生徒）

知識及び技能	・様々な職業生活や余暇活動の内容を知り，自分らしい余暇活動を書き表したり，友達に発言したりできる。	職業科2段階 (1) 目標 イ (2) 内容 イー（イ）㋔
思考力，判断力，表現力等	・友達の意見や選択肢を基にして，自分なりの根拠をもち，余暇活動について説明することができる。	
学びに向かう力，人間性等	・卒業後の自分の生活をイメージして，職業生活における余暇活動について具体的に計画しようとしている。	家庭科2段階 (2) 内容 ウーAウ（ア）（イ）

4．自己決定力を高める実践のサイクル（三大要素）を促す対象生徒に焦点をあてた単元構成のポイント

意志行動：決める

・よりよい職業生活を目指した余暇活動をイメージすることで，自分自身の価値観を知り，将来の自分の理想の姿を求めて具体的な目標設定ができる。

主体行動：行動する

・具体的な目標をもって現在の行動を調整したり，生活状況を改善しようとしたりする。

信　念：信じる

・自分らしい余暇活動をイメージしながら，卒業後のよりよい生活について考える。

第Ⅱ部　実践編

5. 単元計画（本時：5／6時間目）　　　　　　　☆『K-W-H-L チャート』の活用

時数	主な学習活動（全体）	自己決定力を高める10のスキルとの関連
1	**自分の休日の生活について** ・単元全体の構成，目標を生徒と共有する。 ・休日の時間の使い方や構成についてまとめる。 ・現在の自分の余暇についてワークシートに書く。	**【選択】** ・ICT機器を使用するか，用紙を活用するかについて選択する。 **【意思決定】** ・自分の考えを文字で表して整理する。 ・オリジナルの余暇活動アンケートを考えて作成する。 ・余暇活動をマップ上で整理する。 ・卒業後を見据えた，具体的な余暇活動についてまとめる。
1	**余暇活動について考える** ☆余暇について①知っていること②知りたいこと③知りたいことを学ぶための方法について考え，発表する。 ・前時に考えた現在の自分の余暇と，働く教員の余暇活動について考える。	**【目標設定】** ・単元目標を確認し，自分なりのイメージをもつ。 ・どのようなアンケートがよいかを考える。
1	**余暇活動アンケートを考える** ・ロイロノート等を活用して教員に対するアンケートを作成し，実施する。	**【計画作成】** ☆『K-W-H-L チャート』を活用することで，アンケート調査をして余暇活動についての学習を計画する。
1	**アンケートを集約する** ・教員の余暇活動についてアンケートの内容を基に集約し，付箋紙に書き出す。 ・生徒が行う余暇活動について付箋紙に書き出す。 ・余暇活動マップについて知る。 　運動量の「多い－少ない」，金銭的負担の「多い－少ない」，「屋内－屋外」を軸として，生徒一人一人がマップに整理して付箋紙を貼り付ける。	**【目標達成】** ・アンケートを集約する。 ☆『K-W-H-L チャート』を活用して，学習を振り返ったりまとめたりする。 **【自己管理】** ・自分なりの学習方法を考える。 ・アンケートの目的等を伝えた上で，授業後に教員にアンケートを配付する。
1 本時	**余暇活動マップを全員で整理する** ・余暇活動の内容をもとに，性質について考える。 　運動量の「多い－少ない」，金銭的負担の「多い－少ない」，「屋内－屋外」を軸として，生徒全員で話し合いながら付箋紙を移動させる。	**【問題解決】** ・教員の余暇活動について，どのように学ぶかを考える。 ・教員への余暇活動アンケートを自分で作成・配布・集約する。 **【自己主張】** ・余暇活動の種類や性質ごとに自分の考えをもって整理する。 ・自分の考えをまとめて，グループワークで伝える。
1	**これからの余暇活動について考える** ・見えてきた様々な余暇活動の種類から，卒業後の自分の余暇活動について考えをまとめる。 ・これからの余暇活動について語り合うグループワークを行う。 ☆整理した余暇活動マップや，卒業後の余暇活動についてのまとめを基に，『K-W-H-L チャート』に学んだことをまとめる。	**【自己の気付き】** ・自分の生活，余暇活動について意識する。 ・自分の考えをもって余暇活動をマップにまとめる。 **【自己理解】** ・自分自身の余暇に関する考え方を知る。 ・友達や教員の余暇活動について知る。

6. 対象児童の個別の教育支援計画と個別の指導計画との関連

【個別の教育支援計画にある本人の思いや願い】

一般就労で働けることを目標に，社会的に自立し，自分で考えて行動できる。

【個別の指導計画における学習指導要領の各教科・目標及び内容との関連】

高等部職業科2段階＜関連する内容：イ－（イ）㋑＞
・職業生活と余暇活動とのつながりを理解し，余暇を通して自分自身の価値観が分かる。
・職業生活に必要な余暇の過ごし方の工夫を考える。
高等部家庭科2段階＜関連する内容：ウ－Aウ（ア）（イ）＞
・よりよい生活の実現に向けて，家庭生活における余暇の過ごし方の工夫を考える。

実践7　特別支援学校高等部　職業科

　職業科では，休日は動画視聴をして過ごすことの多い対象生徒の姿から，卒業後の職業生活の充実に向けて，高等部職業科2段階より「イ職業 ㊀職業生活に必要な健康管理や余暇の過ごし方の工夫について考えること」を取り上げ，余暇のもつ意味や職業生活とのつながりを理解した上で，卒業後のよりよい生活について具体的に考えることができるようにした。また，家庭科とも関連させて，高等部家庭科2段階より「ウ家庭生活における健康管理と余暇」を取り上げて学習した。充実した職業生活につながるような，心身ともに健康でいられることを目指した余暇活動について考えることができるようにした。

7．対象生徒の「自立活動」の目標と合理的配慮

【自立活動の目標】＜人間関係の形成＞

> よりよい自分自身の生活を具体的にイメージし，自分ができる行動を考えて実践する。

【職業科における合理的配慮】合理的配慮の観点（①-2-3）

> ・卒業時の具体的なイメージがもてるように示す教材の提示方法を工夫する。
> ・本人の視覚機能や身の回りの状況が分かりやすい環境づくりを図るとともに多様な価値観を前提とした学習グループの雰囲気をつくる。

8．対象生徒への個別最適化と協働的な学びを促すポイント

【個別のICT教材】

・余暇のアンケート調査について，タブレット端末で作成するか，紙で作成するかを選択させた後，ロイロノートを使って作成した。取り掛かりに時間を要することもある対象生徒だが，画面共有することで友達が作成したアンケートを参考にしたり，教員が作成した基本の型に沿って作成したりすることができた。

【合理的配慮】

・意見を伝え合う活動では，教員がファシリテートを行い，生徒同士の発言やつぶやきをつなげていく。机の向きを合わせたり，教員は活動する生徒の後ろ側に立ったりして，対象生徒が主体的に意見を伝えることができるようにする。

【学習支援体制】

・付箋やプリントなどに書いたり，タブレット端末にまとめたりして一度文字化することで，自分の考えを整理して，自信をもって伝えることができるようにする。
・常にタブレット端末やワークシート，学習支援ソフトなど，自分自身が活用しやすいツールを使える環境を全体で共有し，学びに主体的に向かえる学習グループ環境を設定していく。

9．本時の学習活動

（1）本時の目標

　本時は，余暇活動マップを通じて意見交換をすることで，余暇に対する自分の価値観に気付いたり，余暇活動の使い方について考えたりできるようにする。

第Ⅱ部　実践編

(2) 学習活動の場面（本時：5／6）

時間	主な学習活動	教員の指導（・），生徒の活動（○），支援・配慮（＊）	
導入15分	1　前時に個々が整理した余暇活動マップを全員で確認する。	・付箋の内容を確認することで，前時の活動を思い出すことができるようにする。 ○前時に余暇活動マップに個々が貼り付けた付箋紙を確認する。 ＊可動式のホワイトボードを使用したり，必要ない掲示物を取り除くことで，付箋の文字がよく見えたり，余暇活動マップに注視できたりするようにする。　4段階	提示資料に対して意欲的に注目できるよう，生徒の座席配置や，ホワイトボードと座席の距離を調整する。
	2　余暇活動マップの「出費が多い」に貼られた付箋紙の活動を比較する。	・「旅行」と「音楽を聴く」の付箋紙が，同等の出費量の箇所にあることを意識させる。 ・「旅行と音楽を聴くことの出費量は同じか」と発問する。 ○「出費が多い」箇所に貼られた付箋に注目して，出費の比較は適切かを考える。 【前時で付箋を貼り付けた余暇活動マップの一部】 ※運動量の「多い－少ない」を縦軸，金銭的負担の「多い－少ない」を横軸とした表	
	3　本時のめあてを共有する。	・前時に個々が貼った付箋紙を確認し，全員で整理してみようと促す。 ＊前時で貼った余暇マップに対して修正の必要を感じるような言葉掛けをすることで，本時の学習への意欲が高まるようにする。　3段階	普段の余暇を想起させながら，何人かの生徒に問い掛けるようにする。
展開25分	4　余暇活動マップの付箋紙の位置を友達と話し合って調整する。	・「音楽を聴くとドライブも出費量が同じところに貼ってあるけど，どうだろう」と問い，付箋紙を移動させるように促す。 ・同じ活動名が書かれた2枚の付箋が出費量，運動量の異なる箇所にそれぞれ貼ってあるときは，生徒により価値観が異なることを意識させつつ，全員で相談して調整するように促す。 ・生徒同士がディスカッションしながら付箋紙を整理することで，それぞれの経験や価値観を共有できるように促す。 ○生徒それぞれが前時に貼った付箋紙を確認する中で，付箋紙の位置を比較し，話し合って調整する。 ＊机を向き合わせる，教員が活動する生徒の後ろ側に立つなどして，意見を積極的に伝えることができるようにする。　1段階 ＊自分の考えを伝えたり，まとめたりするためにロイロノートや撮影などをしてもよいことを伝える。　3段階	余暇マップを貼ったホワイトボードが見えやすい配置や，生徒同士の相性などに留意して，意見が出やすいようにする。
終末10分	5　学習を振り返る。	・生徒と教員の余暇の違いや貼った付箋の偏りなどに着目できるように言葉掛けする。 ○整理した余暇活動マップを見て分かったことを伝え合う。 ＊向き合った状態の座席に着席の姿勢で，意見を伝えやすい，聴きやすい環境を設定する。	

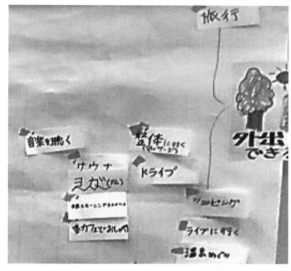

【運動量や金銭負担などを考えて，整理した余暇活動マップの一部】

〈知的障害のある児童生徒へのサポート7段階〉

| 1段階 | :子供の様子を見守る | 2段階 | :ジェスチャーを使って子供がやるべきことを促す | 3段階 | :言葉掛け | 4段階 | :視覚的提示 |
| 5段階 | :見本を示す，模倣する | 3段階 | :子供の体を動かし行動のきっかけを与える | 7段階 | :子供の体を支持して動かす |

10. 単元を通して見られた対象生徒の自己決定についての変容

学習活動の初期

【現在の自分の余暇を振り返る場面】

卒業後の生活についてのアンケートでは，円グラフで現在の気持ちを表した。対象生徒は，「寂しさ」や「不安」が占める割合が大きく，楽しみな気持ちは少しであった。また，休日の過ごし方ついては，友達の意見を参考にして，家で好きな動画を見たり聞いたりすることだとプリントにまとめた。

卒業後の見通しがもてていない様子が見られた。

【余暇活動について考える場面】

知っていることと知らないことを整理する中で，選択肢の中から，「働く大人の余暇について学ぶ」と自分で選ぶことができた。
また，教員や友達との話し合いで「先生達にアンケートをとる」という学び方に決めることができた。アンケートを取りたい教員を積極的に選んだり，自分から回収に行ったりして意欲的に行動できた。

知りたい，と思った内容だからこそ，学び方やその後の行動に意欲が見られた。

学習活動の中期

【余暇活動マップを友達と整理する場面】

教員の余暇活動の内容を見て，「先生達，けっこうエンジョイしてるんだ」と様々な余暇活動の種類に気付く発言が見られた。
また，友達と余暇活動マップを整理する場面では，机を向き合わせて活動し，教員は生徒の後ろ側に立って指導するようにした。友達からの「この2つの活動はどちらの出費が多いと思う？」という質問を受けて，「旅行かな」と自分の意見を伝えることができた。

正解の無い学習内容や意見しやすい学習環境だからこそ，主体的に考えたり，友達に意見を言ったりすることができた。

第Ⅱ部　実践編

【これからの余暇活動について考える場面】
　完成した余暇活動マップを見て，改めて，働く大人の自分に向けた余暇活動を考えた。友達の意見を聞いたり，付箋を活用して自分の考えを伝えたりして対話する中で，自分なりの言葉で具体的に表現することができるようになった。「ライブに行きたい」と発表したが，一度プリントに自分なりの言葉でまとめることで，「友達と行きたい」「新幹線で行きたい」「新しいライブ会場に行きたい」など具体的に発表したり，ライブにどれくらいの費用が掛かるのかを調べたりすることができた。職業生活をイメージして，働く自分にとってプラスとなる余暇活動とは何かを，自分事として考えることができた。

自分事として考えてきた積み重ねにより，働く自分が少しイメージできた。

学習活動の終期　【振り返りの学習の場面】
　単元を終えて行った卒業後の生活についてのアンケートでは，円グラフで現在の気持ちを示すと，寂しさや不安は，半分以上を占めているが，卒業後の生活に対する楽しみな気持ちが，学習前の倍以上を大きく占めていた。

卒業後の見通しや，期待感をもつ姿が見られた。

【卒業後の追指導で学習を振り返る場面】
　卒業後に追指導を行う予定である。余暇活動による仕事への影響や，これからの余暇活動の広がりを教員と一緒に確認し，就労への意欲にさらにつながるようにしていきたい。
　学んだことを生かし，将来をイメージして自分の考えを表現し，自己選択，自己決定していく今後の姿に期待したい。

余暇が仕事への意欲につながる姿に期待したい。

11. 自己決定力の評価

　単元開始前と単元終了後に，本単元における自己決定を発揮する三大要素についてのアンケートを実施した。アンケートは以下の3項目について「1全く自信がない，2少し自信がない，3自信がない，4少し自信がある，5自信がある，6とても自信がある」の6件法で回答を求めた。その結果から，単元前と比較し，自己決定の三大要素に関連した各項目について自信をもてたことが分かった。

＜アンケート項目＞
　①働く自分のなりたい理想の姿について決めることができますか。【意志行動に関連】
　②卒業後の生活に向けて，自分の今の行動を調整することができますか。【主体行動に関連】
　③余暇が充実すると，職業生活がよりよいものになる自信はありますか。【信念に関連】

＜アンケート結果＞

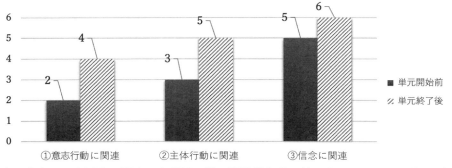

図　自己決定の三大要素に関連した項目の単元開始前と単元終了後のアンケート結果（対象生徒）

12. 自己決定力の高まりによる波及効果

　単元開始前と単元終了後，対象生徒に卒業後の自分の生活について未来予想図を書く活動を行った。単元開始前は，抽象的であった趣味・楽しみの欄が，単元終了後には具体的な記述になった。また，趣味・楽しみなどの余暇を充実させるために，お金が必要であることも理解し，具体的な貯金額を考えることができた。友達との対話を通して，自分のこととして考えたり，生活を振り返るなど，卒業後の生活に期待感を抱きイメージや見通しをもつことができるようになった。

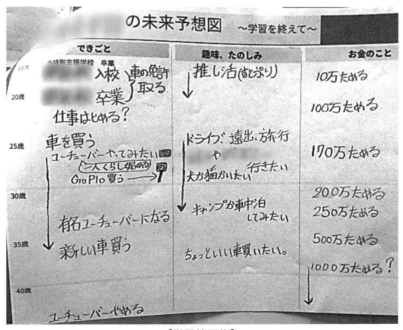

【単元開始前】

【単元終了後】

第Ⅱ部　実践編

実践8　特別支援学校高等部 専門教科 家政「クリーニング」

卒業後の夢を実現するために，作業能力，対人スキル，状況判断の向上を図る授業

「働き続ける力を身に付けよう」

【実践の概要】

　対象の生徒は，「卒業後，パソコンを使用する一般企業への就職」を希望しています。これまで校内進路講話や卒業生からの情報などで，就職して働き続けることで生活の充実を図れるということを学んできました。

　「就職して給料をもらったら，好きな本をたくさん買いたい。」など，卒業後の夢を語ることが多い生徒です。実践では，卒業後就職して働き続け，夢を実現することを目標に生徒自身が課題としている「作業技術が上達しない」「一緒に活動する仲間との働き方」「想定外のことへの対応が難しい」を改善するために，家政（クリーニング）活動の各工程で，以下に示す実践のサイクルを通し，取り組んだ結果，作業スキル全般の向上や共に働く仲間との関係性の向上，場面に応じた状況判断などの対応力を向上させることができました。

【この単元における自己決定力を高める実践のサイクル（三大要素）】

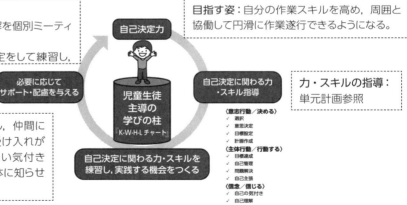

【自己決定力を高める学びの柱『K-W-H-L チャート』】

What I Know 知っていることは何？	What I Want to Know 知りたいことは何？	How Will I Learn どうやって学びたいの？	What I Learned 学んだことは何？
・台本に沿ったお客様とのやりとり（台詞等） ・簡単なシャツアイロン工程 ・報連相は大切ということ	・台本にない状況判断ができるようになりたい ・アイロン技術のスキルアップ ・作業現場全体の把握	・少し友達に助けてもらう ・ipad撮影動画を見ながらアイロンを覚える ・報連相を心がけたい	・仲間と協力しながら仕事をする方法 ・お客様に喜んでもらえる仕上げ技術力の必要性 ・仕事がはかどること

対象生徒が実際に発表（記載）した内容

実践8　特別支援学校高等部専門教科　家政「クリーニング」

専門教科 家政「クリーニング」　学習指導案

1．単元名　「働き続ける力を身に付けよう」

2．単元設定の理由

（1）生徒観

　本校2年クリーニングコースの生徒は，軽度知的障害がある生徒が9名所属しており，就職を目指し，授業を通して職業スキル全般の習得に励んでいる。軽度知的障害だけでなく，発達障害の特性に関連するような行動が見られる生徒もおり，その実態は多様である。苦手な作業を避けて活動を選んだり，他者と不適切な関わりでトラブルに発展したりすることもあるが，苦手を克服する方法や他者とのトラブルに対して和解や解決の方法を学び，企業から選ばれる人材になりたいと願う生徒たちである。

　対象生徒は，高等部2年生の女子生徒である。接客よりもパソコン操作など事務的な仕事に就くことを希望している。時間を予測して行動したり，金銭授受に必要な四則計算を暗算でしたりするなど，一人での活動はスムーズにできる一方で，他者と関わる活動を苦手としており，将来の職業生活を考えて，対人関係の課題など克服したいと願っている。

（2）単元観

　本単元では，クリーニングコース活動全体を会社に見立てた模擬的な環境の中で，仕事を遂行する技術力と作業を見通す力，接客活動や仲間との活動を通して高める対人スキル，状況や場面に応じて判断できる対応力を身に付けるために，各々のもつ強みや弱みを理解し合える活動を設定している。

　対象生徒は，就職し働くことを継続させるには，苦手な作業の克服や人との関わり方，想定外の出来事への対応が課題であると自覚している。模擬的な会社環境に近づけたクリーニング活動を長期間にわたり繰り返し実施し，より実践的な作業場面の全体を通して，卒業後の働く上で対象生徒の課題となっている作業技術の向上，一緒に活動する仲間との関わり方，想定外の出来事への対応力の向上を包括的に高められることが期待できる。

（3）指導観

　全体の指導では，互いの得意不得意を理解し合うことの大切さを伝え，会社全体の効率や今日の業務を遂行するには一人一人の行動をどのようにすればよいか，自分達で会社を運営しなければならないことを投げかけ，生徒の主体的行動を育むように指導支援の介入の仕方に工夫を心がける。また，今日の作業を円滑に進めるための目標設定や，目標達成のために担った役割や行動を振り返り，自己評価や他者評価をすり合わせて分析できるように，ペアワークやグループワークを活動に取り入れ，生徒個々の習熟度の違いも分かり合い，共有しながら意見交換できる場を設ける。

第Ⅱ部　実践編

3．単元目標

(1) 全体目標（3観点）

知識及び技能	・正しい手順で受付，仕分け作業をし，デザイン性の高い商品のアイロン技術を身に付ける。	専門教科1「家政」 (3) クリーニング ア　クリーニングの種類と特徴 イ　クリーニングの工程
思考力，判断力，表現力等	・効率のよい1日の作業の流れを考え，自分のやるべき作業を判断し，よりよい運営の役割を担うことができる。	
学びに向かう力，人間性等	・習得した技術や，効率のよい作業の仕方を教え合い，伝え合うことで，チームワークを高める。	

(2) 個人目標（対象生徒）

知識及び技能	・ミスを減らし適切に受付事務を遂行する。 ・ズボンを丁寧に仕上げる。	専門教科1「家政」 (3) クリーニング ア　クリーニングの種類と特徴 イ　クリーニングの工程
思考力，判断力，表現力等	・「報連相」を心がけて，分からないままにしないことや，状況を把握できるようになる。 ・お客様が喜ぶ接客をする。	
学びに向かう力，人間性等	・振り返りで課題と解決方法を考える。	

4．自己決定力を高める実践のサイクル（三大要素）を促す対象生徒に焦点をあてた単元構成のポイント

意志行動：決める

「1日の作業で，自分の役割や仲間との働き方を決める」

・未習得技術の習得方法をどのようにするか（支援を受けるか，支援ツールを活用するか）を工程ごとに考え，『K-W-H-L チャート』を活用し決める。仲間とのやり取りの方法，会社全体のよりよい運営のための自分の行動を決める。

主体行動：行動する

「目標達成のためにできることを考え，行動する」

・自分でできること，サポートを受けながらできることを明確にする。

信　念：信じる

「1日の作業を振り返り，自分を知る」

・自己評価をし，他者の評価とすり合わせ，自身の作業を振り返り成果と課題について学ぶ。

実践 8　特別支援学校高等部専門教科　家政「クリーニング」

5. 単元計画（本時：工期後半 220 ／ 350 時間目）※日 6 時間／週 12 時間／年 350 時間

☆『K-W-H-L チャート』の活用

時数		主な学習活動	自己決定力を発揮する 10 のスキルとの関連
年間を通して実施	I期 4月～7月 ・各作業工程の流れを覚えるための学習（先輩の動画，プリント学習，ロールプレイ等）を繰り返しの学習を行う。	「ミーティング」 ・コースリーダーを中心に進行し，前回までの振り返りや，コース全体と個人の成果と課題について話し合う。 ・毎時，作業の状況を確認し，始業直後の役割や，起こりうる状況についても話し合い，必要に応じてシミュレーションをする。 ・話し合って目標を設定する。 ☆『K-W-H-L チャート』で何をどう学ぶかを確認する。	【選択】 ・1日の作業内容を確認し，担う作業を選ぶ。 【意思決定】 ・1日の作業がどのように流れるとよいのかを話し合う。 【目標設定】 ・自己評価と他者評価を基に設定する。 ・成果と課題を分析して，設定する。
		「回収」 ・衣類の回収（接客）の際に，想定外の事柄にも対応（マニュアル外）できるよう，準備する。 「受付」「仕分け」 ・回収した衣類等の受付（伝票記入），仕分け（絵表示確認）を正確に行い，担当以外の班への協力をする。	【計画作成】 ・作業が効率良く遂行できるように，ミーティングで計画を立てる。意見を出し合い，これまでの活動の成果や課題を取り入れて計画を立てる。
		「洗濯」「乾燥」 ・溶剤準備，大型洗濯機の操作，乾燥機操作及び掛け干し等，作業の流れで気付いたら，役割を担うように心がけ，そのほかにも全体の流れで進んで仕事を見つけるようにする。	【目標到達】 ・成果を分析する。（なぜできたのか） ・新たな目標につなげる。
	II期 9月～12月 ・シナリオを見ないで実践したり，一緒に働く仲間の得意不得意を把握し互いに教え合うようにしたりする。また，想定外のことへの対応の仕方など，円滑に作業が進むための「報連相」を徹底する。	「仕上げ」 ・蒸気アイロン等を使用し，被洗物に応じた機械を選び，丁寧に仕上げる。 ・苦手なデザインの被洗物にも取り組み，上達（自立）したら，新たな目標につなげる。 ・一緒に活動する仲間と，互いの技術について教え合う，伝え合うように心がける。 ・どのタイミングで援助を求めるか，支援ツールを活用するかを考える。	【自己管理】 ・成果と課題について，どのような行動や発言（会話）によって生じたのかを考える。 【問題解決】 ・「報連相」を身に付ける。 ・互いに「教え合う」「伝え合う」を意識して作業に取り組む。 ・個々に必要な支援ツールを活用する。
		「照合」「配達」「集金」 ・伝票照合，配達先確認，配達の一連の作業を正確にできるように，前回までに間違いがなかったかなど確認をしてから始める。 ・「報連相」を意識して，商品代金授受，金銭管理，会計簿記入をする。 ・配達先やコース全体の状況を確認して，効率よく作業が進むには，1日のどのタイミングがよいか判断して行動できるように意識して作業する。	【自己主張】 ・課題を分析し，困りごととして伝え方（「報連相」「援助要求」）を考える。 ・発表の場で意見交換をする。 【自己の気付き】 ・成果を他者とも共有する。（「教え合う」） ・集団との関わりや，他者評価を基に自己の課題を認識する。
	III期 1月～3月 ・各作業工程についてリーダー中心に運営計画を立て，円滑に遂行できるように，作業技術の向上，仲間とのやり取りや状況判断など，成果と課題（自己評価と他者評価）を計画に生かす。	「振り返り」Forms 入力と「ミーティング」 ・コースリーダーを中心に進行し，始業時に立てた全体の目標は達成できたのかについて話し合う。（Forms 掲示） ・自己評価や他者評価を発表し，出た意見から全体の評価を導くようにする。 ☆『K-W-H-L チャート』を活用して，どのように学べたか，学べた自分と学ぶ前の自分などをすり合わせして，本時の作業を振り返る。また，成果と課題から次回目標を考える。	【自己理解】 ・「教え合う」「伝え合う」ことで集団の成長を図る。 ・発表の場で意見交換をする。

119

第Ⅱ部　実践編

6．対象生徒の個別の教育支援計画と個別の指導計画との関連

【個別の教育支援計画にある本人の思いや願い】

・パソコンを使う仕事をしたい。
・人に喜ばれる仕事をしたい。

【個別の指導計画における学習指導要領の各教科・目標及び内容との関連】

国語科（高等部知的2段階）
（知及技）表現したり理解したりするために必要な語句の量を増し，語彙を豊かにする。
（思判表力）相手や目的を意識して伝えたいことを明確にする。
（学・人）言葉がもつよさを認識するとともに思いや考えを伝え合おうとする。

　将来，パソコンを使用した業務のできる一般企業へ就職したい希望がある。そのため，国語科では，職業生活で円滑に業務を遂行できる力として，伝える力を育むための指導を行っている。

7．対象生徒の「自立活動」の目標と合理的配慮

【自立活動の目標】〈人間関係の形成〉〈コミュニケーション〉

・自分の意思や気持ちを，言葉で適切な方法で人に伝えることができる。
・相手や場面に応じた言動を身に付ける。

【専門教科における合理的配慮】合理的配慮の観点（①-2-3）

・全体ミーティングの内容理解を個別ミーティングで反復確認をする。
・接客シチュエーションの想定（対応シミュレーション練習をする。）
・技術向上のための支援ツール活用と活用のための編集及び練習時間を確保する。

8．対象生徒への個別最適化と協働的な学びを促すポイント

【個別のICT教材】

・タブレット端末の活用：技術習得のために撮影や編集を担うため活用。振り返りの場面で
　Microsoft365 アプリ（Teams または Forms）を活用する。

【合理的配慮】

・全体ミーティングの内容理解を個別ミーティングで反復確認をする。
・接客シチュエーションの想定（対応シミュレーション練習をする。）
・技術向上のための支援ツール活用と活用のための編集及び練習時間を確保する。

【学習支援体制】

・職場で同僚へ働きかける力を育むために，生徒同士で学び合える場の設定をし，互いの得意不得意を把握し合い，工程に係る技術スキルを補えるようにする。

9．本時の学習活動

（1）本時の目標

　Ⅰ期〜Ⅱ期前半までに習得したクリーニングの各工程における知識や技術，他者と協働して活動する方法を生かし，円滑に作業を遂行できるようになる。

実践 8　特別支援学校高等部専門教科　家政「クリーニング」

（2）学習活動の場面（本時：Ⅱ期後半 220 ／ 350）

時間	主な学習活動	教員の指導（・），生徒の活動（○），支援・配慮（*）	
導入20分	「始業礼」 「出欠確認」 「持ち物確認」 「注意事項の確認」	・出欠，健康状態，持ち物（メモ帳・筆記用具・タオル）の確認をする。 ・臨時作業がある場合，伝達する。 ・注意事項を伝える。 ○身だしなみを整え，挨拶する。 ○持ち物を机上に出す。	
	『始業ミーティング』 「本日の作業について」 　各工程の作業をリーダーが中心になって全員で確認をする。 「本日の目標」 　コース全体目標を前回の反省やミーティングで出た意見を取り入れながら全員で考える。 　前回の自己評価と他者評価を参考に個人の目標を設定する。	・作業スタート時の役割を決めるように伝える。 ・サポートが必要な人がいることに気付けるように作業の滞りがないか，全体状況把握をするように伝える。 ○クリーニングコース（会社）の運営を考える。 ・前時の役割での成果と課題を本時に生かすよう，『K-W-L-H チャート』を用いてすり合わせる。 ○進行：コースリーダー（2名） *教員作成の進行表を用いるか，オリジナルやアレンジを加えて進行するか選択できるようにする。 1段階 ○作業心得の唱和 ・作業工程の優先順位を考えるように伝える。 ・回収〜配達の流れと役割の確認 *効率よく運営された場合の一例を伝える。 3段階 ○前日の残作業の確認 ・配達順のヒント（職員時間割の見方）を伝える。 *生徒自ら気付いていれば，言葉掛けしない。 1段階 ・Forms：前回の振り返りを提示し，前回までの作業の成果と課題を伝える（PC操作）。 ○前回設定した会社の1日の目標を確認する（話し合い）。 *個々の行動が，会社全体にどのように影響していたかを考えられるようにする。 3段階 ・Forms：前回の振り返りを提示し，前回までの作業の成果と課題を伝える（PC操作）。 ・前回決めた目標から変更してもよいことを伝える。 ○前回設定した個人目標の見直し ○目標をタブレット端末（Teams）へ入力 ・作業量によって，休憩を入れるタイミングを考えさせる。 ○休憩時間の確認	『K-W-L-H チャート』で「できた活動とできなかった活動をふりわけて考えてみよう」と伝える。 前回のミーティングで挙がっていたよい活動例を伝える。 Forms の結果をモニターに掲示し，互いの評価やコメントを確認できるようにし「どの行動がどんな結果になったのか」「もしも〜なら〜」等，考えがまとまりやすいように言葉をかける。
展開260分 ※90分ごとに休憩 ※昼休憩45分	・前日の残作業の状況を確認し，どの工程を優先にするかを考え，本時で全体の流れを確認し，行動する。 『環境整備』 『回収』 『受付』 『仕分け』	○分担清掃 ・Teams 中継で状況確認（必要に応じてアドバイス） ○「教え合う」「伝え合う」 *教え合う，伝え合うことが必要な場面に気付くよう促す。 ○3班に分かれて回収へ（接客）：Teams 中継撮影係 *習熟度別に班編制 ・伝票確認（正しく記入されているか） ・ミスがあれば，訂正を促す。 ○受け付け事務「報連相」 *主体的な気付き行動があったら全体へ知らせる（仲間の活躍を知らせる）。 2段階	全体の作業を止めて，注目を促し，よかった行動を例として伝える。
	『洗濯』 『乾燥』	○「教え合う」「伝え合う」 *主体的な気付き行動があったら全体へ知らせる（仲間の活躍を知らせる）。 ・状況見て担当するように，事前に言葉声掛けをする。 2段階 ○大型洗濯機・大型乾燥機操作 *操作マニュアルを準備（見るかは生徒に判断させる） 2段階	操作マニュアルを指さし，「分からなくても確認できる」「間違えても修正できる」ことを伝える。

121

第Ⅱ部 実践編

	『アイロン仕上げ』	・効率よく作業を進めることを考えさせる。 ・自己評価，他者評価を踏まえて取り組むことを伝える。 ○「教え合う」「伝え合う」 ＊コースリーダーが孤立しないように配慮 ・技術指導（蒸気アイロン，その他機械） ○リネン，ホームクリーニングの仕上げ ○ペアワーク ＊状況判断し，仲間にペアになることを依頼や受け入れができるようにする。 ＊よい気付き工夫や行動があれば，全体に知らせ共有する。	一連の活動を「順序よく声に出して報告してみよう」と伝える。
	『照合』 『配達』 『集金』	・効率良く作業を進めることを意識させる。 ○「教え合う」「伝え合う」 　伝票照合，配達先確認，配達 　商品代金授受，金銭管理，会計簿記入 ＊一緒に確認する 2段階	
終末 20 分	「振り返り」 タブレット端末を活用し，Forms に本日の活動振り返りを入力する。 自己評価と他者評価をする。	・作業中に受けた仲間からの評価やアドバイスを踏まえてまとめるように促す。 ○本時の活動を振り返り，Forms に入力する。 ○次回の目標を設定する。（個人） ・『K-W-H-L チャート』を活用し，自己評価ですり合わせる。	「○○さんの行動が～だったので～だったね」1日の業務で注目した場面を思い出せるよう，複数提示し，生徒からの発言を促す。「その場合は？」「じゃあ，どうしよう」等，課題として挙げられる場面についても，考えを引き出すように問いかける。
	「ミーティング」 ・本時目標，作業振り返り（Forms 掲示） ・発表，アドバイス ・次回目標（コースと個人）	・進行表を用いて（アレンジ可）進行するように促す。 ・発表者に対してコメント（アドバイス）する。 ○進行：コースリーダー（1名） ○本時の振り返りを発表する ・コース全体の成果と課題を活かせるように考えることを伝える。 ○次回の目標（コース）を決める ＊選択肢を準備しておく（オリジナルも可と伝えておく）。	
	「終業礼」	○身だしなみを整え，挨拶する。	

〈知的障害のある児童生徒へのサポート7段階〉

| 1段階 | 子供の様子を見守る | 2段階 | ジェスチャーを使って子供がやるべきことを促す | 3段階 | 言葉掛け | 4段階 | 視覚的提示 |
| 5段階 | 見本を示す，模倣する | 6段階 | 子供の体を動かし行動のきっかけを与える | 7段階 | 子供の体を支持して動かす | | |

10．単元を通して見られた対象生徒の自己決定についての変容

学習活動の初期

【担当する業務を選択する場面】
　回収物受付，仕上げ業務，配達等の各工程での役割を得意なもので選択するか，不得意なもので選択するかコース（会社）全体のミーティングやペアになった友達との相談で決める場面では，苦手な業務を避け，得意な業務を積極的に選択していた。

不慣れな業務は，避けている様子

実践8　特別支援学校高等部専門教科　家政「クリーニング」

【会社の業務がスムーズに遂行させることを決定する場面】
　自分が担当する（得意な）業務だけ終わらせても，コース（全体）の業務が遂行されているとは言えないことに気が付く。（毎時の振り返りで仲間の反省を聞いて）
　「会社の業務で止まっているところ，ありませんか？」の教員の声に反応し，手伝いが必要と思われるところに声をかけに行く行動があった。
　周りの友達への働きかけは，得意分野に限っており，終業ミーティングで「ほかにも上達したら，全伝の業務が早く終わるかも」という友達の意見を聞いて，考えるようになった。

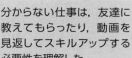
得意ではない業務だけれど，仕事がはかどるために苦手な業務もできるようにならないといけないと気付いた。

学習活動の中期

【会社の業務が滞ることなく遂行されるための計画をたてる場面】
　ミーティングで出た意見から，お互いの技術向上を目指すため，どうするか考える場面を設定すると「助け合う」「教え合う」「報連相」のキーワードが出た。
　具体的にどんな場面やタイミングで実行すればよいかを話し合った。

分からない仕事は，友達に教えてもらったり，動画を見返してスキルアップする必要性を理解した。

【会社の業務が滞ることなく遂行されるための計画をたてる場面】
　なかなかうまく仕上げることができない友達に気が付き，得意な作業であったことから，教える立場を自らとる行動があった。
　自分が苦手な業務や分からない業務を教員に聞く前に友達に聞く場面が増えた。

「報連相」はどんな仕事に就くにも大切だから自然にできるようにしたいと考える。

学習活動の終期

【業務中の想定外の問題を解決する場面】
　回収時に，お客様から以前預けた衣類が返却されていないことを質問された。回収マニュアルにないお客様からの質問に対して，接客マニュアルを思い出し，適切に応対できていた。そのことを，一緒に回収していた友達に「こんなこともあるんだね。」と自身のメモ帳に記録していた。ほかにもどういうことが想定されるかを適宜話し合い，お互いに意見を出し合っていた。

接客や一緒に働く人とのコミュニケーション力が付いた。

【振り返りの学習の場面】
　Microsoft365 アプリ(Forms)で1日の業務を振り返り，全員でその内容を共有。教えてもらって嬉しかったことや，教えたことで「ありがとう」と感謝を述べられたことに，自己有用感の高まりを感じている様子だった。

問題解決を図るためにとった行動が，友達からも評価された！

【これからやってみたいことを発表する場面】
　滞りのある班に気付き，主体的に手伝いをする場面が見られた。作業の効率を考え，優先順位を考慮した行動が増えた。他からの評価を受け，次の作業（次回）は，どう行動したいかを考えるようになった。

会社全体の業務に滞りがなくなった。仕事が早く片付いて心にゆとりがもてるようになった。

【3つの課題に対しての自己決定についての変容のまとめ】
●作業スキル：報連相の回数が増えた。適切な受け付け事務ができ，間違いが減った。自身で動画編集した動画を見返すなどして，デザイン性の高いアイロン仕上げができるようになった。積極的に難易度の高いアイロン仕上げに取り組むようになった。

第Ⅱ部　実践編

●対人スキル：報連相の回数，特に相談の回数が増えた。他者に配慮しながらの行動が増えた。得意の作業を仲間に「教える」場面が増えた。教え方，伝え方の工夫をするようになった。一人でできるようになったのは，仲間からの援助を受けできるようになったからと，他者との関わりを分析するようになった。

●状況判断（対応力）：滞りのある班に気付き，主体的に手伝いをする場面が見られた。作業の効率を考え，優先順位を考慮した行動が増えた。他からの評価を受け，次の作業（次回）は，どう行動したいかを考えるようになった。

11. 自己決定力の評価

　9月と12月のそれぞれ3回ずつの授業で自己決定力を発揮する三大要素について Microsoft Forms を活用したアンケートを実施。アンケートは三大要素に沿って以下のように設定し，評価規準を「D：スタートしている（0〜6）」〜「S：達成をはるかに超えている（28〜30）」の5段階（30点満点）とし，3回の授業の平均を算出した。関連項目すべての平均値が上がったことが示され，自己決定力を発揮できたことが分かった。

【アンケート項目】

<意志行動に関連>①ミスなく作業できましたか（受付事務・アイロン）
　　　　　　　　②周りの状況を判断できましたか

<主体行動に関連>①報連相はできるようになりましたか
　　　　　　　　②接客やアイロンのスキルアップはできましたか

<信念に関連>　①自己評価はできましたか
　　　　　　　②成果と課題が分かって解決方法をしりましたか

【アンケート結果の一部（意志行動）】

S:達成をはるかに超えている(28〜30)　A:達成している(24〜27)　B:もう少しで達成できる(15〜23)
C:達成に近づいている(7〜14)　D:スタートしている(0〜6)

意志行動		ミスなく作業できましたか(受付事務・アイロン)	周りの状況を判断できましたか
9月	①	15	5
	②	15	10
	③	15	10
	3回の平均	15	8.3
12月	①	20	20
	②	25	20
	③	27	25
	3回の平均	24	21.7
	平均	18.9	15.0

意志行動9月平均
11.7

↓

意志行動12月平均
22.8

12. 自己決定力の高まりによる波及効果

　他の職業科目の授業において，対象生徒の行動に変化が見られてきているとまわりの教員から報告があった。例えば，「相談の回数が増えて，ミスが減った」「修正の指示を受け入れる時間が短くなった」「他者への関わり方に変化（一方的ではなく，相手の状況をうかがっ

て対応する場面が見られるようになった)」などである。また, 職業科目以外の普通教科でも「発表の仕方が具体的になった」とあり, 家庭生活や学校生活, 寄宿舎生活においては, 「卒業後の進路や生活について具体的に話すようになった」「友達とのトラブルが減った」との報告もあった。自己決定する力について, 教員と生徒や生徒をとりまく仲間とともに, 数値やグラフで視覚的に共有することで, 互いの強みや課題を認識することができた。これまで, 目標設定やその達成に向けた行動など曖昧な部分があったが, 生徒自身が自分の伸ばしたい力を明確にすることができ, 具体的な進路選択や職業生活でのスキル獲得へ向かう意欲や態度を身に付けることができたと考えられる。

第Ⅱ部　実践編

実践9　特別支援学校高等部　生活単元学習

自分の目標を設定し，調理を通じて意思を表現する自信を育む授業

「自分で選んで作って食べる！～カップめん～」

【実践の概要】

　対象生徒は，「毎日楽しく過ごしたい」「自分の気持ちを伝える方法を身に付けてほしい」「様々な経験をし，余暇の幅を広げてほしい」「健康に過ごしてほしい」という目標をもっています。食べることは生きることそのものであり，生徒の現在の生活の中で，また，いずれ社会人となったときに"一人で"，"誰かに手伝ってもらって"，"誰かと一緒に"，自分の食事を用意することができたらよいと考えます。この実践では，生徒が「自分で食事を用意してみよう」と思いをもつことができるように，何がいいかを選んで決めることや自分の考えを表出し，行動として取り組む力を高めることに重点を置き，学習に取り組みました。

　対象生徒は，自分の意思を表出したり，意思の表出方法を習得したりすることに難しさがありました。試食をして，好きな味のカップ麺を選択し，意思決定をすること，調理の前に自分の目標設定をすること，目標を振り返る活動を通して目標達成を確認することに繰り返し取り組み，自己決定力を発揮する姿が見られるようになりました。

【この単元における自己決定力を高める実践のサイクル（三大要素）】

【自己決定力を高める学びの柱『K-W-H-L チャート』】

What I Know 知っていることは何？	What I Want to Know 知りたいことは何？	How Will I Learn どうやって学びたいの？	What I Learned 学んだことは何？
・カップめん ・カップめんを作るためには水が必要	・カップめんの味 ・カップめんの作り方	・動画を見る ・手順書を使う ・実際にやってみる	・カップめんの作り方 ・道具の使い方

対象生徒が実際に発表（記載）した内容

実践9 特別支援学校高等部 生活単元学習

生活単元学習 学習指導案

1. 単元名 「自分で選んで作って食べる！ ～カップめん～」

2. 単元設定の理由

（1）生徒観

本学習グループは1年生が3名，2年生が2名，3年生が2名の計7名（男子4名，女子3名）である。コミュニケーションカードでやり取りをする生徒，身振りや指差しで意思を伝える生徒，伝える方法は分かっているが緊張などにより行動に移すことが難しい生徒，教員の促しがあれば言葉で意思を伝えることができる生徒など，実態は様々である。カップ麺の試食を通して，家庭生活において食べることができる物の種類や幅を広げたり，防災の観点からも様々な物を食べ慣れておいたりすることも必要であろうと思われる。

対象生徒は，高等部2年生の男子生徒である。教員の促しによりスケジュールに従って活動することやコミュニケーションカードで簡単なやり取りをすることもできる。食べることについては，自分で選ぶことよりも教員にこれを選ぶだろうという食べ物や飲み物を提示されることが多く，好みがはっきりとしていない。

（2）単元観

本単元では，まず導入で一口カップ麺を試食することで，「作ってみたい」という意欲を高める効果を狙っている。次に，自分が好きな味を選び，選んだ味をGoogleフォームで回答することで，他人の意見に左右されることなく自分の意思を表出できる。さらに，自分で決めた味のカップ麺を自分で買いに行って準備し，調理への期待感を高める。次時では，自分で選んだお湯を沸かす道具を使い，カップ麺の調理を行う。調理を行う前には，イラストで提示された『一人で』『手伝ってもらう』『先生と一緒に』の3つから自分の目標を決め，調理後には，顔の表情で提示された『よくできた』『できた』『まぁまぁできた』『できなかった』『ぜんぜんできなかった』の5段階から自分の目標を振り返り，Googleフォームで回答する。

対象生徒は，教員の促しによって次の活動に移ったり，援助依頼をするまでに時間が必要だったりする。カップ麺の味や自分の目標について，選択肢の中から選ぶ，という活動に繰り返し取り組むことで，本人が進んで意思を表出したり，自ら行動を起こしたりするきっかけとなることが期待できる。

（3）指導観

全体の指導では，自分の意思を周りに影響されることなく表出できるよう，タブレット端末を使用して質問への回答をし，自己決定ができるようにする。難しい場合には，実物や写真カードを使用して個別最適化を図る。協同的な学びができるよう，友達や教員とペアで活動し，互いの様子を見合う。また，手順を簡旦にし，繰り返し取り組むことで生徒が自信をもって調理ができるようにした。

第Ⅱ部　実践編

3．単元目標
(1) 全体目標（3観点）

知識及び技能	・材料や道具，手順が分かり，カップ麺を作ることができる。
思考力，判断力，表現力等	・味を確かめて自分が好きな味を決めたり，選択肢の中から自分の目標を選んだりし，意思を表出することができる。
学びに向かう力，人間性等	・カップ麺を食べるために必要な準備を進んでしようとしている。

家庭科1段階
B　衣食住の生活
イ　日常食の調理
(1) 目標　ア
(2) 内容 (ア)

国語科1段階
知識及び技能
ア （ア）

(2) 個人目標（対象生徒）

知識及び技能	・材料や道具，手順が分かり，教員と一緒にカップ麺を作ることができる。
思考力，判断力，表現力等	・自分が好きな味や自分の目標を考え，選択肢から選んで，自分の意思を表現することができる。
学びに向かう力，人間性等	・カップ麺を食べるために必要な準備を教員と一緒にしようとしている。

家庭科1段階
B　衣食住の生活
イ　日常食の調理
(1) 目標　ア
(2) 内容 (ア)

国語科1段階
知識及び技能
ア （ア）

4．自己決定力を高める実践のサイクル（三大要素）を促す対象生徒に焦点をあてた単元構成のポイント

意志行動：決める

・カップ麺の試食の場面では，用意された3つの味から食べたいものを選び，伝える手段としてコミュニケーションカードを使用し，「先生，ください。」と伝える。試食後は，Google フォームの質問（カップ麺の写真入り）に回答し，好きな味を1つ決定する。

主体行動：行動する

・カップ麺を買いに行って店で選ぶ場面では，試食して選んだ味のカップ麺の写真カードと実物をマッチングして見つける。

・カップ麺を作る場面では，電気ポットの使い方やカップ麺の作り方を動画で見たり，手順書を活用してカップ麺作りをする。

・目標を決める場面では，『一人で』『手伝ってもらう』『先生と一緒に』（イラスト入り）の3つの選択肢から選んで Google フォームの質問に回答する。

信　念：信じる

・目標を振り返る場面では，自分の活動の様子の写真を見た後に，今日の活動がどうだったかを

実践 9　特別支援学校高等部　生活単元学習

『よくできた』『できた』『まぁまぁできた』『できなかった』『ぜんぜんできなかった』（顔の表情のイラスト入り）の５段階から選んで Google フォームの質問に回答する。

5.　単元計画（本時：1・2／14 時間目）

☆『K-W-H-L チャート』の活用

時数	主な学習活動（全体）	自己決定力を高める 10 のスキルとの関連
2 本時 (2/2)	・N 社のカップ麺を試食して味を確かめる。 ・自分が好きな味のカップ麺を決める。 ・決めた味のカップ麺を店で見つける。 ・お湯を沸かす道具を決める。 ☆『K-W-H-L チャート』を活用して，カップ麺について，知っていることや知りたいことを発表する。	【選択】 ・カップ麺を試食する場面では，3つの味を食べ比べて自分が好きな味を選ぶ。 ・カップ麺を店で買う場面では，商品の中から自分が好きな味のカップ麺を選ぶ。 【意思決定】 ・自分が好きな味のカップ麺を1つに決め，Google フォームで回答する。 ・お湯を沸かす道具を3つの選択肢から1つに決め，Google フォームで回答する。 【目標設定】 ・カップ麺作りの目標を決める場面では，3つの選択肢から選んで設定する。 【計画作成】 ・道具の使い方やカップ麺の作り方を確認する場面では，動画や手順書で安全な調理の仕方を知る。 ・調理を始める前には，手洗いや身支度をし，調理が終わったときには，ごみを捨てたり，道具を洗ったりなどの後片付けをする。 【目標達成】 ・目標の振り返りをする場面では，5段階で評価し，Google フォームで回答する。 【自己管理】 ・カップ麺を作る場面では，友達や教員と相談して順番を決め，お互いの活動を見合う。 【問題解決】 ・お湯の沸かし方を確認する場面では，動画を視聴する。 ・カップ麺の作り方を確認する場面では，動画を視聴する。 ・カップ麺を作る場面では，手順書で作り方を確認しながら作る。 【自己主張】 ・カップ麺を試食する場面では，「ください。」や「いりません。」と教員に伝える。 【自己の気付き】 ・カップ麺を試食する場面では，自分の好みを再確認したり，新たな好みを見つけたりする。 ・振り返りの場面では，活動の写真で自分が調理をしている様子を見て，目標が達成できたかどうかを確かめる。 【自己理解】 ・カップ麺を作る場面では，助けが必要な場合に「手伝ってください。」と教員に伝える。
2	・目標を決める。 ・お湯の沸かし方を確認する。 ・カップ麺の作り方を確認する。 ☆『K-W-H-L チャート』を活用して，カップ麺の作り方について，どうやって学ぶかを考える。 ・身支度や手洗いをする。 ・友達や教員と相談して道具を使う順番を決め，カップ麺を作る。 ・後片付けをする。 ・活動を振り返り，目標の評価をする。	
2	・S 社のカップ麺を試食して味を確かめる。 ・自分が好きな味のカップ麺を決める。 ・決めた味のカップ麺を店で見つける。 ・道具の使い方を確認する。 ・カップ麺の作り方を確認する。	
2	・目標を決める。　　　　　・お湯の沸かし方を確認する。 ・カップ麺の作り方を確認する。　・身支度や手洗いをする。 ・友達や教員と相談して道具を使う順番を決め，カップ麺を作る。 ・後片付けをする。 ・活動を振り返り，目標の評価をする。	
2	・D 社のカップ麺を試食して味を確かめる。 ・自分が好きな味のカップ麺を決める。 ・決めた味のカップ麺を店で見つける。 ・道具の使い方を確認する。 ・カップ麺の作り方を確認する。	
2	・目標を決める。　　　　　・お湯の沸かし方を確認する。 ・カップ麺の作り方を確認する。　・身支度や手洗いをする。 ・友達や教員と相談して道具を使う順番を決め，カップ麺を作る。 ・後片付けをする。 ・活動を振り返り，目標の評価をする。 ・自分が好きな味のカップ麺を決める。	
2	・目標を決める。　　　　　・お湯の沸かし方を確認する。 ・カップ麺の作り方を確認する。　・身支度や手洗いをする。 ・友達や教員と相談して道具を使う順番を決め，カップ麺を作る。 ・後片付けをする。 ・活動を振り返り，目標の評価をする。 ☆『K-W-H-L チャート』を活用して，カップ麺作りで学んだことを発表する。	

第Ⅱ部　実践編

6．対象生徒の個別の教育支援計画と個別の指導計画との関連

【個別の教育支援計画にある本人の思いや願い】

・毎日楽しく過ごしたい。（保護者が考える本人の思い）
・自分の気持ちを伝える方法を身に付けてほしい。
・様々な経験をし，余暇の幅を広げてほしい。
・健康に過ごしてほしい。（以上3点は保護者の願い）

【個別の指導計画における学習指導要領の各教科・目標及び内容との関連】

家庭科
・安全や衛生を意識しながら調理を行うことができる。
国語科
・教員の促しを受けて援助要求を絵カードで伝える。

　　生活単元学習では，「毎日楽しく過ごしたい。」という本人の願いの実現のため，家庭科1段階より「Ｂ　衣食住の生活　イ　日常食の調理」を取り上げ，家庭や社会の一員としてよりよい生活の実現に向けて，日常生活の中で力を発揮することができるよう，基礎的な日常食の調理に繰り返し取り組むことができるようにした。また，「自分の気持ちを伝える方法を身に付けてほしい。」という保護者の願いの実現のため，高等部国語科1段階の知識及び技能より，「ア　（ア）」を取り上げ，社会生活に係る人とのやり取りを通して，考えたことや思ったことを表すことができる場面を設けた。

7．対象生徒の「自立活動」の目標と合理的配慮

【自立活動の目標】＜コミュニケーション＞

・教員の促しを受けて援助依頼を絵カードで伝える。

【生活単元学習における合理的配慮】合理的配慮の観点（①-1-1）

・本人が活動の見通しをもてるよう，絵カードで予定や手順を提示したり，個別指示をしたりする。

8．対象生徒への個別最適化と協働的な学びを促すポイント

【個別の教材・教具】
・店に行ったときに買う品物を見つけることができるように，写真カードを使用する。
【個別のICT教材】
・動画を見ながら電気ポットでお湯を沸かすことができるように，道具の使い方の動画を個人のタブレット端末に入れておく。
【合理的配慮】
・意思を表出する際に，絵や写真カードを使用する。
【学習支援体制】
・集中して学習に取り組むことができるよう，休憩時間の調整をする。
・個別に支援や指示が必要なため，教員とペアになって調理をする。

実践9　特別支援学校高等部　生活単元学習

9．本時の学習活動

（1）本時の目標

　本時は，カップ麺の試食を通じて，好きな味を選んで決める体験をし，食事を自分で用意してみようという意欲をもつことができるようにする。

（2）学習活動の場面（本時：1・2／14）

時間	主な学習活動	教員の指導（・），生徒の活動（○），支援・配慮（＊）	
導入 15分	「カップ麺食べ比べ」3種類（醤油・シーフード・カレー）の味のカップ麺の試食をする。	・カップ麺を作っておき，食べたいかどうかを生徒に尋ねる。 ○意思を教員に伝える。 ＊生徒が意思を伝えられるようにする。 4段階 ・生徒に試食を渡し，食べるよう伝える。 ○試食する。 ・カップ麺を作ったり食べたりしたことがあるかを生徒に尋ねる。	「ください。」や「いらないです。」という伝え方の絵カードを用意しておく。
展開 60分	「好きな味を選ぶ」3種類の味から自分が好きな味を選んで回答する。	・「アンケート」の Google フォーム（右図）をテレビ画面に映しながらアンケートの回答の仕方を説明する。 ・タブレット端末を用意して回答するよう話す。 ○ Google フォームで自分が好きな味を選んで回答する。 ＊タブレット端末の操作の支援を行う。 5段階 ＊質問への理解を促す。 4段階 ・全員の回答が終わったら回答（円グラフ）をテレビに映す。	タブレット端末の操作方法を見せたり，操作する部分を指差ししたりする。 カップ麺を提示して好きな味を選ぶことができるようにする。
	「買い物に行く」自分が好きな味のカップ麺を店で見つける。	・どこに買い物へ行くのかや安全に注意して歩行することをテレビにスライドを映して伝える。 ○自分が好きな味のカップ麺を買いに行くことを知り，買い物に出かける。 ・店では，カップ麺の棚まで誘導する。 ○店で自分が好きな味のカップ麺を探して見つける。 ＊生徒が選んだカップ麺を思い出せるようにする。 4段階	カップ麺の写真カードを使用して，自分が選んだカップ麺を思い出すことができるようにする。
終末 15分	「カップ麺を食べるには」カップ麺を食べるために必要な材料や道具を考える。	・カップ麺の作り方の動画をテレビに映す。 ○カップ麺の作り方の動画を視聴する。 ＊動画を見終えたら，必要な材料や道具について質問する。 ・タブレット端末を用意して「道具アンケート」（右図）でお湯を沸かすときに使う道具を選ぶよう話す。 4段階 ○ Google フォームに回答する。 ＊タブレット端末の操作の支援を行う。 5段階 ・次回は，カップ麺を作ることを知らせ，あいさつをする。	水やポットを用意しておき，提示する。 タブレット端末の操作方法を見せたり，操作する部分を指差ししたりする。

〈知的障害のある児童生徒へのサポート7段階〉

1段階 ：子供の様子を見守る	2段階 ：ジェスチャーを使って子供がやるべきことを促す	3段階 ：言葉掛け	4段階 ：視覚的提示
5段階 ：見本を示す，模倣する	6段階 ：子供の体を動かし行動のきっかけを与える	7段階 ：子供の体を支持して動かす	

第Ⅱ部　実践編

10．単元を通して見られた対象生徒の自己決定についての変容

| 学習活動の初期 |

【カップ麺を試食する場面】
　3つの味のカップ麺を試食する場面では，教員が目の前に試食を提示し，教員が操作したコミュニケーションカードを手渡すよう促されると，「先生ください。」と伝えることができた。その後，試食を受け取って食べた。

「ください。」と伝えていいのか迷っている様子がみられた。

【好きな味を決定する場面】
　自分が好きな味を3つの中から決定する場面では，カップ麺の写真カードを1つずつ教員に提示されると，その中の1つを手に取った。2回繰り返すと2回とも同じ写真カードを選択した。

意識的に好きな味を選んだように見受けられなかった。

| 学習活動の中期 |　【目標を決める場面】
　"一人で"，"手伝ってもらって"，"先生と一緒に"の3つの選択肢（イラスト入り）から1つを選んで目標を決めた。
　"一人で"を選んだ授業の次の授業では，"先生と一緒に"を選んだ。

"一人で"やってみたが，自信がもてずに，"先生と一緒に"なら自信をもってできそうと考えた様子がみられた。

【電気ポットでお湯を沸かす場面】
　お湯を沸かす道具は，電気ポットを選んだ。教員に自分が使っているタブレット端末に入っている電気ポットのお湯の沸かし方の動画を見せてもらいながら使い方を確認した。

動画を見ることで少しずつ道具の使い方が分かってきた様子がみられた。

| 学習活動の終期 |　【カップ麺を試食する場面】
　3つの味のカップ麺を試食する場面では，自分の席から教員が用意した試食のテーブルの前まで来て，カップ麺に手を近づけた。教員にコミュニケーションカードを使うよう促され，カードを手渡して「先生ください。」と伝えた。

自ら意思を伝えようとする気持ちが出てきて，「ください。」を伝えていいと学んだ姿がみられた。

【好きな味を決定する場面】
　自分が好きな味を3つの中から決定する場面では，教員にタブレット端末のGoogleフォーム（カップ麺の写真入り）を見せてもらい，どれにするかという質問に写真を指差して答え，自分が好きな味のカップ麺を決定した。

好きな味を自分で選べるようになってきた様子がみられた。

【振り返りの学習の場面】
　目標を振り返る場面では，前の回では"できた"を選んだが，次の回には"よくできた"を選んだ。

自分の活動に自信がついてきた。

11．自己決定力の評価

　本単元における自己決定力を発揮する三大要素を意識した項目について，単元を通した変容を評価した。

(1) カップ麺の試食後に自分が好きな味を決める場面【意志行動に関連】
　1回目：教員に3つの味のカップ麺を1つずつ自分の目の前に提示されると，その中の1つに手を伸ばそうとした。
　2回目：教員に3つの味のカップ麺の写真カードを1つずつ同じ順番に目の前で提示（2度実施）されると，2度とも同じ写真カードを手に取った。
　3回目：教員にGoogleフォームを開いてもらい，画面を提示されると，3つの味のカップ麺の写真の中の1つを指で触った。
　4回目：4回目は，試食を行わずに今までの1〜3回目に自分が選んだ3つの味のカップ麺の写真の中から好きな味を決めた。教員にGoogleフォームを開いてもらい，画面を提示されると，すぐに3つの中から1つに決めた。
　以上の様子から，『好きな味を決める』という意思決定ができるようになった，と評価した。

目標のGoogleフォーム

(2) 自分が選んだ味のカップ麺を店で見つける場面
　　【主体行動に関連】
　1回目：カップ麺が並んでいる棚で自分が選んだものではないカップ麺を手に取った。教員に自分が選んだ写真カードを見せてもらい，促されて棚に戻した。再度写真カードを確認して品物とマッチングし，品物を取ることができた。
　2，3回目：カップ麺が並んでいる棚の前で教員に自分が選んだカップ麺の写真カードを提示されると，棚にある品物と写真カードをマッチングして品物を取ることができた。
　以上の様子から，『自分が好きな味のカップ麺を店で見つける』という自己主張ができた，と評価した。なお，4回目のカップ麺作りは，教員がカップ麺を買い，準備をした。

振り返りのGoogleフォーム

(3) 自分で決めた目標を振り返る場面【信念に関連】
　1回目：目標の『一人で』に対して，自己評価は『できた』（5段階の4）
　2回目：目標の『先生と一緒に』に対して，自己評価は『とてもよくできた』（5段階の5）

　カップ麺作りは4回行ったが，対象生徒は2回欠席したため，半分の2回の実施となった。以上の様子と2回の実施状況から，自分の意志を表現する自信が高まりつつあると評価した。

第Ⅱ部　実践編

12.　自己決定力の高まりによる波及効果

　本授業の実施時期と同じ頃，学級での休み時間に教員がコンビニエンスストアのホットスナックのメニューをインターネットで検索し，タブレット端末の画面で生徒に見せると，生徒がその中のアメリカンドッグの写真を触るということがあった。次の週に，授業で前述のコンビニエンスストアに行き，買い物をすることになった。教員が前の週のことを思い出し，生徒をホットスナック売り場に促した。身振りで「どれがいい？」と尋ねると，生徒はアメリカンドッグを指差した。他にも生徒が食べたいと手にした品物はあったが，予算で2つは買えなかった。教員が生徒に2つを見せてどちらがいいかと尋ねると，アメリカンドックを指差しするといった主張をする姿が見られた。買い物を済ませて教室に戻ると，かばんからアメリカンドッグを真っ先に出したり，笑顔で食べたりする様子が見られた。

　それまでは，特別に好きな物がなかったり，何が好きなのかが分からなかったりしていた生徒だが，自ら好きな食べ物を選んだり，新たに好きな物を見つけたりする姿が他の場面でも見られるようになってきた。

実践 10　特別支援学校高等部　生活単元学習

実践10　特別支援学校高等部　生活単元学習

友達と協働して問題解決の方法を習得していく授業

「行ってみよう！〜公共交通機関を利用した移動方法の習得〜」

【実践の概要】

　対象生徒の目標は，「学校卒業後に食品関連の会社で働き，自分一人で，買い物や料理をできるようになったり，バスや電車を使って出掛けられるようになったりすること」です。

　公共交通機関の利用は，卒業後の進路先の拡大及び余暇活動への広がりとつながり，卒業後の充実した生活を送るための一助となります。この実践では，高等部の生徒たちが，公共交通機関を利用して出掛ける計画を友達と一緒に考え，その計画を実行したり，計画通りにいかなかったことを友達と話し合って問題解決を図ったりすることで，公共交通機関の利用への自信を高め，移動手段の幅を広げられるようにしました。

　対象生徒は，失敗に強い抵抗感を抱いていましたが，以下に示す自己決定力を発揮する実践のサイクルを通し，うまくいかないことがあっても教員や友達と問題解決を図っていく経験を重ねたことで，失敗を悪いこととして捉えず，「うまくいくためにはどのようにすればよいか」と，主体的に問題を解決していくようになりました。

【この単元における自己決定力を高める実践のサイクル（三大要素）】

サポート・配慮：事前にトラブルが起きた場合の対処パターンを考えておく。

必要に応じてサポート・配慮を与える

自己決定力

児童生徒主導の学びの柱『K-W-H-Lチャート』

自己決定に関わる力・スキルを練習し，実践する機会をつくる

自己決定に関わる力・スキル指導

目指す姿：様々な選択肢の中から公共交通手段を選んで，実際に一人で利用することができる。

力・スキルの指導：単元計画参照

〈意志行動／決める〉
- ✓ 選択
- ✓ 意思決定
- ✓ 目標設定
- ✓ 計画作成

〈主体行動／行動する〉
- ✓ 目標達成
- ✓ 自己管理
- ✓ 問題解決
- ✓ 自己主張

〈信念／信じる〉
- ✓ 自己の気付き
- ✓ 自己理解

実践する機会：切符の購入方法等，模擬のツールを使って練習した後に，実際に利用体験をする。

【自己決定力を高める学びの柱『K-W-H-Lチャート』】

What I **K**now 知っていることは何？	What I **W**ant to Know 知りたいことは何？	**H**ow Will I Learn どうやって学びたいの？	What I **L**earned 学んだことは何？
・バスの乗り方，降り方 ・学校からA駅までバスを使って行く方法 ・電車に乗るためには切符が必要 ・電車を使うと短時間で遠くまで行ける	・目的地まで行く方法 ・バス時刻や電車時刻の調べ方 ・切符の買い方 ・電車の乗り方，降り方	・タブレット端末を使ってインターネットで調べる ・先生や友達と話し合う ・切符の買い方や電車の乗り方，降り方を練習してみる	・バス時刻や電車時刻の調べ方（行き，帰り） ・A駅から電車を使ってB駅まで行く方法 ・路線図にある乗車料金の見方と切符の買い方 ・改札口を通って電車に乗る方法

対象生徒が実際に発表（記載）した内容

第Ⅱ部　実践編

生活単元学習　学習指導案

1. 単元名　「行ってみよう！ ～公共交通機関を利用した移動方法の習得～」

2. 単元設定の理由

（1）生徒観

　本学習グループは１年生が１名，２年生が２名，３年生が２名の計５名（男子３名，女子２名）である。それぞれ，実際的な活動を通して知識を増やしたり，失敗から改善点に気付いたりする力がある。初めての活動には消極的だが，友達と一緒に活動したり，見通しをもったりすることで挑戦してみようとする姿が各自の生徒に見られる。

　対象生徒は，高等部１年生の男子生徒である。文章を読み，その内容や意図を理解することは苦手だが，漢字検定４級を取得しており，説明書や教科書に書かれた文章を正確に読むことができる。また，時間や時刻の計算が正確にできる。公共交通機関を利用した校外学習や調理など，興味・関心が高いことに積極的に挑戦するが，うまくいかないことがあると感情のコントロールが難しくなる。

（2）単元観

　本単元では，「電車やバスに乗って一人で遠出をしたい」「友達と出掛けたい」といった生徒それぞれの思いや願いを，自分たちの力で実現していけるよう，出掛ける計画を立て，実行に移し，計画通りにできたかどうかを振り返り，再度出掛ける計画を立てて行くといった流れを繰り返す。目的意識をもって活動し，実際の経験を通して達成感を得ながら活動が発展していく単元構成にしたり，振り返りを充実したりすることで，新しいことにも自ら挑戦していくようになることが期待できる。

　対象生徒は特定の時間の路線バスを利用できるが，乗り慣れていない時刻や路線への乗車，乗り継ぎなど，普段の状況と異なる場合においてバスの利活用に課題が見られる。バスや電車の路線や時刻を調べる方法を習得し，指定された時刻までに目的地へ到着できるよう移動する計画を立てたり，遅延などのトラブルへの対処方法を獲得したりすることで，自分の行動範囲を広げたり，普段とは異なる状況になっても主体的に問題を解決していくようになることが期待できる。

（3）指導観

　全体の指導では，互いの経験や考えを参考にし合って活動できるよう，ペアやグループで話し合う活動を取り入れる。また，話合い活動において自信をもって自分の意見を出せるよう，個別に思考する時間を確保し，話合いの中でそれぞれの考えを共感的に受け止められるようにする。

実践 10　特別支援学校高等部　生活単元学習

3．単元目標

（1）全体目標（3観点）

知識及び技能	・バスや電車の時刻の調べ方や，乗車料金の支払い方法が分かり，バスや電車を利用することができる。	国語科1段階 内容：思考力，判断力，表現力等等‐A聞くこと・話すこと‐オ
思考力，判断力，表現力等	・集めた情報から，必要なものを取捨選択してよりよい移動計画を立てたり，予期しない状況に陥った際の解決方法を考えたりして行動に移す。	社会科1段階 目標：イ 内容：イ‐（ア）㋑
学びに向かう力，人間性等	・バスや電車を利用して，色々なところへ行ってみようとする気持ちをもったり，自分の生活を充実させようとしたりする。	数学科1段階 目標：A数と計算 内容：（イ）㋐

（2）個人目標（対象生徒）

知識及び技能	・タブレット端末のマップアプリケーション，インターネット上の様々なサイトを活用して公共交通機関の時刻を調べ，バスや電車を利用できる。	国語科1段階 内容：思考力，判断力，表現力等等‐A聞くこと・話すこと‐オ
思考力，判断力，表現力等	・友達のもっている情報と自分のもっている情報を比較し，よりスムーズに移動できる計画を考えたり，教員や友達の意見を取り入れながら想定外の状況に対処したりする。	社会科1段階 標：イ 内容：イ‐（ア）㋑
学びに向かう力，人間性等	・バスや電車を利用して出掛けることで，自分が生活する上で必要な場所や行きたい場所へ行きやすくなることを知り，状況に応じながらバスや電車を利用しようとする。	

4．自己決定力を高める実践のサイクル（三大要素）を促す対象生徒に焦点をあてた単元構成のポイント

意志行動：決める

・学習計画を立てていく場面では，『K-W-H-L チャート』を活用したワークシートを用いて，今知っていること，これから知っていく必要があることを整理し，学ぶために用いる手段（調べる，一人で考える，みんなで話し合う，練習する，その他）を選択肢から選んで記載する。

・友達や教員と話し合って計画を立てる場面では，想定される問題（道が分からなくなる，時間に間に合わなくなる等）や，問題が起きたときの対処方法（人に聞く，学校に電話する等）について考える時間を設け，問題解決の手段を準備する。

主体行動：行動する

・移動計画に基づいてバスや電車を利用していく場面では，普段とは異なる状況や想定外の出来事が起こっても，主体的に問題を解決する方法を考えて行動に移す。

信　念：信じる

・出掛けた後の振り返りの場面では，計画通りにできた場面やうまくいかなかった場面を写真や映像で振り返る。成果や改善点について友達と意見を出し合うことを通して，うまくいかないことがあっても教員や友達と解決することができるという自信をもつ。

第Ⅱ部　実践編

5．単元計画（本時：13／19時間目）

☆『K-W-H-L チャート』の活用

時数	主な学習活動（全体）	自己決定力を高める 10 のスキルとの関連
1	**学習計画を立てよう** ・これまでの経験や，自分がもっている情報の中から，バスや電車を利用して友達と行ってみたいところを発表する。 ☆これからの学習に向け，『K-W-H-L チャート』を活用し，バスや電車の利用について①知っていることやできること，②知りたいことやできるようになりたいこと，③知る・できるようになるための方法について考え，発表する。	**【選択】** ・学習計画を立てる場面では，5人の生徒が提案した「行ってみたいところ」から，1日の授業時間（9：30～14：00）の中でバスや電車を使い，行って帰ってくることができそうな場所を選ぶ。 **【意思決定】** ・目的地や路線，乗車時刻を決める場面では，個別に考えた目的地までの行き方や乗車するバスや電車の路線，出発時刻を発表し合い，それぞれが考えた計画の中からどの計画が最もうまくいきそうかを決める。
5	**バスに乗って出かけよう①** ・目的地やバスの路線，乗車時刻を決める。 ・自分の思いや調べたことを友達に伝えたり，友達や教員と話し合ったりして計画を立てる。 ・自分たちが立てた計画に沿って活動する。 ・振り返りを通して，できたことや改善したいこと，次の校外学習で行ってみたい場所などを発表する。	**【目標設定】** ・授業の導入の場面では，本時の課題に対して「調べる・一人で考える・みんなで話し合う・練習する・その他」の選択肢から自分がどのような方法や順番で解決していくか目標を立てる。 **【計画作成】** ・タブレット端末を活用し，路線や乗車時刻を調べて移動計画を立てる場面では，マップアプリケーションやバス会社のバス時刻検索サイト等の選択肢からどのサイトやアプリケーションを活用するかを決める。
5	**バスに乗って出かけよう②** ・目的地やバスの路線，乗車時刻を決める。 ・自分の思いやその理由，調べたことを友達に伝えたり，友達と話し合ったりして計画を立てる。 ・自分たちが立てた計画に沿って活動する。 ・振り返りを通して，できたことや改善したいこと，次の校外学習で行ってみたい場所などを発表する。	**【目標達成】** ・授業のまとめの場面では，本時の課題がどの程度解決できたか，課題を解決するための方法や順番は適切だったか，自分の目標の達成度を評価する。 **【自己管理】** ・話し合って計画を決める場面では，自分の思いや考えを伝えたり，友達の考えを受け入れたりし，全員が納得できるように物事を決める。
6 本時 (2/6)	**電車に乗って出かけよう** ・目的地や電車の路線，乗車時刻を決める。 ・自分の思いやその理由，調べたことを友達に伝えたり，友達と話し合ったりして計画を立てる。 ・切符の購入方法や改札口を通って電車に乗る方法を調べ，練習する。 ・自分たちが立てた計画に沿って活動する。	**【問題解決】** ・移動計画を立てる場面では，想定外の問題が起きた場合の対処方法を考えておく。 ・振り返りの場面では，動画や写真を見ながら出掛けた場面を思い出し，何が分からなかったのか，なぜ困ったのかということを具体的に言語化し，どのように解決を図っていけばよいか提案する。 **【自己主張】** ・自分が調べた内容を友達に伝える場面では，利用する店舗やバスの路線，時間など，校外学習に必要な情報を自分が選択した方法で収集し，自分が調べた内容をタブレット端末に入力して正確に伝える。
2	**学習発表をしよう** ☆単元を通して学習したことを振り返り，『K-W-H-Lチャート』を活用して学んだことや自分の思い，これからやってみたいことなどをワークシートに記入する。 ・ワークシートに記入したことを発表し合い，友達との共通点や違いを知る。 ・グループで学んだことを友達と一緒に学部の全員に向けて発表する。	**【自己の気付き】** ・出掛けた後の振り返りの場面では，「よかったこと」「分からなかったこと・困ったこと」「学んだこと」「次やってみたいこと」の項目で自分の考えを発表する。 **【自己理解】** ・授業の導入の場面では，前時までの学習を振り返り，クイズ形式で学んだ内容を確認したり，既に知っている情報やまだ知らない情報について整理したりする。

実践 10　特別支援学校高等部　生活単元学習

6．対象生徒の個別の教育支援計画と個別の指導計画との関連

【個別の教育支援計画にある本人の思いや願い】

・食品関係の仕事に就きたい。　・バスや電車を使って出掛けたい。　・買物や料理を一人でできるようになりたい。

【個別の指導計画における学習指導要領の各教科・目標及び内容との関連】

高等部社会科1段階　＜関連する内容：イ-（ア）④＞
・公共交通機関を利用して移動する方法が分かる。
高等部国語科1段階　＜関連する内容：思考力，判断力，表現力等等-A聞くこと・話すこと-オ＞
・友達に自分の考えを伝えたり，友達の意見を受け入れたりしながら，問題解決の方法を話し合う。

　生活単元学習では，「バスや電車を使って出掛けたい」という本人の思いの実現のため，高等部社会科1段階より「イ　公共施設の役割と制度」を取り上げ，社会生活をより快適に営むため，現在や将来の生活において公共交通機関を適切に利用する方法を考えられるようにした。また，学んだことを社会生活に生かし，社会に主体的に関わっていくために，高等部国語科1段階の思考力，判断力，表現力より，「A　聞くこと・話すこと」を取り上げ，人との関わりの中で問題解決を図っていくことができるよう，自分の考えを相手に理解してもらえるよう説明したり，互いの思いや考えを伝え合ったりしながら，互いの意見の共通点や相違点に着目して，自分の考えをまとめていけるようにした。

7．対象生徒の「自立活動」の目標と合理的配慮

【自立活動の目標】＜心理的な安定＞＜コミュニケーション＞

・自分が想定したことと違う状況になってしまい，次に取るべき行動が分からなくなったときは教員や友達に相談したり，自分の気持ちを伝えたりする。

【生活単元学習における合理的配慮】合理的配慮の観点（①-2-3）

・これまでの経験から自分が困る状況について整理し，教員と一緒に自分が困る状況への対処パターン（教員や友達に相談する，助けを求める方法等）を考えて，自分が困る状況への対応策を準備する。

8．対象生徒への個別最適化と協働的な学びを促すポイント

【個別のICT教材】

・何を考えればよいのか，どのような順番で考えればよいのかが分かり，自分の思考を整理できる枠組みとして Keynote※を活用したワークシートを準備する。

　※ Keynote…プレゼンテーション用のアプリケーション。豊富なテンプレートをもとに，直感的な操作でテキスト，画像，グラフ，表，図形を追加し編集できる。

【合理的配慮】

・不安が強いときは，教員が一緒に静かな場所へ移り，本人の気持ちを聞き取りながら，状況をホワイトボードに書いて整理する。

【学習支援体制】

・自分の考えに理由を付けて意見を話すことができるように「○○○なので□□さんの意見がよいと思いました。」「○○○をすると□□□になるので△△のほうがよいと思いました。」等の話形の選択肢をホワイトボードに提示する。

第Ⅱ部　実践編

・友達の意見に対して，自分の考えを伝えられるように，「○○さんは□□って話していたけれど，どう思う？」等と教員が問い掛ける。
・焦って安易に答えを出すことにならないよう，個別に思考する時間を保証する。

9．本時の学習活動

（1）本時の目標

　調べ学習や模擬練習用タブレット端末の操作を通して，券売機で切符の購入する方法が分かる。

（2）学習活動の場面（本時：14／19）

時間	主な学習活動	教員の指導（・），生徒の活動（○），支援・配慮（＊）	
導入10分	1　既習の内容を覚えているか確認する。 2　本時の課題を解決するための学習方法（目標）を決める。	・前時までに学習した名称「券売機」「改札口」「路線図」等と実物（画像）の認識ができているかを確認するために2択クイズ形式を行う。 ○提示された名称と一致する正しい写真を2つの選択肢から選ぶ。 ・券売機での切符の購入方法を覚えるために，どのような方法で学習していくか意見を求める。 ○どのような方法や順番で学習を進めるかを考え，発表する。 ＊「調べる，一人で考える，話し合う，練習する，その他」のカードを提示することで，カードを手掛かりにして学習方法を考えることができるようにする。　4段階	クイズ形式で言葉と実物（画像）が一致しているか確認	カードを提示しながら，「どの方法だと，券売機の使い方が分かるようになるかな？」等と考えを引き出すことができるように問い掛ける。
展開30分	3　券売機を使った切符の購入方法を調べる。 4　全体の場で個々の考えを発表し合い，切符購入までの手順を整理する。	・券売機での切符の購入方法について，タブレット端末を活用して調べたり，調べたことをまとめたりする場を設ける。 ○調べた情報をワークシートに打ち込む。 ＊収集した情報を整理するためのツールとして，Keynoteを活用したワークシートを準備し，使い方を紹介する。　3段階 ・券売機で切符を買うときのイメージをもちながら手順を整理できるよう，模擬練習用教材（タブレット端末）を使って友達と一緒に練習する場を設ける。 ○模擬練習用教材（タブレット端末）を操作して，券売機で切符を購入する練習をする。 ＊模擬練習用教材（タブレット端末）を準備し，実際に切符を購入する場面を想定しながら繰り返し練習できるようにする。　2段階	Keynoteで作成した券売機の模擬練習用教材	調べた内容を，ワークシートのどの枠に，打ち込んでいけばよいか気付けるように「購入方法の手順はどこに打ち込めばいい？」等と問い掛ける。 模擬練習用教材（タブレット端末）を指差して，「失敗してもやり直せるから繰り返し練習をしよう」と伝える。
終末10分	5　まとめをする。	・本時の目標がどの程度達成できたか評価する場を設ける。 ○本時の目標に対してどのような評価をしたか発表する。 ＊達成度を5段階評定（5：完全に覚えた，4：大体覚えた，3：少し覚えた，2：あまり覚えられなかった，1：全く覚えられなかった）で評価できるようにする。　1段階		

〈知的障害のある児童生徒へのサポート7段階〉

1段階：子供の様子を見守る　2段階：ジェスチャーを使って子供がやるべきことを促す　3段階：言葉掛け　4段階：視覚的提示
5段階：見本を示す，模倣する　6段階：子供の体を動かし行動のきっかけを与える　7段階：子供の体を支持して動かす

10. 単元を通して見られた対象生徒の自己決定についての変容

学習活動の初期

【行ってみたい場所を選択する場面】
　学校の所在市内で行ったことがある飲食店や，アミューズメントパーク，公共施設（公園，図書館，美術館）等について友達と情報共有を図り，その中から自分が「行ってみたい」と思った場所を2ヶ所選択する場面では，自分の行ったことがある場所のみ選択した。

> 行ったことがある場所は見通しがもてて安心できるので，行ったことがある場所を選択する。

【友達と出掛ける先を決定する場面】
　出掛ける先を決めていく最終過程で，意見が3つに分かれた。どのように決めるか教員が問い掛けると「多数決で決めればよい」と提案した。その提案でよいか友達の同意を求めるよう促すと，「○○さんは多数決でもいいですか？」と一人一人に聞き，全員から承諾を得た。その後，多数決で行き先を決めたときに自分の希望が通らなかったが，結果に納得していた。

> 行ったことがない場所だったが，どのように決めるかは自分で考えたことなので結果に納得する。

学習活動の中期

【バスで移動する計画を立てる場面】
　バスを乗り継いで目的地へ行く計画を立てた。乗り継ぎのバス時刻が異なる2パターンの計画が出たため，どちらの計画がよいか友達と話し合って決めることにした。「間に合えば早いほうのバスに乗って，間に合わない場合はその次のバスに乗ればよい」という友達の意見に賛同し，「間に合えば○時○○分，間に合わなかったら○時△△分に乗ります」と話した。

> 状況に応じた対処方法の選択肢をつくっておくことで，安心できることを友達の考えから気付くことができた。

【バスで移動する計画を立てる場面】
　バスを使ってA駅周辺にあるクレープ屋へ出掛けた。教員はできるだけ見守り，生徒の後ろをついて行くようにした。学校から出発する際は先頭を歩き，その都度「○時○○分のバスに乗って，A駅で降りて，□□クレープを注文します」と友達や教員に計画を確認しながら行動した。

> 計画に見通しがもてているので，自信をもって行動できた。

学習活動の終期

【出掛けたときに起こった想定外の問題を解決する場面】
　バスを乗り継いでアミューズメント施設へ出掛けた。昼食場所が混み合っていたため，予定していたバスに乗ることができるよう急いで昼食を食べるか，それともバスの乗車時刻を変えるか尋ねると，「○○さん（友達）は，大変だからバスの時間を遅くする」と話した。「友達は食事を食べ終えるまでに時間がかかるため，急いで食べることが難しい」という問題に対して，「当初予定していたバスの時刻を変更する」ということを自ら提案し，問題解決を図った。

> これまでの学習の経験を生かして，自ら乗車時刻を変える判断をして問題を解決できた。

【振り返りの学習の場面】
　出掛けたときの様子を動画で見返した。教員がバス時刻を変更した判断についてどう思ったかを尋ねると，生徒全員がよい判断であったと話した。対象生徒も「○○さん（友達）がご飯を全部食べることができたからよかった」と話した。

> 問題解決を図るためにとった行動が友達から評価され，自分でもそのことを肯定的に評価できた。

【これからやってみたいことを発表する場面】
　学んだことを生かして，これからやってみたいことを発表する場面では，「家族で電車に乗って旅行したい」「友達とバスに乗って旅行したい」と話した。

> バスに乗って出掛けることに自信がつき，新しいことに挑戦しようという意欲が高まった。

11．自己決定力の評価

　単元開始前と単元終了後に，本単元における自己決定力を発揮する三大要素を意識した質問項目についてアンケートを実施した。アンケートは以下の3項目について「1．全く自信がない ～ 6．とても自信がある」の6段階で回答を求めた。その結果から，単元開始前と比較し，単元終了後は自己決定の三大要素を意識した各項目について自信をもてたことが分かった。

＜アンケート項目＞
①出掛ける目的（食べる・観る・楽しむ）や目的地を友達と決めることはできますか。
　　　　　　　　　　　　　　　　　　　　　　　　　　　　　　　　　　【意志行動に関連】
②出掛ける際に計画を立てて，友達と仲よく行くことができますか。【主体行動に関連】
③バスや電車を利用して自分の行きたいところへ移動できる自信はありますか。【信念に関連】

＜アンケート結果＞

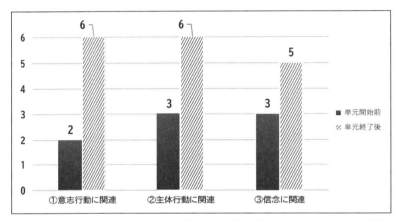

自己決定の三大要素を意識した項目の単元開始前と単元終了後のアンケート結果（対象生徒）

12．自己決定力の高まりによる波及効果

　現場実習では，A駅までバスを使うことになった。A駅東口に来る実習先の送迎車の到着時刻に合わせ，A駅西口（バスターミナル）からの移動の時間も考慮しながら，行きと帰りのバス時刻について一人で調べた。「バスや電車を利用して目的を果たす」といった成功体験を繰り返し積んだことで，出掛ける計画を立てるときはどのようなことを考えればよいのか，どのような方法で計画を立てればよいのか，といった要領を得ることができ，それがバスを利用することへの自信につながったように思われる。

　現場実習中は，帰りのA駅から自宅周辺のバス停までの乗車時刻をA駅に着いた時刻に合わせて柔軟に変えていた。また，見通しがもちにくい予定があったり，考えることが難しい質問をされたりしたときに，「分からないです」「教えてください」などとすぐに援助要請ができるようになってきた。

実践11　寄宿舎　自立活動

実践11　寄宿舎　自立活動

生徒自身で予算を調達し，生活を組み立てる寄宿舎での指導

「チャレンジルーム 〜自分で予算を調達して生活を組み立てよう〜」

【実践の概要】

　対象生徒は「自分でできることをたくさん増やしたい」「友人や先生と楽しく学校生活を送りたい」という目標をもっています。一方で，彼は決められたタイムスケジュールや手順で生活を営むことはできますが，何も決められていない場では指示待ち傾向が強く，自ら生活を組み立てることが難しいという課題があります。生徒自身で予算を調達し，日常生活の組み立てを考えることは，自分でできることを増やし，生活を楽しむことに寄与すると考えられます。この実践では，生徒自身が生活を組み立てることで「やりたいこと」「やらなければ困ること」の取捨選択や優先順位を決める機会を設定し，自己決定力を高められるようにしました。

　また，生活に必要な予算を自分自身で考えた方法で調達することで，生活と職業（金銭）のつながりを意識できるように意図しています。これらの実践を通して，対象生徒は主体的に生活を組み立てたり，自発的に行動したりすることができるようになってきました。

【この活動における自己決定力を高める実践のサイクル（三大要素）】

サポート・配慮：
・自身のやりたいことを導き出すために，好きなこと，得意なことを書くプリントを用いて「これを根拠にすれば導ける」と気付きをうむ環境設定。
・高等部生を「文字入力のサポート役」として配置し，AIとの会話，プロンプト作成時など，困ったときに一緒に入力できるようにする。

実践する機会：実際にお金を稼ぐための様々な方法や生活で必要な情報（調理レシピ，外出方法等）をAIを使って調べ，自ら考え，指示を出されずに日常生活の動きをどうするかを体験させる。

目指す姿：自分の生活を豊かにするために，生活の工夫や予算の確保の仕方を体験する。

力・スキルの指導：活動計画参照

自己決定力

必要に応じてサポート・配慮を与える

児童生徒主導の学びの柱「K-W-H-Lチャート」

自己決定に関わる力・スキル指導

〈意志行動／決める〉
✓ 選択
✓ 意思決定
✓ 目標設定
✓ 計画作成
〈主体行動／行動する〉
✓ 目標達成
✓ 自己管理
✓ 問題解決
✓ 自己主張
〈信念／信じる〉
✓ 自己の気付き
✓ 自己理解

自己決定に関わる力・スキルを練習し，実践する機会をつくる

【自己決定力を高める学びの柱 『K-W-H-L チャート』】

What I Know 知っていることは何？	What I Want to Know 知りたいことは何？	How Will I Learn どうやって学びたいの？	What I Learned 学んだことは何？
・ごはん　たべる ・おふろ ・じてんしゃ ・やきゅう ・ランプ	・ランプ　うる ・おこのみやき ・おかし　たべる ・からあげ　たべたい ・どこ　いく？	・あいぱっど（iPad） ・パソコン ・きく（友人や先生に）	・からあげ　レストラン ・からあげ　おかね ・つくって　うる ・あいぱっど　きく ・おふろ　よる（夜）

対象生徒が実際に発表（記載）した内容

第Ⅱ部　実践編

チャレンジルーム　活動指導案

1．活動名　「チャレンジルーム※～自分で予算を調達して生活を組み立てよう～」

※チャレンジルーム…普段，寄宿舎では日課表（時間や内容が決められている）に沿って生活を営んでいるが，チャレンジルームは時間や内容をすべて取り払い，何も決まっていないところから生徒自身で考えて生活を組み立てる活動である。また，チャレンジルームで使う予算も生徒自身が調達することにした。

2．活動設定の理由

（1）生徒観

　活動グループは，中学部1年生～高等部3年生の生徒6名が在籍する異年齢集団である。学力，コミュニケーション力，金銭理解度，作業能力，自己決定力などに幅がある。また，寄宿舎行事や係活動などの場面では高等部生がリーダーシップを発揮し，中学部生は受け身になる場面が見られる。

　対象生徒は中学部2年生の男子生徒である。文字の読み書きが苦手で発語も不明瞭さがあるが，ジェスチャーや実物・写真等を用いながら意思を伝え，他者とコミュニケーションを取ることができる。音声での指示理解度は高く，他者の話や意図を汲み取ることもできる。意思決定の場では，指示待ちや友人の決めたことを模倣することが多い。

（2）活動観

　活動は，大きく分けると「チャレンジルームで使う予算の調達」と「チャレンジルームで生活を組み立てて営む活動」で構成されている。そこでは，各自で調べる，選択する，決定する，実施する，話し合うといった5つの活動が軸になる。個人の裁量を増やし，自由度の高い活動として設定している。

　対象生徒に対しては，個別最適化のツールを用いて主体的に取り組めることを増やし，集団では，定期的に集まり各自で決めたことや進捗状況を話し合ったり，他者の活動を見学・手伝う場面を設定したりして，協働的に学ぶことのできる活動とする。

（3）指導観

　全体の指導では，各自の興味・関心や得意なこと・やりたいことをもとに各自が自己決定し，実行する場を設ける。また，定期的な話し合いと振り返りを通して，活動の"現在地"を客観的に把握し"課題"と向き合うことで修正や協力を促し，協働的な学びの中で向上できるようにする。一方で，生徒間の年齢や習熟度に差があるため，タブレット端末でのAI活用や個別プリントの活用，高等部生をサポート役として配置して一緒に取り組ませるなど，個別最適化を重視した活動とする。

実践11　寄宿舎　自立活動

3．活動目標

（1）全体目標（3観点）

知識及び技能	・多様な生活の仕方があること，それにはお金が必要なことを理解し，充実した生活を営むための知識・技能を深めることができる。
思考力，判断力，表現力等	・自分自身の興味・関心・得意なことを考え，自分自身に合った生活の仕方・予算調達方法を判断し，生活を組み立てること，予算調達をすることができる。
学びに向かう力，人間性等	・自己決定した生活の仕方・予算調達方法を遂行し，他者と振り返ることで修正，向上させて，寄宿舎や家庭で般化し，自身の生活を豊かにすることができる。

（2）個人目標（対象生徒）

知識及び技能	・学校近辺の外食や外出余暇について知り，それにはお金が必要だと理解できる。
思考力，判断力，表現力等	・他者との伝え合いや個別プリント，生成AIを使用することで，自分自身に合った生活の仕方や予算調達方法を選択・決定することができる。
学びに向かう力，人間性等	・自己決定した生活の仕方・予算調達方法を遂行し，他者と振り返ることで自身の考えや方法を修正，向上させることができる。

4．自己決定力を高める実践のサイクル（三大要素）を促す対象生徒に焦点をあてた単元構成のポイント

意志行動：決 め る

・各自で主体的にやりたいことを考えたり，提示された選択肢の中からやりたいことを決めたりする活動を通して，自分なりの生活の仕方や予算調達方法を決める。

・決められたことを極力なくし，白紙の状態から思考することで主体的にアイデアを出す。

主体行動：行動する

・自分自身で調べる，相談する，考える活動を通して，生活の仕方や予算調達方法について調べたり，他生徒と話し合ったりする。

・予算調達方法の遂行では，予算調達に向けた準備，製作，販売などを行う。

・決定事項や進捗状況の発表・話し合いなどを通して他者の意見を聞くことで，自身の活動の課題や良い点に気付くとともに，必要ならば修正を図る。

・自己決定した生活の仕方・スケジュールを基に主体的な生活を営む。

信　念：信じる

・生徒自身が好きなこと，得意なこと，興味のあること，成功体験などを認識し，自己理解を深めることで自分なりの生活の仕方や予算調達方法の選択・決定がスムーズにできるようにする。

・具体的な文言・評価基準を用いた評価表で自己評価を行い，フィードバックすることで修正・向上を図る。

第Ⅱ部　実践編

5．活動計画（計33回）　　　　　　　　　　☆『K-W-H-L チャート』の活用

時数	主な活動	自己決定力を発揮する10つのスキルとの関連
50分	**チャレンジルームの活動をイメージしよう** ・一人暮らしや様々な余暇の動画を見る。その後，時間や活動内容が書かれていない日課表をもらう。 ・チャレンジルームの概要を聞く。 　①生活を自分自身で組み立てる活動であること。 　②日課の順番や取捨選択を各自で考えること。 　③食事・余暇を各自で考えること。 ・チャレンジルームでやりたいことをイメージ。 　食事：調理？インスタント？外食？おやつ？など 　余暇：外出して遊ぶ？舎内で遊ぶ？など ・イメージした活動を発表する。意見を伝え合う。	**【選択】** ・日課，食事，余暇をどうするか，自分なりの生活の組み立て方を選択する。 ・自分なりの予算調達方法を選択する。 ・対象生徒には音声絵カード付きスケジュールアプリ（やることカード）を使用し選択の幅を広げる。
50分 × 2回	**【計画】チャレンジルームで使うお金を稼ごう** ・チャレンジルームの概要（前時）を思い出す。 ・イメージした活動（前時）をもとにチャレンジルームで使う金額を予測したり，調べたりする。 ・そのお金はどこから持ってくるのか考える。 →「自分で調達すること」に生徒が気付くような，発問と言葉掛けを行う。 ・予算調達方法を各自で考える。 　①好きなこと・得意なことを書くプリントを用いて「これを根拠に"やりたいこと"が導き出せる」という気付きを促す。 　②パソコンやタブレット端末，図書館などの活用や他者と意見を交わすことで具体的な予算調達方法を考える。 ・目標額と予算調達方法を発表。意見を伝え合う。 →各自が稼いだ予算は合算し，人数分で均等に割ることを伝え，協働的に活動するよう伝える。 ・自己評価シートを用いて自己評価を行う。	**【意思決定】** ・主体的に生活の組み立て方や予算調達方法をイメージして決める。 **【目標設定】** ・予算調達活動では各自の目標予算額と全体の目標予算額を設定する。 **【計画作成】** ・時間の使い方，作り方を工夫し，空き時間を使って各自で主体的に予算調達に取り組む。
適宜 10回 程度	**【実践】チャレンジルームで使うお金を稼ごう** ・自由時間を用いて各自で準備，実施する。 →今回の対象生徒は，ランプ製作と販売で予算調達を図っているが，他にはミニトマトの栽培・販売，職員から空き缶を回収してリサイクル工場に持ち込む生徒，牛丼販売など，方法は多様である。	
50分 × 2回	**チャレンジルーム①の計画を立てよう** ・各自の獲得金額と1人当たりの予算額発表。 →今回の1人当たり予算額は2,500円 ・イメージした活動と予算額に応じてチャレンジルームの予定を立て，日課表を作成する（対象生徒はアプリで作成）。	・チャレンジルームでは，自己決定した計画をもとに生活を営む。ただし，当日の気分，状況，体調などに応じて柔軟に調整するよう促す。

実践11　寄宿舎　自立活動

	☆『K-W-H-L チャート』「知りたいことは何?」「どうやって学びたいの?」に記入する。 →対象生徒はタブレット端末で AI を活用し，外食・余暇で必要な金額，レシピなどの調べ学習を行う。 ・各自の計画を発表し，意見を伝え合う。	【目標達成】 ・自分なりに予算を調達し，生活を組み立てることができたか，自己評価や発表，話し合いを通して振り返り，確認する。 【自己管理】 ・活動後は話し合いを行う。良かった点や課題を共有し，次回に向けて修正・向上を図る。 【問題解決】 ・生成 AI アプリでの調べ学習や他者とのやり取りを通して生活の組み立て方，外出，調理レシピ，買い出しなどの選択肢を増やす。 【自己主張】 ・発表や伝え合いを数多く行うことで，各自のイメージや具体案を主張する。 【自己の気付き】 ・他者の活動を見学し，生活の組み立て方や余暇は多様にあることを理解し，良い点は取り入れて自身の向上を図る。 【自己理解】 ・自分自身の好きなこと，得意なことを理解し，予算調達や生活を組み立てる活動に活かす。
5日	チャレンジルームの練習をしよう ・普段は日課表の時間に沿って生活を営んでいるが，これをなくし，日課（入浴・洗濯・余暇・就寝など）の時間を自己決定して生活を営む。	
2日 本時	チャレンジルーム①（1泊2日） ・自己選択，自己決定を繰り返して生活を営む。	
30分	チャレンジルームを振り返ろう① ・良かった点や課題を振り返り，シートに記入する。 ・振り返りを発表し，生徒や職員に意見を求める。	
4回	他者のチャレンジルームを見学しよう ・他者の活動を見て，自身の考えに取り入れたり，意見を伝え合ったりする。	
50分	チャレンジルーム②の計画を立てよう ・1回目の振り返りを活かし改善を図る。	
3日	チャレンジルーム②（2泊3日） ・内容は「チャレンジルーム①」同様。	
30分	チャレンジルームを振り返ろう② ・内容は「チャレンジルームを振り返ろう①」同様。	
50分	まとめ ☆『K-W-H-L チャート』「学んだことは何?」記入。 ☆『K-W-H-L チャート』，活動全体の感想を発表。 ・自己評価シートを用いて自己評価を行う。	

6. 対象生徒の個別の教育支援計画と個別の指導計画との関連

【個別の教育支援計画にある本人の思いや願い】

> ・自分でできることをたくさん増やしたい。
> ・友人や先生と楽しく学校生活を送りたい。

【長期目標（中学部）】

> ・友達と言葉を交わして，自分の要求や気持ちを伝えることや相手の気持ちを理解して行動を調整したり，協力したりすることができる。

第Ⅱ部　実践編

【学部との連携…本活動と関連する学習内容／個別の指導計画における学習指導要領の各教科・目標】

教　科	本活動と関連する学習内容	目　標
国　語	・生活と関わる文字の読み書き練習や単語とのマッチング，文字を模倣して書く練習を行っている。	（知及技）日常生活や社会生活に必要な国語の知識や技能を身に付けるとともに，我が国の言語文化に親しむことができるようにする。
数　学	・お金：金種の学習とお釣り等の計算方法について授業や宿題で学習している。 ・時計：時計が読めるようにお金同様に学習機会を設けている。	（学・人）数学的活動の楽しさや数学のよさに気付き，学習を振り返ってよく問題を解決しようとする態度，数学で学んだことを生活や学習に活用しようとする態度を養う。
職業・家庭	・家庭班（職業）では他者と伝え合い・振り返りをしながら販売するお菓子の調理やクラフト製品の製作を行っている。	（思判表力）将来の職業生活に必要な事柄について触れ，課題や解決策に気付き，実践し，学習したことを伝えるなど，課題を解決する力の基礎を養う。

7．対象生徒の「自立活動」の目標と合理的配慮

【自立活動の目標】〈人間関係の形成〉

・他者の活動との比較や意見交換，自己評価を通して自己に対する知識やイメージを形成することができる。

【本活動における合理的配慮】合理的配慮の観点（①- 2- 1）

・文字の読み書きの困難さ，発語の不明瞭さをカバーするために，タブレット端末やアプリ等のICT活用や，助けを求められた際は生徒や職員が代読する。
・生成AI活用時の文字入力やプロンプト作成は高等部の生徒とペアになって取り組む。

8．対象生徒への個別最適化と協働的な学びを促すポイント

【個別のICT教材】

・タブレット端末の絵カードアプリや音声検索，スケジュールアプリ（やることカード）を使用。
・生成AI（bing）アプリを用いて，AIを活用することで困難を克服する。

【合理的配慮】

・自身のやりたいことを導き出すために，好きなこと・得意なことを書くプリントを用いて「これを根拠にすれば導ける」という気付きを生めるような環境設定を行う。
・高等部生を『文字入力のヘルプ役』として配置し，ネット検索やAIとの会話やプロンプト作成時など，困ったときは一緒に入力できるようにする。

【学習支援体制】

・中1〜高3まで在籍する異年齢集団の強みを最大限生かすために，話し合いや伝え合い，困ったときは助け合うなど協働的に学べるよう留意する。ただし，自己決定を行う場面は個々の活動を中心に据える。
・学部との連携を密にして「学部（授業）で身に付けたことを発揮する場」として寄宿舎を活用する。

実践 11　寄宿舎　自立活動

9．本時の活動

（1）本時の目標

　本時は，生徒自身で組み立てた生活を体験することで，自由に生活を組み立てることの楽しさや難しさに気付き，主体的に行動することで生活を豊かにすることができるようにする。

（2）活動場面「チャレンジルーム①」（本時：21 ／ 33）

時間	主な学習活動	教員の指導（・），生徒の活動（○），支援・配慮（＊）	
15：30 下校後	・活動の優先順位，順番を決定	○予定表を参考に本日の動きをイメージする。 ・体調，状況，気分に応じて予定変更可能と伝える。	予定変更や修正は生徒自身で判断・決定して生活を営んでよいことを伝える。
	・入浴	○いつ入浴する?身体のどこから洗う?シャワーのみ or 湯船に浸かる?などを選択し，入浴する。	
	・洗濯	○いつ洗濯する?水・洗剤の量は?外干し or 室内干し?などを決めて，洗濯する。	すべての活動は見守り中心。
	・翌日の準備	○いつ翌日の準備をする?何を参考にする?などを考えて，翌日必要な物を準備する。	
	・余暇	○いつ?何を?誰と?どこで?外出 or 舎内で?外出なら予算は?交通手段は?などを決定し，余暇活動を行う。	タブレット端末を活用し，ネットスーパーで買い物をしたり，レシピを参考にしたりさせる。困ったときは生成 AI に助けを求めさせる。
	・夕食	○いつ食べる?何を?調理や買い物は必要?量は?などを考えて，夕食を食べる。 ＊タブレット端末を使用し，可能な限り本人だけで活動させる。 4段階　5段階	
	・清掃	○清掃は必要?汚れている箇所はどこ?いつ清掃する?道具は何が必要?などを考える。	
	・整理整頓	○整理整頓は必要?いつやる?などを考える。	必要に応じて対話や別の学習会で学んだ「人間関係」に関する資料や本を用いる。
	・就寝	○何時に寝る?必要な寝具は?目覚まし時計は必要?などを決めて，就寝する。	
	・その他	○予定表にはないが，やりたいことを行う。 ○人間関係でけんかやトラブルが起きたとき，困ったときはどう解決するかを考えて行動する。 ＊必要に応じて言葉掛けや見本を示す。 3段階　5段階	
	就　寝		話し合いを通してフィードバックを行う。客観的に見た良い点と課題を伝える。 課題克服に向けて今後は他者の活動の見学や2回目のチャレンジルームを行うことを伝える。
6：30 起床後	・起床 ・身支度 ・朝食 ・登校	○何時に起床する?などを決める。 ○朝風呂の有無，洗顔，歯磨き，着替えなどの順番を決める。 ○いつ食べる?何を?調理や買い物は必要?量は?などを考えて，朝食を食べる。 ○登校時間に間に合うように考えて行動する。	
	学校での時間		
15：30 下校後	・振り返り	○チャレンジルームを振り返り，良かった点，課題を発表し，その後に職員，他生徒それぞれの意見を伝える。 ○自己評価を行う。第2回目に向けて改善方法を考える。	

〈知的障害のある児童生徒へのサポート7段階〉

1段階：子供の様子を見守る　2段階：ジェスチャーを使って子供がやるべきことを促す　3段階：言葉掛け　4段階：視覚的提示
5段階：見本を示す，模倣する　6段階：子供の体を動かし行動のきっかけを与える　7段階：子供の体を支持して動かす

149

第Ⅱ部　実践編

10. 活動を通して見られた対象生徒の自己決定についての変容

学習活動の初期

【チャレンジルームの活動をイメージする場面】

　チャレンジルームの活動をイメージする場面では，すぐに「わからない」「おしえて」と助けを求めたり，近くの生徒が書いているプリントをのぞき込んだりしていた。自分の考えを発表し合う場でも，前の生徒が「焼き肉をしたい」と発言したことを真似て「焼き肉」と言っていた。

・何も決まっていない状況下では他生徒の真似や追随が多い。

【チャレンジルームで使うお金の稼ぎ方を考える場面】

　予算調達について個々で考える時間では，はじめは他生徒の動向を気にしていたが，好きなこと・得意なことを生徒や職員との対話や生徒自身が活動している写真を見ながら考え，プリントに記入する中で「つくるの すき」との発言があった。「何つくろうか？」と職員が問いかけると少し考えて「ランプ」と返答。以前に余暇活動でランプを作ったことがあり，覚えていたようだ。材料は貝殻で作ることに。予算調達につながる"やりたいこと"を出すことができた。

・好きなこと，得意なことを挙げることができた。
・経験してきた事柄から思い出すことができた。

学習活動の中期

【チャレンジルーム（1回目）の計画を立てる場面】

　この活動では生徒間の話し合いを通して，知っている（普段取り組んでいる）日課を挙げることから始めた。「ごはん」「おふろ」「じてんしゃ」などの発言があった。これらの取捨選択・順序立ての場面では，普段の日課スケジュールを基に生活を組み立てており，オリジナリティは薄いが，主体的に考えることができた。また「きゅうしょく」ではなく「ゆうしょくを つくる」との発言があった。

・普段の日課を基に自分なりの生活を組み立てている様子が見られた。
・夕食では「調理をしたい」という自己決定が見られた。

【チャレンジルーム（1回目）の場面】

　チャレンジルーム1回目では，自分で計画した予定表を基に生活を進めていた。日課の取捨選択，順序も特に変更はなく，普段通りの生活を営んでいた。唯一，違ったのは「調理」をしたこと。計画時に「おこのみやき たべたい」との言葉があったので，お好み焼きの材料・レシピをタブレット端末で検索し，ホットプレートでお好み焼きを作った。ちなみに，材料の調達方法を聞くと答えられなかったため，①スーパーに買い出し，②職員に頼む，③ネットスーパー利用と3つの選択肢を提示したところ，③を選択。ネットスーパーを利用して材料の注文・受け取りを行った。

・材料調達の方法を選ぶことができた。

【他者のチャレンジルームを見学した場面】

　対象生徒のチャレンジルーム1回目と振り返りが終わった後に，他生徒のチャレンジルームの見学と予定表を確認した。他生徒はお菓子を食べ，テレビゲームを楽しんでいた。これらは対象生徒のチャレンジルームにはなかった活動である。対象生徒は「ええ～，いいな～」と呟いていたので「あなたも自由に計画していいんだよ」と伝えると嬉しそうにうなずいていた。

・他者の取り組みを見て，興味・関心の幅が広がりつつある。

【チャレンジルーム（2回目）の計画を立てる場面】

　すぐに「おかし」「からあげ」と発言。しかし，それを深める様子がなかったのでＡＩを紹介すると，早速タブレット端末に話しかけていた。その後，高等部生に入力（プロンプト作成）を手伝ってもらいながら『ファミレスでからあげを食べる』ことに決めた。先輩の助言で，値段と予算を比べて予算内で買えることが分かり嬉しそうだった。また，予定表を一向に作らないので尋ねると「いらない」とのことだったので，その自己決定を尊重して予定表は作成しなかった。

・主体的な生活の楽しさに気付きつつある様子。

学習活動の終期

【チャレンジルーム（2回目）の場面】

　予定表はないが，自分のペースで生活を送っていた。まず，グラウンドへ行き野球を楽しんでいた。普段であれば入浴をしてから夕食となるが，入浴をせず「おなか すいた」と言い，ファミレスへ行き食事を楽しんだ。帰りにおかしを買い，舎に戻って食べた後に入浴と洗濯。終始，笑顔で活動し，就寝前に「たのしかった」と言っていた。

・自分の気持ちや"やりたいこと"に応じて生活を組み立てることができている。

11. 自己決定力の評価

「予算調達活動」「生活を組み立てる活動」に分けて自己評価として，シートに生徒自身が○を書く形で実施。

・予算調達活動（時数1～13）【計画（時数2）・実践（時数7）・実践後（時数13）】での自己評価

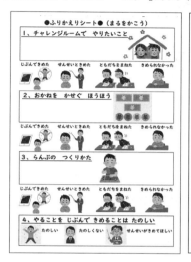

【自己評価の変遷（カッコ内は自己評価時の時数）】
1. チャレンジルームでやりたいこと
   友達を真似た（2/13）→先生と決めた（7/13）→自分で決めた（13/13）
2. お金を稼ぐ方法
   決められなかった（2/13）→自分で決めた（7/13）→自分で決めた（13/13）
3. ランプの作り方
   決められなかった（2/13）→先生と決めた（7/13）→先生と決めた（13/13）
4. やることを自分で決めることは楽しい?
   先生が決めて欲しい（2/13）→先生が決めて欲しい（7/13）→先生が決めて欲しい（13/13）

【考察】
予算調達 計画（時数2）と予算調達 実践後（時数13）の自己評価を比べると後者は「自分で決めた」へのチェックが増えており，経験を積むことで自信をつけていると考えられる。一方で"やることを自分で決めることは楽しい"の項目ではどちらも「先生が決めて欲しい」にチェックを付けており，自己決定力が身に付いたとは言い難い結果となった。

・生活を組み立てる活動（時数14～33）【チャレンジルーム①（時数22）・まとめ（時数33）】での自己評価

【自己評価の変遷（カッコ内は自己評価時の時数）】
1. あそび
   自分で決めた（22/33）→自分で決めた（33/33）
2. ごはん
   先生と決めた（22/33）→自分で決めた（33/33）
3. 日課の順番
   自分で決めた（22/33）→自分で決めた（33/33）
4. 生活を自分で決めることは楽しい?
   先生が決めて欲しい（22/33）→楽しい（33/33）

【考察】
チャレンジルーム①での"生活を自分で決めることは楽しい?"の項目では「先生が決めて欲しい」にチェックが付いていたが，チャレンジルーム②を終えた後のまとめでは「楽しい」にチェックが付いており，自分で決めて物事に取り組む楽しさに気付き始めたことがうかがえる。また，すべての項目が「自分で決めた」となっており，自己決定力が身に付いてきた証と言えるのではないだろうか。

12. 自己決定力の高まりによる波及効果

この活動を通して，主体的に意見を表出する場面が増えてきた。例えば，これまでは下校後まず遊び，すぐに入浴や洗濯することがルーティンとなっていたが，現在は夜も体育館で遊びたいときなど「おふろ よる はいりたい」と要求する場面が見られるなど，自己主張する姿が増えている。また，担任より「職業の授業では"彼自身が○○を作りたい"と主体的に要求・行動する場面が増えている」「休み時間も自分からやりたいことを見つけている」との報告があった。これも自己決定力の高まりによる波及効果だと考えられる。

第Ⅱ部　実践編

実践12　小学校特別支援学級　国語科

状況と相手に応じて丁寧に話すことで自信を高める授業

「話し方名人になろう：敬語」

【実践の概要】

　対象児童は，「自信をもって話をし，途中，不安になっても最後までやり遂げたい。」「友達となかよく活動したい。」という目標をもっています。この実践では，「話し方名人」になるという視点から，児童が色々な立場の方と話をする機会を設け，その時々で敬語を使うなどの丁寧な言葉を使うことで，状況に応じた話し方を知り，実際の場面で話すことに自信をもたせたいと考えました。

　対象児童は，日常の会話においては助詞をあまり使わずに単語で話すことが多く，語尾まで意識して話すことはあまり多くはありませんでした。また，間違う不安を示すことがありましたが，自己決定力を発揮する実践のサイクルを通して，うまく言えないときも経験を重ねたことで，「言い直せば大丈夫」と再度挑戦ができるようになり，丁寧な言葉で話すことが増え，話すことへの自信が高まる姿に変容しました。

【この単元における自己決定力を高める実践のサイクル（三大要素）】

サポート・配慮：ロールプレイや実際に話をしたときに何と話したらよいか分からなくなってしまったら，「自分の気持ちカード」を使用する。

目指す姿：場や相手に応じた適切な話し方に気付き，実際の場面で使うことができる。

必要に応じてサポート・配慮を与える

自己決定力

児童生徒主導の学びの柱『K-W-H-Lチャート』

自己決定に関わる力・スキル指導

力・スキルの指導：単元計画参照

〈意志行動／決める〉
✓ 選択
✓ 意思決定
✓ 目標設定
✓ 計画作成
〈主体行動／行動する〉
✓ 目標達成
✓ 自己管理
✓ 問題解決
✓ 自己主張
〈信念／信じる〉
✓ 自己の気付き
✓ 自己理解

実践する機会：立場の異なる相手に対して，話をする機会を設け，実際の場面に応じた話し方を試して，違いに気付くことができる。

自己決定に関わる力・スキルを練習し，実践する機会をつくる

【自己決定力を高める学びの柱『K-W-H-Lチャート』】

What I Know 知っていることは何？	What I Want to Know 知りたいことは何？	How Will I Learn どうやって学びたいの？	What I Learned 学んだことは何？
・おはようと言う ・最後までしゃべる	・話を聞く	・最後まで話す ・友達と話す ・先生の話を聞く ・よく話を聞く ・国語の勉強をする	・他の人の話を聞く ・言葉に気を付ける ・しつもんをつくるのがたいへんだけどがんばると思いつく

対象児童が実際に発表（記載）した内容

実践12 小学校特別支援学級 国語科

国語科　学習指導案

1. 単元名　「話し方名人になろう：丁寧な話し方（5年「敬語」）」

2. 単元設定の理由

(1) 児童観

　学級の5年児童は男子3名で，素直で課題に対して真面目に取り組む児童たちである。難しいと感じる課題に対しては，友達と話をしたり，友達をモデルにしたりして解決しようとする力がある。話し方については，思いついたことをそのまま言葉にするので「～なの？」「～だよ」といった語尾が多い。

　対象児童は，文章を読み，理解することは比較的得意であるが，思いを言葉にするときに時間がかかることがある。焦らなくてよいことを伝えると，ゆっくりと短い言葉で話をすることができる。また，慣れて自分が自信のあることを頼まれると「いいですよ。」と明るく対応することができる。しかし，新しいことに取り組むときには，不安になってしまうことがある。

(2) 単元観

　本単元では，小学校学習指導要領国語5・6年「知識及び技能」「(1) 言葉の特徴や使い方に関する事項」「キ　日常よく使われる敬語を理解し使い慣れること。」に関して，相手によって丁寧語で話すことができるようになることをねらいとする。言葉遣いを意識することは大切であるが，児童によっては場の空気を読んで話し方を変えることが難しいことが多い。敬語を使う例として，教科書では先生などが挙がっているが，友達のお母さんや6年生への話し方，休み時間に遊んでいる年下の児童にお願いに行くときの話し方などを考え，より日常の広範囲で使うことができるようになることを目指す。

　対象児童は，健康観察での「元気です」という定型の言葉には「です」をつけて丁寧に話すが，日常の会話においては「先生，ここいる？」「給食，まだ？」と思ったことを単語で話すことが多い。『K-W-H-L チャート』の「知っていることは何？」のところで「最後までしゃべる」と記入していて，語尾までしっかり話すことが大切だと感じているが，なかなか語尾までしっかり言うことができていないと感じている。

(3) 指導観

　全体の指導では，話をする対象が，自分にとって目上の立場なのかを図示し，丁寧な言葉で話す必要があるかを考える手立てとする。一人一人意見を出し合った後，クラスで話し合いを行う。また，その後練習を取り入れることで，自信をもって対象の相手と話ができるようにする。小単元ごとに学習の流れは同じにして，見通しをもつことができるようにする。

第Ⅱ部　実践編

3．単元目標
(1) 全体目標（3観点）

知識及び技能	・目上の人には丁寧な言葉遣いをする必要があることが分かり，丁寧語で話をするようになる。	国語科小学5年 (1) 目標　(1) (2) 内容　「知識及び技能」(1) キ
思考力，判断力，表現力等	・自分と相手の立場をイラストの位置で考えることで，目上の人には丁寧に話す必要があると判断しながら，丁寧語または尊敬語で話すことができる。	
学びに向かう力，人間性等	・支援学級で行う活動や場に応じて，進んで丁寧語または尊敬語をつかって話をしようとしている。	

(2) 個人目標（対象児童）

知識及び技能	・他の人と話をするときには語尾まではっきり話すことが大切だと分かり，丁寧に話をするようになる。	国語科小学5年 (1) 目標　(1) (2) 内容　「知識及び技能」(1) キ
思考力，判断力，表現力等	・自分と相手の立場をイラストの位置で考えることで，目上の人には丁寧に話す必要があると判断しながら，丁寧語で話すことができる。	
学びに向かう力，人間性等	・支援学級で行う活動や場に応じて，進んで丁寧な言葉をつかって話をしようとしている。	

4．自己決定力を高める実践のサイクル（三大要素）を促す対象児童に焦点をあてた単元構成のポイント

意志行動：決める

・学習計画を立てていく場面では，『K-W-H-Lチャート』を活用したワークシートを用いて，今知っていること，これから知っていく必要があることを整理し，この課題が自分にとって大切なものであることを意識できるようにする。

・自分に対する相手の立場を図示する活動を行い，敬語で話をする必要があるか考える。また，話す練習や実際に話をしているときに困ったら，友達に教えてもらう，友達のまねをするなど，うまくできなくても次につながる選択ができるようにする。

主体行動：行動する

・友達が困っていたら，違う言い方を教える。
・自分で考えた話し方で話す。

信　念：信じる

・「校長先生に質問する機会」を設定するが，その際も，練習したことがうまく使えることを信じて聞くことができる。たとえ困っても，担任や校長先生に助けを求めれば解決することができるという自信をもつ。

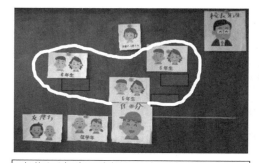

自分と6年生の立場を一人一人黒板に図示し，敬語が必要か話し合いをしたときの板書（友達のお母さんの少し下の場所を3人とも選んだ。自分より上だから丁寧語がよいという考えになった）

実践 12　小学校特別支援学級　国語科

5．単元計画（本時：17 ／ 22 時間目）

☆『K-W-H-L チャート』の活用

時数	主な学習活動（全体）	自己決定力を高める 10 のスキルとの関連
1	**学習計画を立てよう** ・「話し方，どちらが良いかクイズ」を行い，話し方の勉強を行う。これから，色々な人と話をすることを知る。 ☆振り返りとして，場によって丁寧な言葉遣いをする必要があることを認識してから，『K-W-H-L チャート』を記入する。「話し方名人」になるために①知っていること，②知りたいこと，③知るための方法について発表し考えを整理する。	**【選択】** ・「校長先生に質問する会」を進めるためにいくつか候補になる言い方がでたら，より適切な言い方を選ぶ。 **【意思決定】** ・複数の言い方が出たときは，より適切だと思った言い方を練習する。 **【目標設定】** ・本単元で，色々な人と話をすることを知り，それを達成するための見通しをもつ。
2	**敬語を詳しく知ろう** ・自分と校長先生の立場を図示し，校長先生は立場が上で，敬語で話す必要があることを確認し，丁寧語，尊敬語，謙譲語の使い方を学ぶ。	**【計画作成】** ・「卒業・進級お楽しみ会」で卒業生への寄せ書きを渡すので，それまで手紙の回収も行わなければならない。いつお願いに行ったらよいか，また，いつまでに手紙を書いてもらえばよいのか計画を立てる。
3	**友達のお母さんに質問しよう** ・好きなことなど何を質問するのか決める。 ・丁寧に話す必要があるか考える。（丁寧語） ・ロールプレイをする。 →時間外で友達のお母さんに質問をする。	
3	**6 年生に鼓笛の演奏の質問をしよう** ・音楽時，教えてもらうときの言い方を考える。 ・丁寧に話す必要があるか考える。（丁寧語） ・ロールプレイをする。 → （音楽）6 年生に質問する。（丁寧語） 　　（代案：委員会で委員長に質問をする）	**【目標達成】** ・卒業生への寄せ書きを完成させるという目標に向けて，分かりやすく相手に説明するために，何度も練習する。 **【自己管理】**
4	**低学年の人にお願いに行こう** ・低学年の児童に卒業生への寄せ書きをお願いするとき，何と言ったらいいのか考える。 ・丁寧に話す必要があるか考える。（丁寧語） ・ロールプレイをする。 ・よりうまく伝えるためにどうしたらいいか考え，改善する。 →低学年クラスにお願いに行く。	・必要に応じて教員に助けを求めることができる。言いたい言葉を覚えられないと感じたら紙に書く，紙を見ないで言いたいのならば言葉を短くするなど調整をする。 **【問題解決】** ・敬語を使うか普通の言い方でよいのかを自分と相手の関係を図に示し解決していく。
本時 (4/6)	**校長先生に質問し，尊敬語を確認しよう** ・校長先生のこと，学校のことについて聞きたいことを考える。 ・限られた時間なので，よりよい質問を選ぶ。 ・校長先生にどう話すか考える。（尊敬語・謙譲語・丁寧語） ・「校長先生に質問する会」を進めるための進行の言葉を考える。 ・ロールプレイをする。 ・「校長先生に質問する会」を進行し，質問する。	**【自己主張】** ・生活の中で上手に話せたことをみんなの前で発表する。 **【自己への気付き】** ・話し方を意識している自分に気付くことができるように振り返りを行う。
1	**電話でお願いするときの練習をしよう** ・社会科見学に向けての電話での依頼を想定し，ロールプレイで練習する。（謙譲語・丁寧語）	**【自己理解】** ・相手を意識して話をすることが，社会生活においても大切であることを確認する。
2	**単元の振り返りをしよう** ・ワークテストを行う。 ☆自分の単元の学習のフィードバックとして，学習したことを振り返り，自分でできるようになったことや「話し方の強み」について考えたことなど，学んだことを『K-W-H-L チャート』に記入する。 ・記入したことを発表し合い，自分たちができたことを確認する。	

第Ⅱ部　実践編

6. 対象児童の個別の教育支援計画と個別の指導計画との関連

【個別の教育支援計画にある本人の思いや願い】

- 自信をもって話をし，途中，不安になっても最後までやり遂げたい。
- 友達となかよく活動したい。

【個別の指導計画における学習指導要領の各教科・目標及び内容との関連】

国語　5年　1.　知識及び技能
- (1) キ　日常よく使われる敬語を理解し使い慣れること。

特別活動（学級活動）内容
- (1) 学級や学校における生活づくりへの参画
    ア　学級や学校における生活上の諸問題の解決

　国語では，「自信をもって話をすることができるようになりたい」という本人の思いの実現のため，小学校学習指導要領国語科5・6年「知識及び技能」「(1) 言葉の特徴や使い方に関する事項」「キ　日常よく使われる敬語を理解し使い慣れること」を取り上げ，必要に応じて丁寧語を使うことができるようになることを目指す。練習で緊張して話せなかったならば，あまり緊張しない人が一番最初に話をする，「言葉が長くてうまく言えなかった」と感じたら，短くするなどの改善を行うなど，友達と協働的によりうまく言うためにどうしたらよいかを考える機会とする。「みんなで考えるとよい方法がでてくる」「もう一回挑戦すればうまくいく」と感じられ，自分たちの課題を克服し「言えた！」という自信につなげていきたい。また，高学年として，「会を成功させる」という課題に向かって活動していけるようにする。

7. 対象児童の「自立活動」の目標と合理的配慮

【自立活動の目標】＜心理的な安定＞＜コミュニケーション＞

- 心配なときには，教員や友達の見本を見るなどして不安を軽減して活動に参加する。

【国語科における合理的配慮】合理的配慮の観点（①-2-3）

- 学習の進度が早いと感じたり，一度に聞き取る量が多いと感じたりすることがあるので，本人の様子を見て，教員が活動に時間の間をとり，本人が考える時間を作る。

8. 対象児童への個別最適化と協働的な学びを促すポイント

- 自分なら何と言うかを考えてJamboardにメモし，それをもとに友達同士でよりよい話し合いができるようにする。そして，言い方はいくつかあることに気付けるようにする。また，校長先生への質問の会の準備のときには，自分たちで必要な言葉を考え，実際に担当する人ごとにセリフの色を変え，会を進められるようにした。

※ Jamboard…タブレット端末上で付箋にメモするように記入できる。付箋の色を変えたり，付箋の順番を変えたりすることができる。

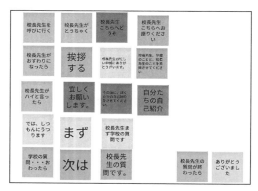

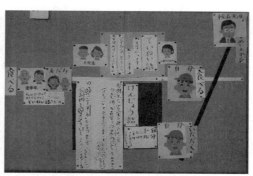

【合理的配慮】
・ロールプレイや実際に話をしたときに何と話したらよいか分からなくなってしまったら，「自分の気持ちカード」（難しいと感じたときに教員に役割を変わってもらいたいなどの気持ちを伝えるカード）を使用し，次につながるようにする。

【学習支援体制】
・教室の掲示で，すぐに振り返ることができるようにする。話す対象と自分の立場が視覚的に分かるようにし，丁寧な言葉で話す必要があるか考えるための手立てとする。
・ロールプレイで練習をすることで，本番で自信をもって話すことができるようにする。

9．本時の学習活動

(1) 本時の目標
本時は，「校長先生に質問する会」の話し合いを通じて，会を進めるために必要な言葉を考え，話す対象である校長先生に丁寧な言葉で話をするための練習ができるようにする。

(2) 学習活動の場面（本時：17／22）

時間	主な学習活動	教員の指導（・），児童の活動（○），支援・配慮（＊）	
導入 5分	1 前時までを振り返り，本時の課題を知る。	<課題> 「校長先生に質問する会」を成こうさせるために適切な進行の言い方を考え，練習をしよう。 ・校長先生への質問を考えたが，今日はそれを質問するための会での進行の言葉を考え，練習していくことを伝える。 ○校長先生に来ていただくルートを確認する。 ＊校長先生の校長室からの動きをホワイトボードに表す。 4段階	校舎の見取り図をラミネートしたものをホワイトボードに貼り，経路を確認したときに出てきた児童の言葉や気付きを余白に書き，次につなげる。
展開 30分	2 順を追って話す言葉を考える。	・教員が校長先生役をし，児童が会を進めないと教員は動かないようにし，どうすると会が進むのかを児童が自分たちの課題として考えられるようにする。 ○①校長室から教室まで歩いてくる場面，②教室に入ってからの場面の言葉を考える。 ○教員と一緒に，話す順番に言葉を並べ替え，話す分担ごとにJamboardの付箋の色を変える。 ＊Jamboardで協働作業ができるようにする。一人で考えるときには個人のページで，みんなで考えていくときには同じページで作業ができるようにする。 1段階 3段階 	自分の分担の言葉が友達からもたくさん候補としてでたときには，自分が書いた言葉の中から選んだらどうか提案する。 単元を通して使用する敬語の表を確認することで，相手によって丁寧に話す必要があることを意識できるようにする。

第Ⅱ部　実践編

展開30分	3 校長先生にどんな言葉で話したらよいか確認する。	・校長先生にはどのような言葉で話すとよいか確認する。 ○ Jamboard の付箋の文の文末が丁寧語になっているか確認する。 ○使える謙譲語や尊敬語がないか考える。 ＊敬語の表を見て確認する。 4段階	
	4 ロールプレイを行う。	・教員が校長先生役をし，教室にいらっしゃったところからロールプレイをするようにする。 ○自分の役割を確認しながらロールプレイをする。 ＊特に校長先生に座っていただくまでで，どう動いたらよいか分からないときには，教員が見本を見せる。 5段階	児童が考えた言葉を教員が話し，そこに動作を加え，イメージしやすくする。
終末10分	5 まとめをする。	・個別に自己決定についての度達成を評価し，感想を記入する場を設ける。 ○自己評価と感想を記入する。 ＊迷っている場合には，やったことを一緒に振り返る。 1段階 3段階	迷っているときには，やったことを教員と一緒に振り返る。

敬語の表：
けんじょう語	自分 身内 父・母 兄・姉 弟・妹	尊敬語（そんけいご） 目上の方 校長先生 先生 お客様
はい見する		ごらんになる
申す		お話しになる
うかがう	おる	おっしゃる いらっしゃる
いただく		いらっしゃる
いただく	お受け取りになる	めしあがる

〈知的障害のある児童生徒へのサポート7段階〉

| 1段階 |：子供の様子を見守る| 2段階 |：ジェスチャーを使って子供がやるべきことを促す| 3段階 |：言葉掛け| 4段階 |：視覚的提示
| 5段階 |：見本を示す，模倣する| 6段階 |：子供の体を動かし行動のきっかけを与える| 7段階 |：子供の体を支持して動かす

10. 単元を通して見られた対象児童の自己決定についての変容

学習活動の初期

【友達のお母さんにお聞きする質問を考える場面】

　友達の質問を聞いても，「好きな食べ物」など例を出してもなかなか質問が書けなかった。このときの振り返りで，「聞くことがむずかしかった」と書いていた。自己決定尺度30点満点中，「決める」が22点，「信じる」が16点であり，課題を解決する自信があるとは言えない様子であった。

学習に手ごたえを感じられていない。

【6年生に質問する場面】

　「ここを聞かせてください」「このリズムでいいか聞いてください」など，どの場面で，どんなことを質問したりお願いしたりするのかを事前に決めることができ，丁寧語で話した方がよいことも納得した。そしてロールプレイで練習ができた。
　しかし，いざ6年生に教えてもらうときには，教員に促されると質問ができたが，自分からは質問ができなかった。

練習ではできるが，まだ，本番でうまく言えないようだ。

学習活動の中期

【低学年の人にお願いに行くときの言葉を考える場面】

　どんなことを言う必要があるのか意見を出し合い，お願いの文章を考えたが，文章が長くてなかなか言えず，紙に書いて読むことにした。でも，「見ないで言いたい」という気持ちになり，文を短くし見ないで言うことに決めた。

「メモを見ないで言いたい」と，レベルアップしてきた。

【低学年の人にお願いに行く練習をする場面】
　難しいと感じ，1度は「（練習は）これで最後！」と言ったが，練習を続け，本番で堂々と紙を見ないでお願いができた。

「えいえい，おう！」とでみんなで掛け声をかけるようになり，もっとうまくできるようになりたいと，向上心がでてきた。

学習活動の終期　【校長先生への質問を考える場面】
　友達のお母さんに質問を考えた経験から，「こんな質問でもいいんだな」ということが分かってきたようで，自信をもって自分の質問を用紙に書くことができた。「どんなドラマがすきですか。」「なんで，この場所に学校が建てられたのですか。」など，考えた質問数は13問。話をすることに慣れ，「話をしたい。」「聞いてみたい。」という意欲がわいていた。

質問の数が増えた。会話の幅が広がっている。

【「校長先生に質問する会」を行っている場面】
　校長先生の答えについて，「知りませんでした」と反応したり，校長先生の好きな漫画をお聞きして，「そのおもちゃを持っている」と答えたり，校長先生と何度か「言葉のキャッチボール」ができていた。また，会の「はじめの言葉」「終わりの言葉」を立候補して言うことができた。

堂々と質問し，受け答えを楽しんでいる。

【振り返りの場面】
　「校長先生やいろんな人と話ができた」「丁寧に話すことができた」と感想に書き，「話し方名人になろう」の学習が「楽しかった」とみんなの前で発表した。

他の人の前で話をすることに自信がついてきた。

11．自己決定力の評価

〈アンケート1〉

　単元開始前と単元終了後に，本単元における自己決定力を発揮する三大要素についてアンケートを実施した。

　アンケートは以下の3項目について「1．自信がない ～ 5．とても自信がある」の5段階で回答を求めた。その結果から，単元開始前と比較し，単元終了後は自己決定の三大要素に関連した各項目について自信をもてたことが分かった。

アンケート項目	単元開始前	単元終了後
【決める】「話し方名人になろう」の学習で，必要なときにやくわりや　やらなければならないことを　友だちと決めることができますか。	1．自信がない	5．とても自信がある
【すすんで】「話し方名人になろう」の学習で，決めたことを友だちと協力して　行うことはできますか。	1．自信がない	5．とても自信がある
【できる】友だちのお母さん，6年生，校長先生と話をするとき，また，てい学年へのお願いに行くときに，その人や場所にあった話し方ができる自信がありますか。	1．自信がない	5．とても自信がある

〈アンケート2〉

　下記は，小単元ごとの自己決定の振り返りの評価（30点満点）である。それぞれの単元で3回，各項目を10点満点とし，3回の合計を集計した。

小単元	決める	すすんで	できる
友達のお母さんへの話し方	23	30	16
6年生への話し方	18	26	23
低学年へのお願いの仕方	30	30	30
校長先生への話し方	30	30	30

第Ⅱ部　実践編

　以上より，自己決定について，中盤頃から自信がついてきたことが分かる。

　また，下記は単元終了後に「自分の話し方の強み」として対象児が挙げたものである。

「話し方の強み」
・友達のお母さんと話をして答えを聞いてその質問ができた。
・校長先生に話ができる。
・紙を見ないで聞いた。
・いっぱい練習した。
・準備できた。
・6年生にも話ができる。

　さらに，「知識」においては，右のテストを行ったが，目上の人に話をする場面においては，すべて正解だった。

1　友だちのお母さんには，次のどちらの聞き方が　よいですか。
　（　　）「○○くんのお母さんの　すきな食べものを　教えてください。」
　（　　）「○○くんのお母さんの　すきな食べものを　教えて。」
2　6年生の委員長には，次のどちらの聞き方が　よいですか。
　（　　）「このポスターは　いつまで　かけばいいの。」
　（　　）「このポスターは　いつまで　かけばいいですか。」
3　友だちと　休み時間に　遊んでいます。あなたは　どちらの聞き方をしますか。
　（　　）「いっしょに　おにごっこを　いたしましょう。」
　（　　）「いっしょに　おにごっこを　しよう。」
4　てい学年のじどうが　ろうかで　泣いています。
　あなたは　どちらの聞き方をしますか。
　（　　）「どうしたの。」
　（　　）「どういたしましたか。」
5　てい学年の教室に　おねがいにいきます。次のどちらの言い方が　よいですか。
　（　　）「○日まで，この手紙を　書いてください。」
　（　　）「○日まで，この手紙　書いて。」
6　あなたは　担任の先生を　さがしています。　しょくいん室にきました。近くにいる先生に聞くとき，どの聞き方が　一番よいですか。
　（　　）「○○先生　いる?」
　（　　）「○○先生　いますか。」
　（　　）「○○先生　いらっしゃいますか。」

---

12. 自己決定力の高まりによる波及効果

　対象児童は，学習活動の中盤から喜びを感じたことを毎回の感想文に書くようになり，自信をつけているように見えた。また，丁寧語を自信をもって使えるようになったことで，以前は話し合いで自分から意見を述べることはほとんどなかったが，学期末のお楽しみ会の計画の話し合いのとき，自分の意見を述べる積極的な姿が見られるなど，実践を通じて自己決定に関するスキルが向上した。

実践 13　小学校特別支援学級　特別の教科　道徳

実践13　小学校特別支援学級　特別の教科　道徳

長所や短所に気付き自分を見つめることを通して，自己への関心と意思表出を高める授業

「マイプロフィールを作って，中学校へ伝えよう」

【実践の概要】

　対象児童は，「保護犬のボランティア活動をしたい」「少しずつみんなと一緒に活動したい」という目標をもっています。この実践では，春から進学する中学校に自分のことを知ってもらうという大きな目標を設定し，そのために長所や短所を含めたマイプロフィールを作る授業を行いました。マイプロフィールを作る活動の中で，自己決定力を高めるとともに，夢や希望を実現するために大切な自分の強みやよさに気付き，自己への関心を高め，意思表出を高めたいと考えました。

　対象児童は，自己への関心が低く，意見を表出することも少ない受動的な姿勢が多く，以下に示す自己決定力を発揮する実践のサイクルを通し，マイプロフィールの構成やデザインを考え，周囲に自分のことに関するインタビューをすることで問題解決を図っていく過程を積み重ねたことで，自己への意識が高まり，意思表出も増えていきました。

【この主題における自己決定力を高める実践のサイクル（三大要素）】

サポート・配慮：中学校の先生や校内の先生に事前に授業について知らせておき，児童が依頼に行きやすくする。

目指す姿：自分の強みやよさに気付き，自分らしい生き方について考え，他者に伝えることができる。

力・スキルの指導：主題計画参照

必要に応じてサポート・配慮を与える

自己決定力

児童生徒主導の学びの柱『K-W-H-L チャート』

自己決定に関わる力・スキル指導

〈意志行動／決める〉
✓ 選択
✓ 意思決定
✓ 目標設定
✓ 計画作成
〈主体行動／行動する〉
✓ 目標達成
✓ 自己管理
✓ 問題解決
✓ 自己主張
〈信念／信じる〉
✓ 自己の気付き
✓ 自己理解

実践する機会：周囲へのインタビューなどを通して，他者の視点からの自分についてまとめる機会を設け，マイプロフィールにまとめることで，自分の強みやよさ，苦手を理解する機会を作る。

自己決定に関わる力・スキルを練習し，実践する機会をつくる

【自己決定力を高める学びの柱 『K-W-H-L チャート』】

What I Know 知っていることは何？	What I Want to Know 知りたいことは何？	How Will I Learn どうやって学びたいの？	What I Learned 学んだことは何？
・短所は都合のいいこととしかしないこと ・長所は分からない	・長所と短所を知りたい ・自分の得意な勉強方法を知って，中学校の先生に伝えたい	・人に聞く （おうちの人，学校の先生）	・自分の長所に気付いた ・自分のことが少し分かった

対象児童が実際に発表（記載）した内容

第Ⅱ部　実践編

道徳科　学習指導案

1．主題名　「マイプロフィールを作って，中学校へ伝えよう（〔A　個性の伸長〕）」

2．主題設定

(1) ねらいとする道徳的価値について

　個性の伸長は，自分のよさを生かし，更にそれを伸ばし，自分らしさを発揮しながら調和のとれた自己を形成していくことである。児童が自分らしい生活や生き方について考えを深めていく視点からも，将来にわたって自己実現を果たせるようにするために大切な内容である。本主題は，学習指導要領第3学年及び第4学年の内容項目「A 主として自分自身に関すること」の「（4）自分の特徴に気付き，長所を伸ばすこと。」に基づいたものである。対象児童は，6年生であるが，発達段階を考慮し設定した。この段階における自分の特徴に気付くということは，自分の長所だけでなく，短所にも気付き，特徴を多面的にとらえることである。その上で，自分の特徴でもある長所の部分をさらに伸ばしていこうとする道徳的心情を育てる。

(2) 児童観

　対象児童は，特別支援学級に在籍している6年生である。手先が器用で，アイロンビーズで作品を作ったり，難しいパズルにも集中して取り組んだりする。興味のある事柄への関心が高く，テレビやインターネットで見た情報をよく覚えている。しかし，情報に偏りがあり，四季や自分の名前の書き方など忘れることもある。学習にはまじめに取り組み，一つ一つの課題を最後まで取り組むことができる。その一方で，自分自身への意識が低く，身だしなみが整えられていなかったり，自分がどう思っているかを考えたり，言語化することが苦手だったりする。物事に対して，受動的な姿勢が見られ，「分からない」「どっちでもいい」と言うことが多い。

(3) 指導観

　本題材では，「自分のことを知って，中学校に伝えよう」という主題のもと，自分の特徴に気付かせ，長所を伸ばそうとする気持ちを育みたい。児童は，自分のことについて興味が薄いため，「自分のことを知る」必要性を感じられるように，進学する中学校に自分のプロフィールを送ることを目標に進める。自分のことを知ってもらうことで中学校生活をよりよくスタートできることに児童の意欲を引き出したい。自分を知らない相手に，自分の好きなことや嫌いなこと，長所や短所を伝えるためには，自分自身を見つめることや他者と比べること，自分を知っている人に聞くことが必要になってくる。そのような活動に児童が主体的に向かうことができるように，学ぶ方法やどの情報をプロフィールに載せるかなどをその都度自己決定しながら，学びを進めていく。さらに，書くことへの負担を軽減するために，プロフィール作成には，パワーポイントを使用する。パワーポイントでは，入力すると自動的にデザインの候補が現れ，選ぶことができるため，受動的な児童にとっても，選択しやすいと考える。作業を繰り返すことで，スライドの作り方に慣れていくことができるので，自分の力で作ることができ，視覚的に達成感も味わいやすいと思われる。

3. 道徳の目標に迫る学びの姿

「個性の伸長」を図るために，4つの視点に分けて学びの姿を具体的に次に示す。

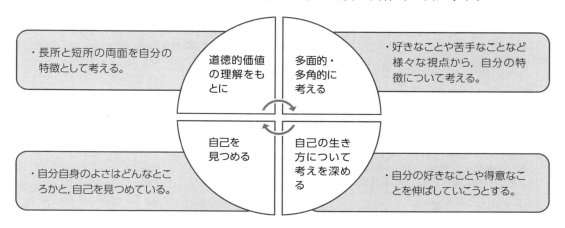

4. 自己決定力を高める実践のサイクル（三大要素）を促す対象児童に焦点をあてた主題構成のポイント

意志行動：決める

- 学習計画を立てていく場面では，『K-W-H-L チャート』を活用したワークシートを用いて，今の自分の長所と短所は何か，自分のことをどのように思っているのか，また，学ぶために用いる手段（一人で考える，友達に聞く，おうちの人に聞く，先生に聞く，その他）を選択肢から選んで記載する。
- マイプロフィールに載せる長所と短所を決める場面では，一つ一つの情報を自分がそうなのかを見つめて，載せる・載せない・保留に分類していく。

主体行動：行動する

- マイプロフィールを作成していく場面では，自分ではなかなか分からない長所と短所を周囲に聞くために，インタビューシートを作成する。自分のことを知っている人を考え，インタビューシートを持って依頼しに行く。また，マイプロフィールには，どんな内容のスライドを作るのか考える。

信念：信じる

- 最後の振り返りの場面では，中学校の先生からの感想シートを読んだり，教えてもらった長所や短所，作成したマイプロフィールを振り返ったりすることを通して，自分の頑張りやよさに気付き，自信をもつ。

第Ⅱ部　実践編

5．主題計画（本時：9/11 時間目）

☆『K-W-H-L チャート』の活用

時数	主な学習活動（全体）	自己決定力を高める 10 のスキルとの関連
2	学習計画を立てよう ・中学校へ自分のことを知ってもらうという目標を立てる。 ・教員が作成した見本プロフィールを見て，イメージをつかむ。 ☆『K-W-H-L チャート』に自分の長所や短所について①知っていること②知りたいこと③どうやって知るのかを考えて，書く。	【選択】 ・学習計画を立てる場面では，マイプロフィールを作成するために，どのようにつくるのか，だれに聞くのか，どのように聞くのかを選択肢から選ぶ。 【意思決定】 ・長所や短所をだれに聞くのか考える場面では，自分と関わりのある人を考えて，依頼する人を決める。
2	インタビューシートを作ろう ・長所と短所を聞くために，おうちの人と学校の先生へインタビューシートを作成する。 ・学校の先生に届けて，お願いをする。	【目標設定】 ・単元の目標を考える場面では，長所と短所をいくつ見つけるのかを教員と話し合って目標を決める。 【計画作成】 ・単元のはじめと授業のはじめの場面では，どのように活動を進めるのか活動内容をカードに書きだした後，並び替えて計画を立てる。
4	マイプロフィールを作ろう ・自分のことを知ってもらうために必要な内容を考える。 ・パワーポイントを使って，マイプロフィールを作成する。	【自己管理】 ☆『K-W-H-L チャート』をチェックする場面では，はじめに立てた計画を修正したり追加したりしながら，目標達成できるように考える。 【問題解決】 ・毎時間の振り返りの場面では，困ったことや難しいと思ったことを伝え，次の時間にどのように解決するのかを考える。
2 本時 (1/2)	マイプロフィールを作ろう 長所と短所ページを作ろう ・インタビューシートから，自分の長所や短所について見つめなおす。 ・マイプロフィールに載せる長所と短所を選んで決める。	【自己主張】 ・マイプロフィールの長所と短所のページを作る場面では，教えてもらった長所と短所を自分の中で振り返り，自分の特徴として当てはまるのか，また載せるのかを考えて伝える。
	中学校へ送付	【自己の気付き】 ・単元の振り返りでは，「よかったこと」「分からなかったこと・難しかったこと」を伝える。
1	中学校からの感想シートを見て，振り返りをしよう ☆中学校からの感想シートや単元を通して学んだことを『K-W-H-L チャート』に書く。	【自己理解】 ・中学校からの感想シートを見て振り返る場面では，中学校で頑張りたいことや自分のよさについて考える。

【本人が作ったマイプロフィールの項目】
・名前　・生年月日　・好きなこと　・苦手なこと　・好きな食べ物　・嫌いな食べ物・長所　・短所
・やりたいこと（将来の夢）　・得意な勉強方法　・中学校へ一言

6．対象児童の個別の教育支援計画と個別の指導計画との関連

【個別の教育支援計画にある本人の思いや願い】

・保護犬のボランティア活動をしたい。
・少しずつみんなと一緒に活動したい。

【個別の指導計画における学習指導要領の各教科・目標及び内容との関連】

特別の教科　道徳
・自分のことについて理解を深める。
・様々な場面でどのような行動をとるべきか考えたり，知識として学んだりする。

道徳では,「保護犬のボランティア活動をしたい。」という将来に向けての自己実現のため,内容項目「A　主として自分自身に関すること」の「個性の伸長」を取り上げ,自分自身について振り返り,見つけることを通して,自分のよさに感じられるようにする。大きな自己実現を目指すには,自己を振り返り,自分の特徴に気付くことが土台となることから,マイプロフィールを作成することを通して,学ぶことができるようにした。

7. 対象児童の「自立活動」の目標と合理的配慮

【自立活動の目標】＜心理的な安定＞＜コミュニケーション＞

・自分の気持ちの適切な表現の仕方を教員と一緒に考え,やってみようとする。

【特別の教科　道徳における合理的配慮】合理的配慮の観点（①-2-3）

・気持ちを言語化しやすいように,感情語を一覧にして選択できるようにしたり,教員から提示し自分の気持ちに近い言葉を選ぶことができるようにしたりする。

8. 対象児童への個別最適化と協働的な学びを促すポイント

【個別のICT教材】

・書くことへの負担感を軽減させ,本人のイメージする仕上がりに近づける工夫として,写真の挿入やデザインの選択をすることができるPowerPoint※を活用してマイプロフィールを作成する。
　※ PowerPoint・・・プレゼンテーション用ソフトウェア。文字や図形,表,グラフなどを組み合わせてスライドを作成することができる。

＜文字の入力のみのスライド＞　　＜右側のデザイン提案から選択＞　　＜選択後のスライド＞

【合理的配慮】

・中学校の先生や校内の先生に事前に授業の内容と目的について周知しておき,児童が依頼に行きやすくする。

【学習支援体制】

・自分でキーボード入力ができるように,手元にローマ字表を準備し,確認しながら進められるようにする。

第Ⅱ部　実践編

9．本時の学習活動

（1）本時の目標

　本時は，長所カードをマイプロフィールに載せるかどうか分類することを通じて，自分の姿を振り返ることを体験し，自分のよさに気付くことができるようにする。

（2）学習活動の場面（本時：9／11）

時間	主な学習活動	教員の指導（・），児童の活動（○），支援・配慮（＊）	
導入5分	1　本時の課題から自分の学び方を決める。	・長所についてのスライドを作るために，どのような方法で行うのかを聞く。 ○どのような方法で課題解決を図っていくのか，1時間の計画を立てる。 ＊課題解決の方法を考えられるよう，「一人で考える，先生と考える，分類する，キーボード入力する」のカードを提示し並び替えたり，選択肢から選んで決めたりする。 3段階	カードに示した方法がどのような方法なのか具体的に伝える。
展開35分	2　教えてもらった長所を分類する。	・長所カードにあることを児童の生活や学習など具体的な姿を伝えながら，振り返りさせ，「のせる・のせない・ほりゅう」に分類させる。 ○長所のカードを見て，自分のことを振り返りながら，カードを分類する。 ＊インタビューシートから長所の文を一つずつカードに書いておき，「のせる・のせない・ほりゅう」に色分けされたシートに分類できるようにする。 1段階	具体的な姿を伝えた後は，児童が振り返って考える時間を十分設け，「分からない」などの言葉が出るまで，待つようにする。

のせる	のせない	ほりゅう
聞いたことをすなおにやってみることができる	声がやさしい	おだやか
気持ちのよい環境づくりができる	空気を読む	お茶を上手に入れることができる
たのまれたことを引きうけてくれる	自分の思いを素直に言える	
しようと思ったことはしっかりできる		
動物にやさしい		
うそをつかない		
すきなことをやり続ける集中力がすごい		
帰りに先生のほうをむいてあいさつできる		

時間	主な学習活動	教員の指導（・），児童の活動（○），支援・配慮（＊）	
	3　キーボード入力する。	・「のせる」に決まった情報をパワーポイントに入力するよう伝える。 ○載せる情報をパワーポイントにキーボード入力する。 ＊ローマ字表を手元に準備し，児童が入力できるようにする。 2段階	入力方法に困ったときには，入力する文字を児童のローマ字表で指し示す。
終末10分	4　まとめをする。	・本時の振り返りシートを示して，考えさせる。 ○本時の課題解決に向け，目標を達成できたか，難しかったことや困ったことはなかったか考える。 ＊思い出せずにいるときは，本時の学習の様子について，よかった姿や戸惑っていた姿などを伝える。 3段階	児童が振り返って考えやすいように，分かりやすく伝える。

〈知的障害のある児童生徒へのサポート7段階〉

1段階 ：子供の様子を見守る	2段階 ：ジェスチャーを使って子供がやるべきことを促す	3段階 ：言葉掛け	4段階 ：視覚的提示
5段階 ：見本を示す，模倣する	6段階 ：子供の体を動かし行動のきっかけを与える	7段階 ：子供の体を支持して動かす	

10. 主題を通して見られた対象児童の自己決定についての変容

> 学習活動の初期

【『K-W-H-L チャート』に今の自分の長所や短所を書く場面】

長所や短所を聞くと，長所は「ない」と答え，短所は「性格が悪い。都合のいいことしかしない。」とすぐに答え，自分のことを深く考えたり振り返ったりする様子もなかった。

自分への気付きや理解が浅い。

【マイプロフィールづくりの初期の場面】

パワーポイントで，はじめのデザインを選んだ。いくつか種類が用意されているが，なかなか選ぶことができなかったり，「どれでもいい。」と伝えたりした。教員から「好きな色はどうか」と提案をされて，黄緑色のデザインに決めることができた。

自分の考えが持ちにくい，選ぶことが難しい。

> 学習活動の中期

【インタビューシートづくりの場面】

はじめは，おうちの人にだけ聞いてみるとしていたが，児童自身が「少ないかも」と感じ，自分に関わりのある先生5人（担任，交流学級担任，前年度教科担当の先生，養護教諭，栄養教諭）に話を聞くことになった。インタビューシートに名前を書いて，2人の先生に渡しに行った。教室から出ることが億劫な彼にとって，行動できたことは大きなことだった。はじめの先生には，言い方が分からず，教員の助言のもと言っていたが，2人目の先生には，自分で依頼することができた。

【マイプロフィールづくりの中期の場面】

スライドに入力したり，デザインを選んだりするときに，教員の働きかけがなくとも自分で選ぶようになってきた。キーボード入力にも慣れ，予測変換なども上手に使って入力がスムーズになった。

【マイプロフィールづくりの終期の場面】

マイプロフィールづくりでは，自分の得意なことのスライドにアイロンビーズの写真を載せることにすると，児童から「今まで作ったものの中でいいものを持ってくる。」と伝えてくれた。また，長所のスライドに入る前に，自分自身で振り返らせ，「これまで言われたことないかな？」と聞くと「想像力がひろい。」と言い，母から言われたことを思い出し伝えた。

自分について考えるようになったり，能動的な様子が見られるようになったりした。

> 学習活動の終期

【振り返りの学習の場面】

これまでの題材を振り返ったときに，自分自身をどう思っているのかを聞くと，「嫌い。」と答えた。しかし，深く聞いていくと，「この授業を始める前までは，自分のことに興味もなかったし，好きとか嫌いとかも思っていなかった。」と伝えた。

自己を見つめ，自分自身への意識が高まってきた。

【中学校からの感想シートを見た時の場面】

中学校の4名の先生から感想をもらい，感想シートよく見て聞き，嬉しそうな様子だった。作り上げたマイプロフィールを振り返ってみた後，「自分のいいところや悪いところが分かってきた。」と答えた。

自分のよさや特徴への気付きが見られる。

第Ⅱ部　実践編

11.　自己決定力の評価

　自己決定力を発揮する三大要素における題材開始前と題材終了後の対象児童の行動や言動の変化の評価は以下のとおりである。結果から、自分で決めたり行動したりする力がつくとともに、自分のよさが分かり自信がついてきた。

<項目>
【意志行動に関連する項目】マイプロフィールに載せる情報を選んで決めることができる。
【主体行動に関連する項目】マイプロフィールを作るための方法を考え計画し、作ることができる。
【信念に関連する項目】自分のよさに気付き、自信をもつことができる。

<結果>

	題材前半	題材後半
意志行動に関連する項目	どんな情報を載せるのか「なんでもいい。」「任せる。」と言うことが多かった。	題材後半では、「勉強が苦手で、みんなと同じような教え方ではわからないから、自分の得意な勉強方法を伝える。」と中学校へ自分が伝えておきたい内容を考えることができた。
主体行動に関連する項目	マイプロフィールを作るときにだれに聞くのかを考えるときに、「親だけでいい。」と答えていた。	作成する中で、情報がもっと必要だと感じ、対象児童自ら学校の先生にも聞くことを考えることができた。
信念に関連する項目	自分の長所は、「全くない。」と答え、自信がなかった。	たくさんの人に長所と短所を教えてもらい、自分のよさが「分かる」状態になった。物事に対して、「少しやってみよう」と思えることが増えた。

12.　自己決定力の高まりによる波及効果

　1月までは、中学校進学に向けて後ろ向きだったが、2月に行われた中学校での保護者と本人を含めた話し合いでは、中学校の先生から中学校の生活や卒業までにがんばってほしいことを伝えられ、意欲的に参加することができた。次の日に、担任へどんな話をしてきたのかほぼすべての内容を伝えることができた。これまで、物事を覚えることも苦手だった児童にとって、他者の話をよく聞いて伝えることができたのは、題材を通して、中学校進学へ前向きな気持ちになったことや、自分に関わることをしっかり聞こうとする主体性が育まれたことが大きいと考える。

　図工の時間に、卒業制作のボックスに彫るイラストの下書きしていた。ウグイスのイラストを描き終えた後、空いているスペースがあった。すると、自分から、「ウグイスがとまっているこの枝は梅の花なんでしょ。じゃあ、ここに梅を描くとどうかな。」と提案があった。これまで、自分からこうしたいと提案するなどの自己主張をすることが少なかった児童にとって、教員の働きかけがない中、自分から考えを伝えるということは、大きな変化である。題材を通して、学び方や目標を自己決定したり自分の考えを伝えたりする活動を繰り返し行ってきた成果であると考える。

実践14　中学校特別支援学級　外国語科（英語）

外国語学習で友達と意見交換をしながら，主体的に取り組んでいく授業

「観光大使になろう」

【実践の概要】

　対象生徒は，「YouTuberになりたい」「人を楽しませたい」「できることを少しずつ増やしたい」という目標を持っています。この実践では，「観光大使になる」という視点から，その国の魅力を発信する活動を設定し，外国に対する興味・関心をより高めたり，日本にあるたくさんの外国産のものに目を向けたりしながら，外国と密接なつながりがあることに気付かせたいと考えました。また，簡単な英語で発表したり反応したりすることで，英語でやり取りすることに対しての抵抗感を軽減しながら，英語学習の意欲につながるようにしました。

　対象生徒は，間違いを指摘されたりすると不安感が強まっていましたが，以下に示す自己決定力を発揮する実践のサイクルを通し，発表に対して仲間からのアドバイスを受け止めて修正したことが，よりよい発表につながったと実感することができました。何度も資料を見直し，写真の配置や大きさを考えるなど，主体的に問題を解決していく姿が見られるようになりました。

【この題材における自己決定力を高める実践のサイクル（三大要素）】

サポート・配慮：
・見通しのある授業構成を行い，今どのステップにいるのかを明示する。
・本人の理解度を確認し，難しいときには「分かりません」などと自分の意思表示ができることを確認しておく。

実践する機会：仲間からのアドバイスを受けて修正することで，よりよい結果につながることを体験させ，安心感をもって他者へ伝えることができる機会をつくる。

目指す姿：誤りや不安を感じる場面でも，周囲のアドバイスで，よりよい結果につながると感じることができる。

力・スキルの指導：
題材計画参照

〈意志行動／決める〉
✓ 選択
✓ 意思決定
✓ 目標設定
✓ 計画作成

〈主体行動／行動する〉
✓ 目標達成
✓ 自己管理
✓ 問題解決
✓ 自己主張

〈信念／信じる〉
✓ 自己の気付き
✓ 自己理解

【自己決定力を高める学びの柱『K-W-H-L チャート』】

What I **K**now 知っていることは何？	What I **W**ant to Know 知りたいことは何？	How Will I Learn どうやって学びたいの？	What I **L**earned 学んだことは何？
・ALTの先生の国 ・車	・食べ物（スイーツ） ・建物，景色 ・戦車 ・車のエンブレム	・タブレット ・ALTの先生に聞く	・おいしそう ・日本でも見たことある ・文字の色や大きさを変えると，見やすくなる ・たくさん反応できた

対象生徒が実際に発表（記載）した内容

第Ⅱ部　実践編

外国語科（英語）　学習指導案

1．題材名　「観光大使になろう」

2．題材設定の理由

(1) 生徒観

　本学級の生徒は，知的障害特別支援学級に在籍している中学2年生男子2名である。本校にはALT(外国語指導助手)が常駐しており，廊下で会ったときに「Hello.」と自分たちから声をかけるなど，繰り返し学習してきた表現（挨拶など）は身に付いており，授業以外で活用する姿も見られる。

　対象生徒は，ALTの自己紹介に対して，日本語ではあるが，自分から質問するなど外国文化に対する興味・関心がある。今回，観光大使として英語で発表する活動の中で，英語を使う場面を設定しているが，生徒の不安を軽減するために，吹き出しカードや音声でのヒントを準備し，安心して活動に取り組ませながら，達成感を味わわせたいと考えた。

(2) 題材観

　本題材では，「観光大使になろう」と世界に目を向けて外国の魅力を伝える活動を設定した。観光スポットや文化など，生徒の興味・関心のあるところ，また日本でも売られている外国産のものを実際に手に取ったりする中で，世界と日本が密接に関わっていることに気付かせたい。また，相手からの評価を受けて，それを次の自分の発表に活かせるように発表の機会を2段階にして，段階を踏んで本番の発表に臨ませる。

　対象生徒は，発表の具体的なイメージがもてることで，安心して活動に取り組むことができる。そのため，ALTとのTT（チーム・ティーチング）体制で，発表時のやり取りのイメージがもてるようにモデル提示することで，題材終末のイメージをもたせたい。また，吹き出しカードやヒントの音声を聞かせたり，リピートさせたりすることで，自信をもたせて英語の発話機会にしたいと考えた。

(3) 指導観

　全体の指導では，自己選択した外国や紹介したい内容の発表について，自己評価（振り返り）や他者評価を取り入れる。相手に伝わっているか，分かりやすかったかという視点に立って自分の発表を振り返らせ，本番の発表に自信をもって挑ませたい。

3．題材目標

(1) 全体目標（3観点）

知識及び技能	・観光スポットや有名なものを紹介したり，相手に勧めたりする基本表現を理解し，それらを用いて相手に伝えたり，やり取りしたりすることができる。	外国語科（英語） (1) 目標
思考力，判断力，表現力等	・相手の興味を引く観光や文化の違いについて考え，相手に伝わる最適な方法を判断しながら，簡単な単語や基本表現を用いて表現することができる。	(2) 内容 (1) ア　イ (2) ア
学びに向かう力，人間性等	・外国の観光スポットや文化の違いを知ることを通して，異文化への興味・関心を高め，今後の外国語学習への意欲を高めることができる。	(3) イ

（2）個人目標（対象生徒）

知識及び技能	・紹介したい国について，自分の興味・関心が高い文化や内容を中心に，相手に勧めたりする基本表現を理解しながらそれらを用いて，発表資料を作成することができる。	外国語科（英語） （1）目標 （2）内容 　（1）ア（ウ） 　　　イ（イ） 　（2）ア 　（3）イ（ア）
思考力，判断力，表現力等	・発表資料の作成を通して，相手の興味を引く文化の違いの紹介について考えたり，相手の反応を待って理解度を判断したり，基本表現を用いて相手に勧めたりすることができる。	
学びに向かう力，人間性等	・外国の文化や日本との違いを知ることを通して，より英語の学習に対する意欲を高めることができる。	

4．自己決定力を高める実践のサイクル（三大要素）を促す対象生徒に焦点をあてた題材構成のポイント

意志行動：決める

・学習計画を立てていく場面では，『K-W-H-L チャート』を活用したワークシートを用いて，今知っていること，これから知っていく必要があることを整理し，加筆しながら自分の学びの足跡を残せるようにする。

・学習活動において，自分で決めることが難しい場面では，教員側から選択肢を提示したり，友達に相談したりするなど問題解決の手段を準備し，安心して学習活動に向かうことができるようにする。

主体行動：行動する

・どんな写真や動画，文言だと魅力を伝えられるかについて考えながら，資料を作成する。

・ALT や教員のモデル発表ややり取りをイメージし，プレ発表会での仲間のアドバイスを受け止めながら，よりよい発表にするためにさらに資料をバージョンアップすることができる。

信　念：信じる

・プレ発表会，本番の発表会と２段階で発表する場があることで，「もっと分かりやすく伝えるにはどうしたらいいか」を考えながら資料を見直し，プレ発表会でできていたことについて，本番の発表会ではさらに自信をもって堂々と発表する。

第Ⅱ部　実践編

5. 題材計画（本時：7 / 9時間目）

☆『K-W-H-L チャート』の活用

時数	主な学習活動（全体）	自己決定力を高める 10 のスキルとの関連
2	**学習計画を立てよう** ・「観光大使になろう」の題材構成について知る。 ・オーストラリアの観光動画を視聴する。 ・自己決定の3大要素を意識したアンケートを実施する。 ・具体的に調べたい国や紹介したい内容について大まかに考える。 ☆調べたい国が決定してから，『K-W-H-L チャート』を活用し，「その国について知っていること」「知りたいことは何か？」「どうやって学びたいか？」について記入し，次時からの調べ学習につなげる。	**【選択】** ・紹介したい国や文化・内容など，必要な資料を自分で調べながら選択する。 **【意思決定】** ・自分で調べた情報の中で，何をどう伝えたらいいのか考え，資料に反映させる。 **【目標設定】** ☆『K-W-H-L チャート』を活用し，その時間で調べる内容を確認しながら進める。 ・本時のやるべきことに対して目標を具体的に設定する。
4	**調べ学習** ☆導入時に『K-W-H-L チャート』を活用し，「調べたいこと」や「調べたい方法」について確認する。前時に記入した内容に追加して「こんなことも知りたい」と新たな内容についてもここで追記する。 ・観光大使として，自分が使いたい資料（写真や動画）を探す。 ・資料の保存の仕方について確認する。 ・調べた内容をロイロノートで整理し，発表資料を作成する。 ☆学習の振り返りとして『K-W-H-L チャート』を活用し，「今日調べ学習をして分かったこと」について記入する。	**【計画作成】** ☆『K-W-H-L チャート』を活用し，今日やるべきことを確認しながら，見通しをもって学習を進めることができる。 **【目標達成】** ☆『K-W-H-L チャート』を活用し，今日分かったことを確認しながら，目標達成できたかを振り返る。 **【自己管理】** ☆『K-W-H-L チャート』記入時の教員とのやり取りや自分が最終ゴールに対して今どこまでできているか，どうすればよりよい発表になるかを意識しながら進める。
1 本時	**プレ発表会** ・JTE と ALT のモデリングを見て，発表イメージを掴む。 ・プレ発表会を行う。 ・発表後，「難しかった点」「分かりやすかった点」「こうするともっとよくなる点」についてお互いにアドバイスし合う。 ☆学習の振り返りとして，『K-W-H-L チャート』を活用し，「今日プレ発表会を行って学んだこと」について記入する。 ・自己評価として，本時の目標に対する達成度や，発表者側・聞く側としての自分自身について振り返る。	**【問題解決】** ・調べた内容を分かりやすく伝えるにはどうするかということや，分からないことを先生や友達に聞いて解決していく。 **【自己主張】** ・自分が調べた内容を観光大使として自信をもって発表したり，相手の反応を受け止めたりすることができる。
1	**発表資料のバージョンアップ** ・前時のプレ発表会でのアドバイスをもとに，資料を再構成したり，さらによりよい発表になるように練習する。	**【自己の気付き】** ・プレ発表会や本番での発表会の中で，相手に伝わっているかの理解度を受け止めながら，相手の反応を通して意識することができる。 ・調べた国について，知っていたことや新たに分かったことなどを資料にまとめながら，発表につなげることができる。
1	**発表会本番** ・本番の発表会を行う。 ・発表後に，参加者から「行きたいと思った国」や「発表の良かった点」についてコメントをもらう。 ☆学習の振り返りとして，『K-W-H-L チャート』を活用し，「今日プレ発表会を行って学んだこと」について記入する。 ・自己評価として，本時の目標に対する達成度や，発表者側・聞く側としての自分自身について振り返る。 ・自己決定の3大要素を意識したアンケートを実施する。	**【自己理解】** ・振り返りを通して，改めて自分のできることについて認識を深めることができる。 ・自分ができることが分かったり，不得意なことや難しいことは周りに頼ったり，教えてもらったりすればいいことを認識できる。

実践14　中学校特別支援学級　外国語科（英語）

6．対象生徒の個別の教育支援計画と個別の指導計画との関連

【個別の教育支援計画にある本人の思いや願い】

- ・YouTuber になりたい。
- ・人を楽しませたい。
- ・できることを少しずつ増やしたい。

【個別の指導計画における学習指導要領の各教科・目標及び内容との関連】

社会
・いろいろな国について関心を持ち，文化の違いを学ぶことができる。
外国語（英語）
・英語の音声に慣れ親しみ，簡単な英語を用いてやり取りしたり，相手の質問に簡単な英語で答えたりすることができる。
＜外国語科（英語）目標との関連＞（1）ア　イ　（2）ア
・設定した場面の中で定型表現に繰り返し親しみながら，英語でやり取りすることができる。
＜外国語科（英語）目標との関連＞（3）イ（ア）

　対象生徒は，安心できる環境の中で楽しく活動したり学習したりしながら，学びを積み上げていきたい気持ちをもっている。外国語科（英語）では，英語の歌に親しんだり，ALT との交流の機会を確保したりするなどして，音声に親しませながら学習を進めてきた。本題材では，社会科での世界の国々の学習とも絡ませながら，「観光大使」という視点で魅力を伝える活動を設定した。紹介する時のフレーズや相手の発表を聞きながら反応するフレーズを吹き出しカードにして，英語で反応することの抵抗を軽減する。また，音声のみでは聞き取りにくさが出る可能性があるため，視覚的に反応が伝わるようにした。さらに，発表を2段階構成にし，仲間からの視点を取り入れて，資料をバージョンアップさせ，より自信をもって相手に伝わる発表ができるようにした。

7．対象生徒の「自立活動」の目標と合理的配慮

【自立活動の目標】＜心理的な安定＞＜コミュニケーション＞

- ・英語での発表は，吹き出しカードやヒントカードを準備し，本人が安心して学習に取り組むことができるようにする。
- ・活動の中で，不安や不快な気持ちが生じたときに「休みます」カードを活用し，適切な方法で自分の状況や気持ちを伝えることができる。

【外国語科（英語）における合理的配慮】合理的配慮の観点（①-1-2）（①-2-1）

- ・本人の理解度や学習に向かう準備が整っているかを細やかに確認しながら，スモールステップで学習を進めていく。
- ・指導においては，見通しがもてるよう単元構成や本時の授業構成を明示したり，実物や写真，動画など視聴覚支援教材を活用したり，本人の実態に合わせて適切な支援を行う。

8．対象生徒への個別最適化と協働的な学びを促すポイント

【個別の ICT 教材】

- ・タブレット端末は，カナ設定モードにして，検索ワードや自分で伝えたい内容を文字入力した。
- ・写真や動画の資料をどの順番で紹介するか，ロイロノート※を活用して発表会を行った。

　※ロイロノート…プレゼンテーション用のアプリケーションで，カードに書いたり，貼り付けた画像，動画などの資料を線でつなげるだけで伝わりやすい順番に並べることができる。

第Ⅱ部　実践編

【合理的配慮】

・見通しをもてる授業構成を行い，今どのステップにいるのかを明示しておく。

・本人の理解度を確認し，難しいときには「分かりません」などと自分の意思表示ができることを確認しておく。

【学習支援体制】

・教員がそばにつき，不安な気持ちやつぶやきをすぐにキャッチできるようにする。

・初めて取り組むことについては，教員がやり方を丁寧に示したり，失敗しても大丈夫であることを伝えたりしながら，様子を見ながらサポートする。

9．本時の学習活動

（1）学習活動の場面（本時：7／9）

時間	主な学習活動	教員の指導（・），生徒の活動（○），支援・配慮（＊）	
導入15分	1　本時の課題を確認する。	○英語であいさつをする。 ・本時の流れをホワイトボードで確認する。	教員が音声とともに吹き出しカードを示し，実際のやり取りのようなイメージがもてるようにする。
	2　モデル提示を見て，発表のイメージをもつ。	○プレ発表のイメージをつかむ。 ・ALTの発表に対して，教員が反応している様子を見せる。 ・教員が発表しながら生徒の反応を待ち，反応を受け止めながら進める様子を見せる。 ＊教員側の発表資料は内容を精選し，生徒の興味関心を引く資料にする。2段階 3段階 ・実際に，モデル発表に対して，生徒に反応させる。	モデル発表時に，反応できる間を取り，反応が出ない場合は，ジェスチャーで反応を促す。
展開25分	3　本時の目標を設定する。	○自己評価カードに目標を記入する。 ・発表するときと発表を聞くときの2つの視点に分けて目標が設定できるように言葉掛けする。	反応の間を取り，ジェスチャーで反応を促す。
	4　プレ発表会を行う。	○1人ずつ発表を行う。 ・タイミングを見て，反応するポイントで合図を送る。 ＊吹き出しカードを提示した際は，ALTが音声で伝え，リピートさせる。 5段階 1段階 ・1人目の発表が終わったときに「よかったこと」について伝えながら，発表時や聞くときに意識してほしいポイントを言語化して伝える。 ○お互いの発表の後に，「分かりやすかったこと」「ここをこうするといいよ」（改善点）についてアドバイスし合う。 ・相手の発表に対しての評価であることを伝える。 ＊難しいときは，教員側から視点を与える。	吹き出しカードを出したら，音声化させる。同じ吹き出しのときに徐々に一人でも音声化できるようにする。
終末10分	4　振り返りを行う。	○自己評価を記入する。 ・その評価になった理由については言語化して記入させる。 ＊言語化するのが難しい場合は，選択肢を示しながら，より自分の考えに近いものを選択させる。3段階	理由の記入が難しそうなときは，「よかったこと」「できていたこと」について教員側から言語化して示す。

〈知的障害のある児童生徒へのサポート7段階〉

1段階：子供の様子を見守る　2段階：ジェスチャーを使って子供がやるべきことを促す　3段階：言葉掛け　4段階：視覚的提示

5段階：見本を示す，模倣する　6段階：子供の体を動かし行動のきっかけを与える　7段階：子供の体を支持して動かす

10. 題材を通して見られた対象生徒の自己決定についての変容

学習活動の初期

【自分でどの国にするか選択する場面】

自分で観光大使になる国を選択する場面では、なかなか国を選ぶことができずにいたが、自分で「地図帳を見ながら調べてみようかな」と発言し、地図帳を開きながら、国の一覧表を見て「ドイツにしようかな」と決定した。

国はいっぱいあるから、どこを選んだらいいのかな。楽しみだな。

【自分で紹介する資料を選択する場面】

『K-W-H-L チャート』に記入した順に、インターネットで画像を検索しながら、自分自身がその国の食べ物や景色、文化に魅力を感じながら画像を保存した。自分の興味・関心が高い戦車についても検索した。教員側から、「いろんな国の戦車を比較すると、違いに気付いてもらえるかもしれないね」と声をかけたところ、6カ国の戦車の画像を検索して、保存した。

食べ物がいいかな。おいしそうな写真だと食べたくなるなあ。景色もいいかな。行きたくなるな。

学習活動の中期

【発表資料をどう分かりやすく作成するか考える場面】

保存した画像をロイロノートに貼り付け、ジャンルごとにまとめたり、まとめたジャンルを文字でも伝えたりした方が分かりやすいのでは、と考えて、日本語と英語で入力した。英語の入力は教員がサポートした。各国の戦車については、国旗の画像を入れると分かりやすいのでは、と自分で考えて、シートに挿入して作成した。

食べ物とか車とか、ジャンルを整理した方が分かりやすく紹介できるかもしれない。

【プレ発表会でお互いにアドバイスし合う場面】

発表中は「Oh, I see.」「Oh, really ?」「That's great.」と英語の反応が飛び交い、発表が盛り上がった。発表後に、よかったところだけでなく、「こうするともっとよくなるところ」についてもアドバイスし合ったが、それを前向きに受け止め、「次はもっといい発表にしたいな」とつぶやく姿があった。

よかったところも言ってもらえてうれしい。直すともっとよくなりそうだ。

学習活動の終期　【本番の発表を行う場面】

紹介資料をスワイプしながら観光大使として発表する際に、「Do you know this ?」などと英語で問い掛けたときに、顔を上げてやり取りを進めることができた。修正したことで、さらによくなったという自信が発表への姿勢や態度にプラスに影響したことや、相手の英語での反応をしっかりと受け止めている姿が見られた。

前回よりさらによい発表にできそうだ！

【振り返りの学習の場面】

発表がさらによりよくなったことをお互いに喜び合っている姿があった。目標に対する自己評価の点数も100点を付け、前回の評価の時には理由は口頭で発表しただけだったが、今回は自分で「ないようをさらにくわしくできてよかった」と記入できた。

お互いにアドバイスし合ったことを活かしてさらによい発表になったことで自信がついた。

【これからやってみたいことをつぶやいた場面】

本番の発表が終わり、自己評価を書いている間、「次はどの国の観光大使になろうかな」などと、次もまた調べたことをみんなに発表したいという気持ちになっていた。

もっといろいろ発表したい！

第Ⅱ部　実践編

11.　自己決定力の評価

　題材開始前と題材終了後に，本題材における自己決定力を発揮する三大要素を意識した質問項目について Google フォームを活用し，題材を通した変容を評価した。アンケートは以下の３項目について「１．自信がない ～ ５．とても自信がある」の５段階で回答を求めた。その結果から，題材開始前と比較し，題材終了後は自己決定の三大要素を意識した各項目について自信をもてたことが分かった。

＜アンケート項目＞

①観光大使として紹介したい国や紹介したい内容について決めることができますか。

【意志行動に関連】

②自分が決定した内容で，観光大使の紹介資料を作成することができますか。【主体行動に関連】

③観光大使として発表することに自信がありますか。【信念に関連】

＜アンケート結果＞

〈質問内容〉	学習計画を立てよう（1/9 時）【題材開始時】	本番発表終了時（9/9 時）【題材終了時】
①観光大使として紹介したい国や紹介したい内容について決めることができますか。	1　2　③　4　5	1　2　3　4　⑤
②自分が決定した内容で，観光大使としての紹介資料を作成することができますか。	1　2　③　4　5	1　2　3　④　5
③観光大使として発表することに自信がありますか。	1　②　3　4　5	1　2　3　4　⑤

（※１：「自信がない」～５：「とても自信がある」）

＜対象生徒のプレ発表から本番の発表までの自己評価＞

〈発表者側〉	プレ発表時（本時の授業の最後の振り返り）	本番発表時（本時発表時の最後の振り返り）
①観光大使として伝えたい内容を伝えることができたか。	1　2　3　④　5	1　2　3　4　⑤
②「Do yo know?」など英語で問いかけることができたか。	1　2　③　4　5	1　2　3　④　5
③相手が英語で反応したことについてうなずいたりするなど受け止めることができたか。	1　2　3　④　5	1　2　3　④　5
〈聞く側〉	プレ発表時	本番発表時
④「Oh, really?」など英語で反応することができたか。	1　2　3　④　5	1　2　3　4　⑤
⑤相手の問いかけに対して，うなずいたり，「Yes」などと反応したりすることができたか。	1　2　③　4　5	1　2　3　④　5

（※１：「できなかった」～５：「よくできた」）

176

12. 自己決定力の高まりによる波及効果

　対象生徒は，相手に何か指摘を受けたりすると自分が否定されたように感じて怒りを表したり，不機嫌になることがあった。今回，題材の中でお互いの発表を受けてアドバイスし合う時間を設定したが，ALT の先生からの褒め言葉や仲間からの英語でポジティブな反応を受けて，相手からのアドバイスを肯定的に受け止める姿が見られた。また，仲間の発表資料の工夫点（文字の大きさ，色使いなど）を自分から「教えて」と発信しており，本番に向けてよりよい発表にするために，自分から行動している姿から，今回の授業が本人の自己決定力を高め，主体的に学ぼうと具体的に行動することに対する波及効果があったものと考える。

第Ⅱ部　実践編

実践15　中学校特別支援学級（知的）・通常の学級（知的疑い）

生徒の学校不適応状況の改善を目指した保健室での指導

【実践の概要】

　日本の小・中学校の不登校児童生徒数は10年連続で増加傾向であり，学校への不適応状況にある児童生徒への対応は解決が急がれる喫緊の教育課題です。学校不適応の形成要因は様々ですが，その一つに生徒の自己決定力の未熟さや自己肯定感の低さの影響が考えられます。そこで，不適応傾向にある生徒に自己決定力を高めていくための指導と支援を行いました。

　対象生徒2名は，別室教室や保健室で「自分の行動を自分で考えて決め」，「その決めたことを自分で実行し」，「実行した結果に対して指導者にプラスのフィードバックをもらう」という経験を繰り返しました。その結果，対象生徒らは，徐々に自信をもって自分の意見を発言し，問題解決に取り組む姿が見られ，参加できる授業が増えたり，別室教室から教室に戻ることができたり等，それぞれが自分らしく学校生活に適応していきました。

【この指導における自己決定力を高める実践のサイクル（三大要素）】

実践する機会：対象生徒が別室教室や保健室に登校した際に，ツールを活用しながら自己決定の支援を行う。自分で決めたスケジュールで生活し，プラスの評価をもらい，自己決定への自信につなげるというサイクルで，日々，実践を行う。

サポート・配慮：自己決定が尊重される環境設定のため，関係教職員で共通理解を図り，生徒が自己決定したことに対して一方的な指導など，逆効果になるような言動はしない。

自己決定力

必要に応じてサポート・配慮を与える

児童生徒主導の学びの柱『K-W-H-Lチャート』

自己決定に関わる力・スキルを練習し，実践する機会をつくる

目指す姿：学校内での生活を自分で考え決めたMYスケジュールで過ごすことができる。

力・スキルの指導：指導計画参照

自己決定に関わる力・スキル指導

〈意志行動／決める〉
✓ 選択
✓ 意思決定
✓ 目標設定
✓ 計画作成

〈主体行動／行動する〉
✓ 目標達成
✓ 自己管理
✓ 問題解決
✓ 自己主張

〈信念／信じる〉
✓ 自己の気付き
✓ 自己理解

【自己決定力を高める実践の主な流れ】

What I Know 知っていることは何？	What I Want to Know 知りたいことは何？	How Will I Learn どうやって学びたいの？	What I Learned 学んだことは何？
・教室イヤ ・学校ムリ ・何で嫌なのかよくわからない ・保健室ならいけそう ・友達には会いたい	・教室に行かなくてもいいの？大丈夫なの？ ・授業に出ないとどうなるの？ ・高校いける？ ・先生怒る？	・保健室や別室教室で過ごしてみたい ・タブレットを使って自分で勉強してみたい ・でもわかんないところは教えてほしい	・この方法だと1日，過ごすことができる ・自分で決めて過ごしてみると気持ちが楽 ・先生たちが優しい

対象生徒が実際に発表（記載）した内容

実践15　中学校特別支援学級（知的）・通常の学級（知的疑い）

学校不適応状況の改善を目指した指導

　本指導は，「授業内容が理解できず，授業に参加すること自体が苦痛で学校不適応になった生徒」と「対人関係トラブルきっかけで学校不適応になったが学習意欲は高い生徒」に対して，自分で校内での過ごし方を決める取組を行い，自己決定を高めていく指導と環境の支援を実施したことで，学校不適応状況の改善に至った実践である。

1. 生徒の実態

＜生徒Ａ＞ 授業内容が理解できず，授業に参加すること自体が苦痛で学校不適応になったタイプ	生徒Ａは小学校時に，学校の勧めで医療機関にて知能検査を実施した。検査の結果，軽度知的障害の疑いがあったが，保護者の意向で小学校から通常学級に在籍していた。中学校入学後も授業内容の理解に苦戦し，特に数学と英語の授業内容がほぼ理解できない状態になった。そのため，授業中に人前で発表する場面やグループ学習の場面になると，いつの間にかトイレに行って戻ってこなくなる回避行動をとるようになり，しばしば学校内で騒ぎになることがあった。そして，授業が分からないから授業に参加をしないという状態が続いたために，ますます授業が分からなくなるという悪循環に陥り，体調不良を訴えて欠席するようになった。 　教員とのコミュニケーションは，「うん」「ちがう」「行く」「行かない」「できる」「無理」等，一言でのやり取りがほとんどである。大人の前だと極端に語彙が少なく，自分の言葉で伝えることに消極的な様子が見られる。その一方で，他者に思いやりのある言動をすることができ，男女問わず友人は多い。
＜生徒Ｂ＞ 対人関係トラブルきっかけで学校不適応になったが学習意欲は高いタイプ	生徒Ｂは，軽度知的障害および自閉スペクトラム症の診断があり，服薬している。突然のひらめきやアイディアを思いついたまま言うことで，授業をしばしば中断させることがある。また，他クラスの同級生とトラブルになったことがきっかけで，親しい友達からも敬遠されていると思いこんでしまい，学級担任に「教室に行っても誰も話しかけてくれないし，教室に行ってもつまらない」と訴えるようになった。そして，次第に体調不良を理由に登校せず，家で長時間ゲームをするようになった。しかし，生徒Ｂは公立高校への進学を強く希望しており，学習意欲も高く，保健室登校から再登校を望んでいた。

2. 目標

生徒Ａ	**本人の目標**：学校に行く。
	指導者目標：何がつらいのか，自分で気付けるようにセルフモニターをあげる。 　　　　　　　　授業への参加方法や学習方法について指導者と一緒に考えながら決める。
生徒Ｂ	**本人の目標**：高校に合格して高校生になる。
	指導者目標：志望校に合格するために登校を再開し，勉強をする。 　　　　　　　　志望校に合格するために参加する授業を指導者と一緒に考えながら決める。

3. 対象生徒に対する指導時の合理的配慮

生徒Ａ	語彙が少なく，意思表示が苦手な生徒のため，十分な時間をとって対話をしながら，自己決定場面を意図的に作り自己決定をさせていく。また，なかなか決めることができない場合は，指導者が選択肢を提示し，生徒Ａが自己決定力を発揮しやすいような支援をする。
生徒Ｂ	コミュニケーションや社会性で苦戦していることや，聴覚のみの情報が苦手であるという生徒Ｂの特性を十分に理解した上で関わる。特に，聴覚情報が苦手であることに配慮し，自己決定場面では必要に応じてホワイトボードで可視化しながら行うこととする。

第Ⅱ部　実践編

4．自己決定力を高める実践のサイクル（三大要素）を促す対象生徒に焦点をあてた実践のポイント

意志行動：決める

「1日（または1校時）をどこでどのように過ごすのか自分で決める」
- ・今日はどこで過ごすのか？（選択肢から選んで決める）
- ・今日は何時に下校するのか？明日は何時に登校するのか？
- ・どの授業（または行事）に参加するのか，しないのか？
- ・別室教室や保健室では，どのように過ごすのか？
- ・授業に出ない場合は，どのような方法でどんな内容の学習を行うか？
- ・教室に戻るのか，保健室で休養するのか，早退したいのか，先生に決めてほしいのか？
- ・自分で決めるのか，先生が決めるのか，話し合って決めるのか？

主体行動：行動する

「自分で決めたスケジュールに沿って行動する」
- ・授業内容や行事の様子を事前に確認し，参加可能かどうか自分で決めて行動する
- ・授業に参加する際は，どのように教室に入るのか？（友達に迎えに来てもらって一緒に教室まで行くか，担任と行くか，養護教諭が教室まで付き添うか等）

信　念：信じる

「クラス集団と違う行動をしていることに，気後れせずに行動する（自分の行動を信じる）」
- ・行動に対する教員側のフィードバックで大多数と違う行動をしている自分に自信をもつ
- ・仲のよいクラスメイトのサポートや協力で安心感を得る

5．指導の実際

　2つの事例では，生徒が自己決定力を発揮しやすくするために，共通して「本日の MY スケジュール」（資料1）を活用しながら指導を行っていく。加えて，自己決定場面で生徒がどうしたらいいか分からなくなってしまった際には，必要に応じて「WANTS/NEEDS カード」（資料2）を活用して，各々の生徒の目標達成を目指す。

（1）授業内容が理解できず，授業に参加すること自体が苦痛で学校不適応になったタイプ（生徒A）

生徒A	主な支援・指導	自己決定力を発揮する10のスキルとの関連
初期（混乱期）	①可能な限り原因を明らかにする ・生徒自身がトイレに籠ったり学校に行きたくなかったりする原因をはっきり自覚できていないため，丁寧な面談を通してセルフモニタリングさせる。その上で，本人の希望を聞き，目標を考える。 ②解決のための方法を選ぶ ・その後，原因と思われる授業への参加についてどうするか自	【選択】 ・不適応の原因となっている授業に出るか，出ないか自分で選ぶ。 【意思決定】 ・授業に出ること，授業に出ないことのメリットを指導者と一緒に考え，今現在の一番良い方法を決める。

実践15 中学校特別支援学級（知的）・通常の学級（知的疑い）

	分で決める。 ③自己決定の幅を広げる （できなかった場合の他の方法を考える） ・どうしても学校に行く気持ちになれないときは，教室まで行かないで保健室や別室教室で過ごすこともできることを知る。	【目標設定】 ・自分で目標を決める。 【計画作成】 ・登校後に前日に決めた MY スケジュール表を指導者とともに確認し，その日の自分の体調や急な時間割変更に合わせて変更する部分があれば修正を行う。
中期（試行期）	④1日のスケジュールを自分で決める ※資料1参照 ・毎放課後，保健室にて翌日の時間割を確認しスケジュール表を作成する。そして，翌日に担任に提出することを繰り返す（MY スケジュールはファイリングして評価に活用する） ⑤達成できたことを自覚する ※資料1参照 ・保健室にて放課後に，今日一日の振り返りを行い，生徒は自分で決めて行動できたことを自覚する。 ⑥自己決定力を発揮するサイクルを回す 生徒は④と⑤を毎日繰り返し実践し，自信をつける。	【目標到達】 ・下校前に保健室で翌日のスケジュールを確認し，明日への見通しをもち，学校に行くのが苦痛にならない方法を決めて，まずは欠席をしない。 【自己管理】 ・毎日，自分で決めた1日のスケジュール表の通りに学校生活を送り，下校前に1日を振り返る。 【問題解決】 ・授業に出ない場合の時間の過ごし方や学習方法を決める。一人で決めることが難しい場合はいくつかの選択肢を指導者が与える。

本日のMYスケジュール

令和＿＿年＿＿月＿＿日（　）　　　＿＿年＿＿組 名前＿＿＿＿＿＿＿＿

〇今日の登校時刻＿＿時＿＿分くらい　　〇今日の下校時刻＿＿時＿＿分くらい

時間 いつ？	課程	教科・学習・活動 何を？	方法 どのように？	場所 どこで？	担当 先生	がんばり度 ◎・○・△
～8:35	朝の会					
8:45～9:35	1					
9:45～10:35	2					
10:45～11:35	3					
11:45～12:35	4					
12:45～13:10	給食					
13:10～13:30	昼休み					
13:35～14:25	5					
14:35～15:25	6					
15:35～15:45	清掃					
15:55～16:10	帰りの会					
16:20～18:00	部活動					

〇明日の登校時刻＿＿時＿＿分くらいかな？

今日の感想（がんばったこと，楽しかったこと，困ったこと）

＿＿＿＿＿先生からのコメント

> 生徒は，別室や保健室内で，自分で考えながらこの用紙に記入し，担任や養護教諭と1日の過ごし方を確認する。

> がんばり度を◎○△で自己評価する。
低い場合は，理由を聞いて勇気づけをする。

> 勉強を教えてほしい先生がいたらここに書く。可能な範囲で要望に答えるようにする。

> 下校時刻も自分で決める。

> 担任や養護教諭がプラスのフィードバックコメントを書く。

資料1　「本日の MY スケジュール」

第Ⅱ部　実践編

後期（回復期）	⑦授業に行くことができたときの理由を一緒に考える（成功の原因を考える） ・英語も数学も時々，授業に出ることができるようになったが，なぜ行くことができるようになったのか，を指導者と一緒に考え，授業復帰へのヒントを得る（例えば，行くことができた授業は，話し合いの活動がなかった，発表する場面がなかった等）。 ⑧「困っていること」や「お願いしたいこと」を明らかにし，教科担任に相談する ・授業に参加してみて，苦しい気持ちや嫌な気持ち，トイレに行こうと思った場面を支援者と一緒に振り返り，伝えたいことを自己決定し，授業を担当する各教科の担任に伝える。 ☆生徒とは日々の MY スケジュールでのやり取りの他に，随時『K‐W‐H‐L チャート』を活用した二者面談を行った。	【自己主張】 ・自分自身で決めたことを気後れなく相手に伝える（教員は日頃から話を聞く態度や雰囲気に十分留意する）。 【自己への気付き】 ・自分がなぜ授業に行きたくなかったか，トイレに行ってしまっていたかに改めて気付く。今はなぜ行かなくてもよくなったのかに気付く。 ・自分の行動や考え方が，欠席していた時期からプラスに変容していることを自覚する（教員や友達のフィードバック）。 【自己理解】 ・困っていることを周囲に発信したことで，学校を休む回数が少なくなり，登校後もトイレに長時間籠ることがなくなったという事実を指導者から本人にフィードバックをもらうことで，自分が目標達成に近づいているということを理解する。 ・自分にとって，困っているときに，周囲のサポートを得ることは大事なことだということを経験から学ぶ。

(2)　対人関係トラブルきっかけで学校不適応になったが学習意欲は高いタイプ（生徒B）

生徒B	主な支援・指導	自己決定力を発揮する 10 のスキルとの関連
初期（混乱期）	①可能な限り原因を明らかにする ・教室に行くことができなくなった原因（友達との関係等）を明らかにし，これからどうしたいのか，目標を考える。 ②解決のための方法を選ぶ ・教室の他に，別室教室と自習室，保健室が居場所や学習する場所として準備することが可能であるが，どこに登校するのか自分で決める。 ③自己決定の幅を広げる 　（できなかった場合の他の方法も考える） ・学校に行くこと自体が不安で苦痛と感じた場合は，校外の教育支援センターに登校することもできることを知る。	【選択】 ・登校後に，どこで，どのように学ぶか自分で選ぶ。 【意思決定】 ・教室で学ぶこと，教室以外で学ぶことのメリットデメリットを指導者と一緒に考えて一番よい方法を自分で決める。 【目標設定】 ・自分で目標を決める（合格して高校生になる）。 【計画作成】 ・登校後に下校時刻から決め，その後全体のスケジュールを決める。
中期（試行期）	④ 1 日のスケジュールを自分で決める ・翌日の時間割を確認し自分で MY スケジュールを作成し，翌日に担任に提出しコメントをもらう。 ⑤達成できたことを自覚する ・下校前に，一日の振り返りをファイルに記入し，生徒が自分で決めて行動できたことを自覚し自信をもつ。 ⑥自ら決める体験を繰り返す ・生徒は④と⑤を毎日繰り返し実践し，自信をつける。	【目標達成】 ・継続して登校し，別室で3年間の復習ができる方法を決め，受験に向けた学習を行う高校受験に備える（自習するのか，授業を配信してもらうのか問題集を使うのか，タブレット端末を使うのか等）。 【自己管理】 ・下校は，自分で決めた一日のスケジュールを振り返って MY スケジュールを教員に提出してからにする。 【問題解決】 ・教室以外で学ぶ選択をした場合には，受験に向けた学習方法を教員と一緒に決める。 【自己主張】 ・生徒が自分自身の希望を気後れなく指導者に伝えることができるよう，生徒がスケジュールを決めた「後」は，教職員は指導を入れない。 ・「やりたいこと」「やりたくないこと」「必要があること」「必要がないこと」を分けて考える（資料2）。

後期（回復期）	⑦行事に参加する方法を考える ・参加するかしないか考え，参加する場合はどのような形で参加できるか決め，必要な配慮を考える。 ⑧参加できる授業を増やす ・高校進学を視野に入れ，参加できる授業も自分で選び，参加できる授業も徐々に増やす。 ☆生徒とは日々のMYスケジュールでのやり取りの他に，随時『K‐W‐H‐Lチャート』を活用した二者面談を行った。	【自己への気付き】 ・登校し継続し，学習している自分自身の前進に気が付くような配慮，コメントを指導者だけでなく関係教職員が与える。 【自己理解】 ・その他大勢と同じ方法でなく多様な方法で目標を達成することができることを経験を通して学ぶ。

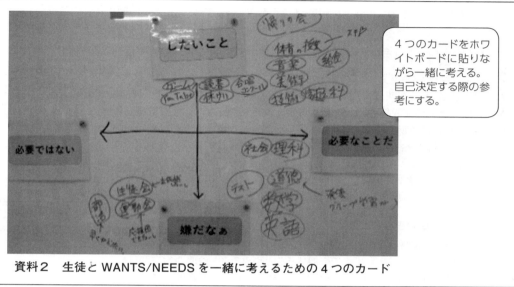

4つのカードをホワイトボードに貼りながら一緒に考える。自己決定する際の参考にする。

資料2　生徒とWANTS/NEEDSを一緒に考えるための4つのカード

※学校不適応の初期（混乱期）や中期（試行期）の①～⑥までは，いずれの事例もほぼ同じパターンで指導を行うが，後期（回復期）は生徒の事例によって異なる。

6．指導を通して見られた対象生徒の自己決定についての変容

【生徒Aの場合】

指導の初期

【セルフモニタリング後，英語と数学の授業に参加するか決める場面】
　参加するかしないかを自分で意思表示する場面では，指導者の顔色をうかがう様子があった。そこで，指導者とともに「例えば授業に出ると自分にとっていいこと，例えば授業に出ないと自分にとっていいこと」を考えた。その後，自分のことを自分自身で決めてよいと再度確認した。

決める際には本音を言えていない様子が見られた。

【授業に出ない場合は，どこで・何をするか決める場面】
　何をするかについては自分で決めることが困難な様子だった。そこで，指導者が授業に出ないときは，保健室でタブレット端末学習や学習プリントに取り組むことを提案し，合意した。

授業に出ないときは保健室にいると決めた際，指導者の即答に安心した表情を見せた。

第Ⅱ部　実践編

指導の中期　【自分の1日のスケジュールを自分で決め，一日を過ごし，フィードバックをもらう場面】

はじめは指導者と一緒に決めていたが，徐々に一人できめることができるようになった。また，スケジュールを決めるまでの時間も短くなった。

指導者に，笑顔でMYスケジュールを見せるようになった。

自分で決めたスケジュールで行動し，その行動へのプラスのフィードバックをもらうというサイクルを日々，繰り返した結果，欠席することがなくなり，トイレに籠ることもなくなった。それらの行動にも，さらに周囲からプラスの評価をもらった。

自己決定サイクルを継続したことで，自分で決めることに自信をもつことにつながった様子。

指導の終期　【今後の英語と数学の授業への参加について考えて決める場面】

学校生活も安定し，本人の気持ちも安定してきたところで，指導者はトイレに籠ったことや授業を休んだ場面のセルフモニターを再度与えた。その結果，英語の授業での発表場面における過去の失敗経験や，数学の授業での話し合い活動や隣の席の人と交換して行う小テストの丸付け場面で笑われた過去のつらい経験が忘れられず，授業で同じような場面になるのではなかと予想されると逃げ出してしまっていたことを明らかにできた。そこで，指導者の援助をもらいながら，自分で「授業中にどうしてほしいのか」「どのような配慮があると授業に参加できそうか」について考え，自分で各教科の担当者に依頼した。

自分自身の問題解決を図るために，相手に自分の要望を伝えることができた。

【今まで出ることができなかった授業での場面】

話し合い場面では教科担当と合図を決め，合図をしてから保健室へ移動し，話し合い場面が終わるまで保健室で待機することや小テストは保健室で取り組み終わったら教室に戻ること等，教科担当から認めてもらった最善の回避行動を取りながら学校生活に適応していった。

自分で決めたことを相手に伝え，実践できたことに自信が見られた。

【生徒Bの場合】

指導の初期

【これから自分はどうしたいのか考えて決める場面】

「教室には行きたくない。でも，受験勉強はしたい。」という気持ちを伝えることができたため，教育委員会の教育支援センターや学校の別室教室や保健室に登校し勉強することもできると伝えたところ，あまり人が出入りしない別室教室への登校を選択した。

高校に行きたい気持ちが強く，合格するために学習はしたいがどうしたらよいか悩んでいる様子が見られた。

【授業に出ないときはどこで何をするか決める場面】

何をするかについては，自分で決めることが困難な様子だった。そこで，指導者が授業に出ないときは，別室教室でタブレット端末学習や学習プリントに取り組むことを提案し，合意した。また，空き時間の教科担当の補習授業の実施も提案したところ希望した。

教室に行かないで別室教室にいると決めた際，指導者の即答に安心した表情を見せた。

指導の中期　【自分の1日のスケジュールを自分で決め，一日を過ごし，フィードバックをもらう場面】

はじめは決めるまでの時間が非常に長く，指導者の反応を気にしていたが，徐々に気にする様子がなくなった。

MYスケジュールへの記入が短時間になった。

自己決定したスケジュールで行動し，その行動へのプラスの
フィードバックをもらうというサイクルを繰り返した結果，登校が
継続した。学習にも意欲的で午前だけの登校の時間は一生懸命
であった。その行動にも，さらに周囲からプラスの評価をもらった。

自己決定サイクルを継続したことで，自分で決めることに自信をもつことにつながった様子が見られた。

| 指導の終期 | 【学校行事や授業，実力テストへの参加について考えて決める場面】 |

学校生活も安定し，本人の気持ちも安定してきたところで，志望校に合格
するためには，教室での授業に，ある程度参加する必要があることやテス
トを受けるが必要があること等を理解させる。その上で，生徒とWANTS/
NEEDSを一緒に考えるための4つのカード（資料2）を使いながら，再度，
自己決定を促した。その結果，「テストの時間だと静かで教室に入りやすい
かもしれない」という本人の考えから，まずは，テストを教室で受けた。教
室でテストを受けることができたことが「教室に入ることができる」という
自信につながった様子。

将来の進路のために，今必要な行動を自分で考えて決めた。

【今まで出ることができなかった教室での授業場面】

次のステップとして，授業時間だけに限定して教室にいくことを提案したところ合意した。そして，
授業以外の休み時間や給食時間は別室教室で過ごすことを自分で決めた。また，参加する授業も
自分で選んで参加した。自分で決めた授業に参加したことで，他の授業に参加すること自体に自信
をもった様子。

7. 自己決定力の高まりによる波及効果

　対象生徒はそれぞれ，自分の参加できる範囲で授業や行事に参加することができるようになった。
指導前の対象生徒らには，自分で決めたことを指導者に伝える際には元気がなく，気後れした様子
が見られた。いずれの対象生徒も「教室に行ってみんなと同じように授業に参加することが正しい
ことだ」という観念をもち，自らが「教室に行かない」ということを選ぶことは，よいことではな
いと考えていたのであろう。しかし，本実践で行った自己決定を発揮させる指導によって，対象生
徒らの日々の表情や声の大きさ，自己決定までの時間の短さなど様々な学校生活場面の様子から，
対象生徒らが自分の行動に自信をもつことができるように変容することができたと考えられた。そ
して，このようなプラスの変容には，自己決定が尊重されるための環境設定が非常に重要であった
と考えられた。本実践では，関係教職員が指導観を揃え，それぞれの生徒が自己決定したことに対
して否定的な意見や指導，口調など逆効果になるような言動は絶対にしないということを意識して
指導を行った。

　その結果，対象生徒らは心理的に安心で安全な環境の中で自己決定を行い，行動し，その行動に
対してプラスの評価をもらうという経験を繰り返すことができた。適切な環境設定の中での自己決
定サイクルの日々は，実践を効果的にする要素の一つであった。

※付記
　実践はプライバシーに配慮し，内容の本質を損なわない程度に加工しています。

第Ⅲ部

資料編

第Ⅲ部　資料編

各教科の目標及び内容における自己決定（三大要素）を高めるための単元・題材の提案

■国語科　小学部　目標

教科の目標	言葉による見方・考え方を働かせ，言語活動を通して，国語で理解し表現する資質・能力を次のとおり育成することを目指す。
知識及び技能	(1)　日常生活に必要な国語について，その特質を理解し使うことができるようにする。
思考力，判断力，表現力等	(2)　日常生活における人との関わりの中で伝え合う力を身に付け，思考力や想像力を養う。
学びに向かう力，人間性等	(3)　言葉で伝え合うよさを感じるとともに，言語感覚を養い，国語を大切にしてその能力の向上を図る態度を養う。

■国語科小学部１段階の「自己決定」を高めるための目標の解釈と関連スキル

段階の目標	１段階
思考力，判断力，表現力等	イ　言葉をイメージしたり，言葉による関わりを受け止めたりする力を養い，日常生活における人との関わりの中で伝え合い，自分の思いをもつことができるようにする。

　小学部の１段階では，家庭生活や学校生活において信頼できる家族，教員，友達など，周りにいる人との関わりを，繰り返し応じたり断ったりするなどしながら，自分のやりたいことは何か，自分のやりたくないことは何か，自分が好きなことは何か，自分が苦手なことは何かなど，自分の思いをもつことが，自己決定に関するスキルとなる「選択」「自己の気付き」へつながっていくと考えます。

■国語科小学部１段階の「自己決定」を意識した内容の抜粋と関連するスキル

思考力，判断力，表現力等	A　聞くこと話すこと	ウ　伝えたいことを思い浮かべ，身振りや音声などで表すこと。

　ウは，話題について，表情や身振り，音声で，模倣したり応答したりすることを示している。例えば，遠足の写真から楽しいと思ったことを一つ選ぶなど，手掛かりを用いて思い浮かべ，指さしで伝えたり話したりすることなどが考えられる。　　　　　（解説より抜粋）

　実際に児童が体験した出来事を振り返りながら，何が楽しかったのか，何がうれしかったのか，何が嫌だったのかなどを，表情や身振り，音声で，模倣したり応答したりしながら自分の思いを伝えることが，自己決定に関するスキルとなる「自己主張」や「自己の気付き」の向上につながっていくと考えます。

> ※「自己決定の三大要素と関連スキル」は，その段階の教科の目標や内容に応じて10のスキル（第2章参照）から抜粋して意識しながら取り組み，教育活動全体を通して10のスキルを身に付けられるようにします。

＜国語科　小学部1段階＞

■「自己決定の三大要素と関連スキル」を意識した教員の取組案

関連する自己決定のスキル		児童の自己決定を意識した教員の取組
意志行動 選　択 意思決定 目標設定 計画作成	選　択	・写真付きのメニュー表を見せて，自分が食べたいメニューを指さしや発声等で伝えられるようにする。 ・「○」と「×」のカードを準備し，指さしで「やる」「やらない」，「食べる」「食べない」等の選択ができるようにする。 ・読み聞かせ用の絵本を何冊か用意し，児童が選ぶ場を設ける。特定の児童の発言だけが尊重されることがないよう，日によって順番を変えて児童が選べるようにする。
	目標設定	・現在できている挨拶や，よりよい挨拶について教員と一緒に考え，写真カード等を用いながら1日や1週間で家庭や学校でいつ，誰に，どのよう，に挨拶をしたいか目標設定する場を設ける。
主体行動 目標達成 自己管理 問題解決 自己主張	目標達成	・児童が目標設定したことを取り組むことができたか，3段階（例：よくできた，できた，少しできた）の絵カード等を指さして振り返る場を設ける。
	自己管理	・どの活動を一番頑張ったのか，楽しむことができたのか，写真やカードなどを用いて順位付けの判断ができるような場を設ける。 ・学級の友達の写真やイラストを使った発表を聞き，児童が自分の考えや経験と比べられるようにする。
	自己主張	・運動会や遠足などの行事を写真で振り返り，どの活動を頑張ったのか，楽しむことができたのかなど，写真を指さして伝えたり，発声して伝えたりできるようにする。
信　念 自己の気付き 自己理解	自己の気付き	・児童の考えや経験が，他者と同じであったり，違ったりすることを伝え，自己の気付きにつながるようにする。 ・一日の活動を教員と振り返る場を設け，目標が達成できた日はカレンダーにシールを貼る等の活動を行い，目標にどれだけ近づいたのかを確認して進歩を褒める。

第Ⅲ部　資料編

各教科の目標及び内容における自己決定（三大要素）を高めるための単元・題材の提案

■国語科　中学部　目標

教科の目標	言葉による見方・考え方を働かせ，言語活動を通して，国語で理解し表現する資質・能力を次のとおり育成することを目指す。
知識及び技能	(1)　日常生活や社会生活に必要な国語について，その特質を理解し適切に使うことができるようにする。
思考力，判断力，表現力等	(2)　日常生活や社会生活における人との関わりの中で伝え合う力を高め，思考力や想像力を養う。
学びに向かう力，人間性等	(3)　言葉がもつよさに気付くとともに，言語感覚を養い，国語を大切にしてその能力の向上を図る態度を養う。

■国語科　中学部１段階の「自己決定」を高めるための目標の解釈と関連スキル

段階の目標	１段階
知識及び技能	ア　日常生活や社会生活に必要な国語の知識や技能を身に付けるとともに，我が国の言語文化に親しむことができるようにする。

　中学部は，家庭生活や学校生活において身近な事物や人（家族，教員，友達など）に加え，地域や社会における事物や人との関わりを増やすことが大切な時期です。言葉は地域や社会とのつながりを深めるための大切なツールであるとともに，全ての教科等における資質・能力の育成や学習の基盤となるものです。自己決定を表現するためには，相手の意図を理解することや相手に自分の思いが適切に伝わるようにし，語彙の獲得や言葉を正しく理解し表現する能力を高めることが重要だと考えます。

■国語科　中学部１段階の「自己決定」を意識した内容の抜粋と関連するスキル

知識及び技能	ア(エ)言葉には，意味による語句のまとまりがあることを理解するとともに，話し方や書き方によって意味が異なる語句があることに気付くこと。

　ア(エ)は，言葉の特徴は，ある語句を中心に同義語や類義語，対義語など，その語句と様々な意味関係にある語句が集まって構成している集合であることを示している。例えば，動物や果物の名前，形や色を表す語句等まとまりを意識できることによって，語彙力や意味理解力が向上する。　　　　　　　　　　　　　　　　　　　　　　　　　　　　（解説より抜粋）

　生活の中で使う言葉の中に，同義語や対義語，上位語・下位語，同音異義語などがあることを知り，正しく理解して必要に応じて使えることが，自己決定に関するスキルとなる「選択」や「問題解決」の向上につながっていくと考えます。

※「自己決定の三大要素と関連スキル」は，その段階の教科の目標や内容に応じて10のスキル（第2章参照）から抜粋して意識しながら取り組み，教育活動全体を通して10のスキルを身に付けられるようにします。

＜国語科　中学部１段階＞

■「自己決定の三大要素と関連スキル」を意識した教員の取組案

関連する自己決定のスキル		生徒の自己決定を意識した教員の取組
意志行動 選　択 意思決定 目標設定 計画作成	選　択	・対義語カード「大きい」「小さい」，「高い」「低い」を用意し，カード合わせや対義語となるカードを選択できるようにする。（上位語・下位語，同音異義語等にも同様に活用できる）
	意思決定	・ロールプレイを行い，使う言葉の意図を表せるようにすることで，相手が伝えたいことについて，いくつかのパターンから最も適切なものを答えられるようにする。
	目標設定	・現在知っている言葉や，覚えたい言葉について教員と一緒に考え，１週間，１か月でどのくらいの言葉を覚えるかを目標設定できるようにする。
主体行動 目標達成 自己管理 問題解決 自己主張	目標達成	・学習プリントを用いて，言葉の意味を選択肢から選んだり，文章を読んだりして，理解した語彙がいくつ増えたか確認できるようにする。
		・学習活動を振り返り，聞く，話す，書く活動や言葉遊び，言葉を使ったゲーム等から，どの活動を一番頑張ったのか，言葉の意味をどのくらい獲得したのかを，学習の様子を記録した動画を用いて確認する。
	問題解決	・分からない言葉を調べるときに，自分にとって一番調べやすい方法が分かるように様々なツール（国語辞典，漢字辞典，タブレット端末等）を準備しておく。
	自己主張	・日常会話で学んだ言葉を使って，自分の考えや気持ちを表現する場を設ける。
信　念 自己の気付き 自己理解	自己の気付き	・学習の振り返りを重ねることで，獲得した言葉が増えたことを確認し，さらに，目標に近づいたことを称賛することで，自己の力の向上に気付けるようにする。
	自己理解	・発表の場面を動画等で振り返り，進歩した点を伝えることで，自分の頑張りが分かるようにし，話すことや書くことに自信をもてるようにする。

第Ⅲ部　資料編

各教科の目標及び内容における自己決定（三大要素）を高めるための単元・題材の提案

■国語科　高等部　目標

教科の目標	言葉による見方・考え方を働かせ，言語活動を通して，国語で理解し表現する資質・能力を次のとおり育成することを目指す。
知識及び技能	(1)　社会生活に必要な国語について，その特質を理解し適切に使うことができるようにする。
思考力，判断力，表現力等	(2)　社会生活における人との関わりの中で伝え合う力を高め，思考力や想像力を養う。
学びに向かう力，人間性等	(3)　言葉がもつよさを認識するとともに，言語感覚を養い，国語を大切にしてその能力の向上を図る態度を養う。

■国語科　高等部１段階の「自己決定」を高めるための目標の解釈と関連スキル

段階の目標	１段階
思考力，判断力，表現力等	イ　筋立てて考える力や豊かに感じたり想像したりする力を養い，社会生活における人との関わりの中で伝え合う力を高め，自分の思いや考えをまとめることができるようにする。

　筋道立てて考える力は，主体行動の大事な要素です。それを養うことで，相手や目的を意識したり，話の中心を明確にしたりして構成や内容などを考えることができるようになります。相手に応じた言葉の量や質の高まり，伝え合う力が求められますが，自分の思いや考えをまとめる力は，自己決定に関するスキルである「目標達成」や「自己管理」につながる大切な力だと考えます。

■国語科　高等部１段階の「自己決定」を意識した内容の抜粋と関連するスキル

思考力，判断力，表現力等	B書くこと	ア　相手や目的を意識して，書くことを決め，集めた材料を比較するなど，伝えたいことを明確にすること。

　高等部は卒業後の進路を見据える中で，就労に必要なスキルを高める学習が多くなります。就労に必要なスキルを高める学習の一環として，話して伝えるだけでなく，求められている情報をもとに日報を書いたり，メモや手紙を書いたりして，状況や自分の思いを伝えることが必要になります。伝える手段をできるだけ多く身に付け，的確または端的に自分の思いを伝えられるようになることは，自己決定に関するスキルとなる「問題解決」「自己主張」「自己理解」の向上につながっていくと考えます。

> ※「自己決定の三大要素と関連スキル」は，その段階の教科の目標や内容に応じて10のスキル（第2章参照）から抜粋して意識しながら取り組み，教育活動全体を通して10のスキルを身に付けられるようにします。

＜国語科　高等部１段階＞

■「自己決定の三大要素と関連スキル」を意識した教員の取組案

関連する自己決定のスキル		生徒の自己決定を意識した教員の取組
意志行動 選　択 意思決定 目標設定 計画作成	意思決定	・目的に合わせて自分の思いを伝えるには，どのテンプレートがよいのか，複数の中から選べるようにする。 ・相手に何を伝えたいか，気後れせずに思いつくままタブレット端末を使って入力したり，学習プリントに書く内容を決めたりできるようにする。内容が多数ある場合は，伝えたい内容を比較しながら，何が一番伝えたいかを自分で考え，決定できるようにする。
	目標設定	・テンプレートを使用したり，見本を参考にしたりして，作文や手紙に自分の思いや出来事を明確に書けるよう，誰に，何を伝えるか，いつまでに書き終えるか等の具体的な目標を設定する場を設ける。
主体行動 目標達成 自己管理 問題解決 自己主張	目標達成	・相手や目的に応じた適切な内容や書き方について目標を考え，その目標をルーブリック化しておくことで，書く作業の進捗状況を確認したり，目標への到達度について考えたりできるようにする。
	自己管理	・文書作成の過程で，表現を工夫したり，分かりやすい言葉を選択したりできたか，考える時間をつくる。
	問題解決	・文書作成の過程で分からないことがあったときは，生徒がインターネットで調べたり，教員に確認したりするなどして，自分に合った解決方法を選べるように「問題解決チャート」を作成し，生徒に活用を促す。
	自己主張	・他の生徒が書いたいろいろな礼状を Google スライドなどで集約して読み合い，どの表現がよいか意見交換する場を設ける。
信　念 自己の気付き 自己理解	自己の気付き	・自分の書いた文章を友達に見てもらい，伝えたいことが伝わっているか確認できるよう，分かりやすい箇所や分かりにくい箇所について助言を得る場を設ける。
	自己理解	・書くことや入力すること等，文字で気持ちを表現する手段を使うための力がどのくらい身に付いているか確認する場を設け，今後の学習に生かせるようにする。

第Ⅲ部　資料編

各教科の目標及び内容における自己決定（三大要素）を高めるための単元・題材の提案

■算数科　小学部　目標

教科の目標	数学的な見方・考え方を働かせ，数学的活動を通して，数学的に考える資質・能力を次のとおり育成することを目指す。
知識及び技能	(1) 数量や図形などについての基礎的・基本的な概念や性質などに気付き理解するとともに，日常の事象を数量や図形に注目して処理する技能を身に付けるようにする。
思考力，判断力，表現力等	(2) 日常の事象の中から数量や図形を直感的に捉える力，基礎的・基本的な数量や図形の性質などに気付き感じ取る力，数学的な表現を用いて事象を簡潔・明瞭・的確に表したり柔軟に表したりする力を養う。
学びに向かう力，人間性等	(3) 数学的活動の楽しさに気付き，興味や関心をもち，学習したことを結び付けてよりよく問題を解決しようとする態度，算数で学んだことを学習や生活に活用しようとする態度を養う。

■算数科小学部１段階の「自己決定」に関わる目標（抜粋）

D　測定
ア　身の回りにあるものの量の大きさに気付き，量の違いについての感覚を養うとともに，量に関わることについての技能を身に付けるようにする。
イ　身の回りにあるものの大きさや長さなどの量の違いに注目し，量の大きさにより区別する力を養う。

■算数科小学部１段階の「自己決定」を意識した内容の抜粋と関連するスキル

ア　身の回りにある具体物のもつ大きさに関わる数学的活動を通して，次の事項を身に付けることができるよう指導する。

(ｱ) 次のような知識及び技能を身に付けること。

　㋐　大きさや長さなどを，基準に対して同じか違うかによって区別すること。

　㋑　ある・ない，大きい・小さい，多い・少ない，などの用語に注目して表現すること。

(ｲ) 次のような思考力，判断力，表現力等を身に付けること。

　㋐　大小や多少等で区別することに関心をもち，量の大きさを表す用語に注目して表現すること。

　量の大きさの違いを感じ取ったり，その違いによって二つの量を区別したりと，身の回りの具体物のもつ量の大きさに関心をもてるようにします。また，二つの量を大きい・小さい，多い・少ないなどの用語を用いて表現できるようになることで，何かを選択したり，決めたりするときの基準を形成していくことができると考えます。これは，自己決定に関するスキルとなる「選択」や「目標設定」，そして『もっとほしい』，『もういらない』などといった「自己主張」の向上につながっていくと考えます。

> ※「自己決定の三大要素と関連スキル」は，その段階の教科の目標や内容に応じて10のスキル（第2章参照）から抜粋して意識しながら取り組み，教育活動全体を通して10のスキルを身に付けられるようにします。

＜算数科　小学部１段階＞

■「自己決定の三大要素と関連スキル」を意識した教員の取組案

関連する自己決定のスキル		児童の自己決定を意識した教員の取組
意志行動 選　択 意思決定 目標設定 計画作成	選　択 目標設定	・大きさの違う二つのコップを準備して，ジュースを飲むときにどのコップを使うか児童が選べるようにする。その際，児童が選んだコップの大きさに合わせて「大きいコップだね」「小さいコップだね」「たくさん飲めるね」などと大きさや量について言葉掛けをする。 ・基本的な図形をいくつか見せて，どの形と似ているものを教室で探したいか選べるようにし，授業が終わるまでにいくつ見つけたいか目標数を設定する場を設ける。
主体行動 目標達成 自己管理 問題解決 自己主張	目標達成 自己管理 自己主張	・学級で毎日頑張りたいことを決め，それが毎回できたときにブロックやビー玉などをグラスのビンに入れるようにする。１週間で何個集めたいかを学級で決め，毎日学習の終わりに数え，「みなさん，頑張っていますね。目標まではあといくつです」と伝える。１週間の最後にブロックやビー玉でいっぱいにグラスのビンを見せて，声に出して数を数え，「みなさんの頑張りでビンがいっぱいになりました」などと，目標が達成できたことを一緒に喜べるようにする。 ・給食の配膳時に，教員が児童のごはんやスープを盛り付ける際，食器に入れたごはんやスープを見せながら「もっと入れますか？」等と聞く。児童の発声や指さしなどの要求に応じて「もっとたくさん食べるんだね」「今日は少しでいいんだね」などと量を意識した言葉を掛けながら盛り付けるようにする。
信　念 自己の気付き 自己理解	自己の気付き	・児童が「大きい・小さい」，「多い・少ない」など，どの用語を区別できるか，また，どの用語がまだ練習が必要かを気付くようにする。「大きいのは比べられるね」や「今度は，『少ない』が分かるように練習しようね」などと言葉を掛けて，次の学習につなげる。

第Ⅲ部　資料編

各教科の目標及び内容における自己決定（三大要素）を高めるための単元・題材の提案

■数学科　中学部　目標

教科の目標	数学的な見方・考え方を働かせ，数学的活動を通して，数学的に考える資質・能力を次のとおり育成することを目指す。
知識及び技能	(1) 数量や図形などについての基礎的・基本的な概念や性質などを理解し，事象を数理的に処理する技能を身に付けるようにする。
思考力，判断力，表現力等	(2) 日常の事象を数理的に捉え見通しをもち筋道を立てて考察する力，基礎的・基本的な数量や図形などの性質を見いだし統合的・発展的に考察する力，数学的な表現を用いて事象を簡潔・明瞭・的確に表現する力を養う。
学びに向かう力，人間性等	(3) 数学的活動の楽しさや数学のよさに気付き，学習を振り返ってよりよく問題を解決しようとする態度，数学で学んだことを生活や学習に活用しようとする態度を養う。

■数学科中学部１段階の「自己決定」に関わる目標（抜粋）

D　　データの活用
ア　身の回りにあるデータを分類整理して簡単な表やグラフに表したり，それらを問題解決において用いたりすることについての技能を身に付けられるようにする。
イ　身の回りの事象を，データの特徴に着目して捉え，簡潔に表現したり，考察したりする力を養う。

■数学科中学部１段階の「自己決定」を意識した内容の抜粋と関連するスキル

ア　身の回りにあるデータを簡単な表やグラフで表したり，読み取ったりすることに関わる数学的活動を通して，次の事項を身に付けることができるよう指導する。

　(ｱ) 次のような知識及び技能を身に付けること。

　　㋐　身の回りにある数量を簡単な表やグラフに表したり，読み取ったりすること。

　(ｲ) 次のような思考力，判断力，表現力等を身に付けること。

　　㋐　身の回りの事象に関するデータを整理する観点に着目し，簡単な表やグラフを読み取ったり，考察したりすること。

　　例えば，表やグラフを用いて体育館を１周走るごとにシールを貼って何周走ることができたかを示したり，ゲームの勝敗を○×で表したりすることで，『今日は○周走る』『ゲームで○回勝てるようにする』など，自分の目標を設定しやすくなったり，その結果がどうであったかということを目標と比べられるようになったりします。それは，目標に対して『もう少し○○を頑張ろう』『△△はできているから継続しよう』というような自己決定に関するスキルとなる「自己管理」や，自分ができていることを把握し，自信を高めていく「自己の気付き」の向上につながっていくと考えます。

※「自己決定の三大要素と関連スキル」は，その段階の教科の目標や内容に応じて10のスキル（第2章参照）から抜粋して意識しながら取り組み，教育活動全体を通して10のスキルを身に付けられるようにします。

＜数学科　中学部１段階＞

■「自己決定の三大要素と関連スキル」を意識した教員の取組案

関連する自己決定のスキル		生徒の自己決定を意識した教員の取組
意志行動 選　　択 意思決定 目標設定 計画作成	意思決定	・学級や学部で給食献立アンケートを行い，「ご飯派・パン派・麺派」などの割合を調べ，その結果をランキング化する活動を行う。その際，どの表やグラフで表した方が，対象の人に伝わりやすいかを考えて選ぶことができるようにする。
	目標設定	・自分が住む地域の平均気温が示された折れ線グラフを参考に，折れ線グラフを使ってどのような変化，頻度，期間を調べたいのか目標を設定できるようにする。 ・１日の過ごし方について円グラフで表し，自分が充実させたい時間について考える場を設ける。そして，どうしたらそれが可能になるか，円グラフを活用して時間の使い方を見直し，１日の過ごし方について目標設定する場を設ける。
主体行動 目標達成 自己管理 問題解決 自己主張	目標達成	・折れ線グラフや円グラフで表したことを学級で発表する。そして，発表を聞いた友達から「どのようなことが分かったか」「使ったグラフは分かりやすかったか」ということについて感想を話してもらう場を設ける。
	自己管理	・製作した製品の数を示す出来高表を作成し，その表から目標とする数を決めて，目標とする部分に印を付けておく。それを見て，作業の進捗状況から目標の数の完成に向けて作業スピードを速めたり，失敗しないよう丁寧に作業したりすることを考えられるようにする。 ・自分の目標や，目標に対しての達成状況を簡単な表やグラフにして表すことで，自分のできていることやもう少し頑張りが必要なことを確認できるようにする。
信　　念 自己の気付き 自己理解	自己の気付き 自己理解	・生活の中にある折れ線グラフや棒グラフ，円グラフで示されているものを見つけ，それらが生活の中でどのように役立っているのか認識できるようにする。 ・データの活用に関する自分の目標に対しての達成状況を振り返り，次への数学の学習につながるようにする。

第Ⅲ部　資料編

各教科の目標及び内容における自己決定（三大要素）を高めるための単元・題材の提案

■数学科　高等部　目標

教科の目標	数学的な見方・考え方を働かせ，数学的活動を通して，数学的に考える資質・能力を次のとおり育成することを目指す。
知識及び技能	(1)　数量や図形などについての基礎的・基本的な概念や性質などを理解するとともに，日常の事象を数学的に解釈したり，数学的に表現・処理したりする技能を身に付けるようにする。
思考力，判断力，表現力等	(2)　日常の事象を数理的に捉え見通しをもち筋道を立てて考察する力，基礎的・基本的な数量や図形などの性質を見いだし統合的・発展的に考察する力，数学的な表現を用いて事象を簡潔・明瞭・的確に表現したり目的に応じて柔軟に表したりする力を養う。
学びに向かう力，人間性等	(3)　数学的活動の楽しさや数学のよさを実感し，数学的に表現・処理したことを振り返り，多面的に捉え検討してよりよいものを求めて粘り強く考える態度，数学を生活や学習に活用しようとする態度を養う。

■数学科高等部１段階の「自己決定」に関わる目標（抜粋）

D　データの活用
ア　データを円グラフや帯グラフで表す表し方や読み取り方，測定した結果を平均する方法について理解するとともに，それらの問題解決における用い方についての技能を身に付けるようにする。

■数学科高等部１段階の「自己決定」を意識した内容の抜粋と関連するスキル

ア　データの収集とその分析に関わる数学的活動を通して，次の事項を身に付けることができるように指導する。 (イ)　次のような思考力，判断力，表現力等を身に付けること。 ㋐　目的に応じてデータを集めて分類整理し，データの特徴や傾向に着目し，問題を解決するために適切なグラフを選択して読み取り，その結論について多面的に捉え，考察すること。

　数値化されたデータをグラフで表したり，それを読み取ったりできるようになることで，視覚的に目標に対しての達成状況や，自分の行動についての問題点を捉えやすくなると考えます。どこに課題や障壁があるかを客観的に把握し，その数値が表す意味について，他者から意見を求めるなどして多面的に捉え，質的に解釈していくことで，よりよい解決方法を考えられるようになると思われます。それは，自己決定に関するスキルとなる「目標達成」「自己管理」「問題解決」の向上につながっていくと考えます。

> ※「自己決定の三大要素と関連スキル」は，その段階の教科の目標や内容に応じて10のスキル（第2章参照）から抜粋して意識しながら取り組み，教育活動全体を通して10のスキルを身に付けられるようにします。

＜数学科　高等部１段階＞

■「自己決定の三大要素と関連スキル」を意識した教員の取組案

関連する自己決定のスキル		生徒の自己決定を意識した教員の取組
意志行動 選　　択 意思決定 目標設定 計画作成	選　　択	・現場実習先から得られた実習評価の結果から，各評価項目の結果を比較する際に，自分にとって分かりやすいグラフを選べるようにする。
	意思決定	・現場実習の評価結果を示したグラフから，評価の高い項目や低い項目を読み取り，自分の強みや課題を把握することで，今後目指していく姿になるために必要な具体的な事柄をいくつか示すことができるようにする。
	目標設定 計画作成	・現場実習の評価結果を示したグラフから自分の現状を読み取り，次の現場実習に向けた数値目標を設定できるようにする。また，それを達成するために必要なことを教員と一緒に考えられるようにする。
主体行動 目標達成 自己管理 問題解決 自己主張	目標達成	・生徒が日々の目標に対する評価を数値化し，１週間や１ヶ月毎の平均値を出して記録していくことで，目標達成に向けた進捗状況を確認し，最終的に達成したか考えられるようにする。
	自己管理	・生徒が自分の目標に応じて，自分の体重や運動時間，食事について毎日記録し，体重の変容を折れ線グラフで表していくことで，運動時間や食事量を調節できるようにする。
	問題解決	・生徒が自分のその日の感情（うれしい，不安等）を数値化し，グラフで表せるようにする。それを１週間毎に振り返ることで，どのようなときにどの感情が高まるかを生徒と確認し，その対応策について考え，対応策表を作成する。
		・給食の食べ残しを減らすため，学級で残ったご飯の量を生徒が毎日計測し，記録したものをグラフ化することで，問題意識がもてるようにする。また，学級全体で意見を出し合い原因を探ることで，よりよい改善策を考えられるようにする。
信　　念 自己の気付き 自己理解	自己理解	・生徒が日々の目標に対する評価を数値化して記録し，１週間や１ヶ月毎にその評価を振り返られるようにする。その際，評価の高い日と低い日を比較し，自分にとってどのような条件が整うと評価が高くなるのかを知ることができるようにする。

第Ⅲ部　資料編

各教科の目標及び内容における自己決定（三大要素）を高めるための単元・題材の提案

■生活科　小学部　目標

教科の目標	具体的な活動や体験を通して，生活に関わる見方・考え方を生かし，自立し生活を豊かにしていくための資質・能力を次のとおり育成することを目指す。
知識及び技能	ア　活動や体験の過程において，自分自身，身近な人々，社会及び自然の特徴やよさ，それらの関わり等に気付くとともに，生活に必要な習慣や技能を身に付けるようにする。
思考力，判断力，表現力等	イ　自分自身の身の回りの生活のことや，身近な人々，社会及び自然と自分との関わりについて理解し，考えたことを表現することができるようにする。
学びに向かう力，人間性等	ウ　自分のことに取り組んだり，身近な人々，社会及び自然に自ら働きかけ，意欲や自信をもって学んだり，生活を豊かにしようとしたりする態度を養う。

■生活科小学部３段階の「自己決定」を意識した内容の抜粋と関連するスキル

コ　社会の仕組みと公共施設
　　自分の地域や周辺の地理などの社会の様子，警察署や消防署などの公共施設に関わる学習活動を通して，次の事項を身に付けることができるように指導する。
（ｱ）日常生活に関わりのある社会の仕組みや公共施設が分かり，それらを表現すること。
（ｲ）日常生活に関わりのある社会の仕組みや公共施設などを知ったり，活用したりすること。

　「自分の地域や周辺の地理などの社会の様子」とは，身近な地域の特色ある地形，土地利用の様子，交通の様子，主な公共施設などの場所と働き，そこで働く人の様子のことなどである。例えば，調べ学習を通して，公共施設等の名称やその特徴を知るとともに，それらが社会で果たしている役割や働きについても関心を高めることが大切である。また，児童が必要に応じて公共施設や交通機関などを活用できる力を育てていくことも大切である。

（解説から抜粋）

　公共施設や交通機関について知ったり，その利用方法やそれらの施設等が社会で果たしている役割や働きについて関心を高めたりすることによって，学校で学ぶことと社会（将来の自分）をつなげる基盤が形成されていくと考えます。また，公共施設や交通機関等を活用する力が身に付くことは，自らの意思に基づいて行動を起こすための手段や方法の獲得にもつながります。それは，自己決定に関連するスキルとなる「意思決定」や「目標設定」，そして実際に行動を起こすために必要なスキルとなる「目標達成」や「自己管理」，「自己主張」へつながることが期待できます。また，実際に行動した結果，何を思い，何を感じたのかを振り返り，自分の興味関心についての認識を深めていくことは「自己の気付き」の向上につながっていくと考えます。

※「自己決定の三大要素と関連スキル」は，その段階の教科の目標や内容に応じて10のスキル（第2章参照）から抜粋して意識しながら取り組み，教育活動全体を通して10のスキルを身に付けられるようにします。

＜生活科　小学部3段階＞

■「自己決定の三大要素と関連スキル」を意識した教員の取組案

関連する自己決定のスキル		児童の自己決定を意識した教員の取組
意志行動 選　択 意思決定 目標設定 計画作成	選　択	・公共施設の絵とそこで働く人々の絵を正確に一致できるようにしたり，各公共施設の絵と，その施設が地域で担う役割について説明している文を正しく線で結んだりする活動を行う。
	目標設定	・学校が休みのときに家族と行ってみたい公共施設を選び，その公共施設でできることや学べる内容について，テンプレートを使って家族と一緒に調べられるよう，いつ，誰と一緒に調べるか目標を立てる場を設ける。 ・将来，公共施設と関わる仕事に就きたいかを考え，その仕事がどのような大切なことをしているのかを学び，自分が大人になった姿を想像できるような機会を設ける。
	計画作成	・公共交通機関を使い，どのように自宅から目的の公共施設まで往復ができるのかをインターネットや地図などを使いながら教員と一緒に移動計画を立てる場を設ける。
主体行動 目標達成 自己管理 問題解決 自己主張	目標達成	・校外学習等で公共施設に行った過程を振り返り，自分が立てた計画について「予定通りできた」「まあまあ予定通りできた」「予定通りにできなかった」の中から自己評価できるようにする。
	問題解決	・公共施設や交通機関で，もし家族などと離れてしまった場合を想定して，いくつかの対応策を教員や友達と一緒に考え，ロールプレイなどで練習できるようにする。
	自己主張	・どの公共施設に行ったことがあるか，そこで何をしたのかなど，写真や動画を使いながら友達と発表し合い，次に行ってみたい場所を選び，それを選んだ理由について発表する場を設ける。
信　念 自己の気付き 自己理解	自己の気付き	・児童が知っている公共施設等の正しい名称や，その特徴を知ることで，それらが社会で果たしている役割や働きについて，児童の関心を高めつつ，分かったことや気付いたことを発表する場を設ける。 ・自分の住む地域で，安心して暮らせるための様々なサポート（例：警察署や消防署など）があることを理解し，地域の一員としての意識づくりができるようにする。

第Ⅲ部　資料編

各教科の目標及び内容における自己決定（三大要素）を高めるための単元・題材の提案

■社会科　中学部　目標

教科の目標	日常生活に関わる社会的事象について理解し，地域社会の一員としての資質・能力の基礎を次のとおり育成することを目指す。
知識及び技能	ア　自分たちの都道府県の地理的環境の特色，地域の人々の健康と生活環境を支える役割，自然災害から地域の安全を守るための諸活動及び地域の伝統と文化並びに社会参加するためのきまり，社会に関する基本的な制度及び外国の様子について，具体的な活動や体験を通して，人々の生活との関連を踏まえて理解するとともに，調べまとめる技能を身に付けるようにする。
思考力，判断力，表現力等	イ　社会的事象について，自分の生活や地域社会と関連付けて具体的に考えたことを表現する力を養う。
学びに向かう力，人間性等	ウ　社会に自ら関わろうとする意欲をもち，地域社会の中で生活することの大切さについての自覚を養う。

■社会科中学部２段階の「自己決定」を意識した内容の抜粋と関連するスキル

イ　公共施設と制度
（ア）公共施設の役割に関わる学習活動を通して，次の事項を身に付けることができるよう指導する。
　　㋐自分の生活の中で公共施設や公共物の役割とその必要性を理解すること。
　　㋑公共施設や公共物の役割について調べ，生活の中での利用を考え，表現すること。

　公共施設や公共物の役割について調べ，快適な社会生活を営むのに役立つことを理解し，現在や将来の自分の生活の中での利用について考えられるようにする。
　公共物である情報メディアを活用することにより，自分の生活が快適になったり，円滑になったりすることに気付くようにする。　　　　　　　　　（解説より抜粋し，一部改変）

　　体育館や公民館，美術館など，公共施設でどのようなイベントが開催されているかを調べ，自分の生活を充実させるために利用しようと考えたり，その利用のための知識や技能を身に付けたりしていくことは，自分の生活を豊かにしていくと考えます。そして自分の生活を豊かにするために行動を起こすことは，自己決定に関するスキルとなる「問題解決」や「自己主張」の向上へつながっていくと考えます。また，情報メディアの活用については，例えば乗車時刻や乗り換えについてインターネットで調べることや，気象情報について新聞やテレビ・ラジオ・インターネットで情報を得ることが挙げられます。このような公共物である情報メディアを活用し，自分の生活について計画を立てていくこと（行き先や集合時間に合わせて公共交通機関の乗車する時刻を決めたり，降水確率を確認して傘を持っていくかどうか決めたりすること）は，自己決定に関するスキルとなる「意思決定」「目標設定」「計画作成」の向上につながっていくと考えます。

※「自己決定の三大要素と関連スキル」は，その段階の教科の目標や内容に応じて10のスキル（第2章参照）から抜粋して意識しながら取り組み，教育活動全体を通して10のスキルを身に付けられるようにします。

＜社会科　中学部2段階＞

■「自己決定の三大要素と関連スキル」を意識した教員の取組案

関連する自己決定のスキル		生徒の自己決定を意識した教員の取組
意志行動 選　択 意思決定 目標設定 計画作成	意思決定	・地域にある公共施設や公共物の役割について調べる学習で，過去に行った経験があったり，知っていたりする施設とそうでない施設に分ける。それを基に，どの施設に関してもっと知りたいかを決められるようにする。
	目標設定	・地域にある公共施設に行くための公共交通機関の利用に向け，これから習得しなければいけない知識やスキルを教員と一緒に整理し，優先順位の高いスキルから獲得できるよう目標設定する場を設ける。
	計画作成	・関心がある公共施設について，その施設でできることや，やってみたいこと，利用するための手続きを生徒が調べ，実際に利用する計画を立てられるようにする。
主体行動 目標達成 自己管理 問題解決 自己主張	目標達成	・公共交通機関や公共施設の利用の仕方など，分かったことやできるようになったこと，まだ学習が必要なことが分かるように目標達成シートを作成し，生徒が活用できるようにする。
	自己管理	・新聞やインターネットなどを利用して明日の天気予報を調べ，服装や傘の必要性などについて考えて準備をするための練習の場を設ける。
	問題解決	・雨が降った場合に想定される移動時の障壁（例：バスが遅れる，歩行困難になる等）について考え，どのような対応が必要かを家族や教員と話し合う場を設ける。
	自己主張	・公共交通機関の利用や公共施設の利用にあたり，困ったときの援助要請の仕方について考えたり，練習したりする場を設ける。
信　念 自己の気付き 自己理解	自己の気付き 自己理解	・写真や動画を見て，公共交通機関や公共施設の利用で学習してきたことを振り返り，自信がついたことや，できるようになったことを発表したり，身に付けた知識やスキルを活用して今後どのようなことにチャレンジしていきたいか友達と意見交換したりする場を設ける。

第Ⅲ部　資料編

各教科の目標及び内容における自己決定（三大要素）を高めるための単元・題材の提案

■理科　高等部　目標

教科の目標	自然に親しみ，理科の見方・考え方を働かせ，見通しをもって，観察，実験を行うことなどを通して，自然の事物・現象についての問題を科学的に解決するために必要な資質・能力を次のとおり育成することを目指す。
知識及び技能	(1)　自然の事物・現象についての基本的な理解を図り，観察，実験などに関する初歩的な技能を身に付けるようにする。
思考力，判断力，表現力等	(2)　観察，実験などを行い，解決の方法を考える力とより妥当な考えをつくりだす力を養う。
学びに向かう力，人間性等	(3)　自然を愛する心情を養うとともに，学んだことを主体的に生活に生かそうとする態度を養う。

■理科　高等部２段階の「自己決定」を高めるための目標の解釈と関連スキル

段階の目標	２段階
思考力，判断力，表現力等	イ　生物の体のつくりと働き，生物と環境との関わりについて調べる中で，主にそれらの働きや関わりについて，より妥当な考えをつくりだす力を養う。

■理科　高等部２段階の「自己決定」を意識した内容の抜粋と関連するスキル

A　生命
　ア　人の体のつくりと働き
　　　人や他の動物について，体のつくりと呼吸，消化，排出及び循環の働きに着目して，生命を維持する働きを多面的に調べる活動を通して，次の事項を身に付けることができるよう指導する。
　（イ）人や他の動物の体のつくりと働きについて調べる中で，体のつくりと呼吸，消化，排出及び循環の働きについて，より妥当な考えをつくりだし，表現すること。

　『より妥当な考えをつくりだす』とは，生物の体のつくりと働き，生物と環境の関わりについて，予想や仮設，観察，実験などの方法を振り返り，再検討したり，複数の観察，実験などから得た結果を基に考察をしたりすることを通して，自分が既にもっている考えを，より科学的なものに変容させることです。予想したり仮説を立てたりし，観察や実験などを通して再検討をしたり，考察したりすることは，自己決定に関するスキルの「目標設定」「計画作成」「目標達成」「自己管理」の向上につながっていくと考えます。

※「自己決定の三大要素と関連スキル」は，その段階の教科の目標や内容に応じて10のスキル（第2章参照）から抜粋して意識しながら取り組み，教育活動全体を通して10のスキルを身に付けられるようにします。

＜理科　高等部２段階＞

■「自己決定の三大要素と関連スキル」を意識した教員の取組案

関連する自己決定のスキル		生徒の自己決定を意識した教員の取組
意志行動 選　択 意思決定 目標設定 計画作成	意思決定	・石灰水を白く濁らせる物質は二酸化炭素であることを説明した後に，吐いた息を集めて石灰水に通すと，石灰水は白く変わるか変わらないか，既習の知識を基に予想する場を設ける。その後実験を通して白く濁った石灰水から，実験の結果から何が言えるのか，分かったことを発表する場を設ける。
	目標設定 計画作成	・食べたものが体にどのように吸収されていくか既習の知識を確認した後に，どのようなことをもっと知りたいと思うか意見を出し合う場を設ける。生徒が知りたいと思った内容を整理して調査グループをつくり，各グループで調査する内容をいつまでにどのような方法で調べ，どのようにまとめて発表するか計画を立てる場を設ける。
主体行動 目標達成 自己管理 問題解決 自己主張	目標達成 自己管理	・調査発表会に向けて，調査（例：呼吸の働き，消化の働き，血液の働きなど）がどの程度進んでいるかを確認できるよう，調査期間内にどのように調査を進めていくのかを記載する調査計画書を準備し，随時進捗状況を確認したり，取りかからなければいけないことの優先順位について考えたりできるようにする。また，調べる方法について再検討できるようにする。
	問題解決	・食べ物の通り道になっている口→胃→小腸→大腸のそれぞれの場所で食べたものが，どのくらいの時間でどのような形状に変わっていくか，実際の写真を用いて変化を予想する。その後，動画教材を見て自分の考えが正しかったかどうかを確認した後に，自分の考えと違っていたところや，もっと知りたいと感じたところを調べる場を設ける。
信　念 自己の気付き 自己理解	自己理解	・自分の食べているものが，自分の体にどのような影響を与えているのかということや，適度な運動によってなぜ血液の循環がよくなるのかということについて話し合う場を設け，自分の現状を考えられるようにする。

第Ⅲ部　資料編

各教科の目標及び内容における自己決定（三大要素）を高めるための単元・題材の提案

■音楽科　小学部　目標

教科の目標	表現及び鑑賞の活動を通して，音楽的な見方・考え方を働かせ，生活の中の音や音楽に興味や関心をもって関わる資質・能力を次のとおり育成することを目指す。
知識及び技能	(1) 曲名や曲想と音楽のつくりについて気付くとともに，感じたことを音楽に表現するために必要な技能を身に付けるようにする。
思考力，判断力，表現力等	(2) 感じたことを表現することや，曲や演奏の楽しさを見いだしながら，音や音楽の楽しさを味わって聴くことができるようにする。
学びに向かう力，人間性等	(3) 音や音楽に楽しく関わり，協働して音楽活動をする楽しさを感じるとともに，身の回りの様々な音楽に親しむ態度を養い，豊かな情操を培う。

■音楽科　小学部２段階の「自己決定」を高めるための目標の解釈と関連スキル

段階の目標	２段階
思考力，判断力，表現力等	イ　音楽表現を工夫することや，表現することを通じて，音や音楽に興味をもって聴くことができるようにする。

　小学部段階では，生活の中の音や音楽に興味・関心をもって関わる資質・能力の育成を重視しています。音や音楽は自己のイメージや感情を表したり，友達や他の人と興味や趣味を共有したりすることなどにおいても意味があるものです。児童の音楽遊びや歌唱，楽器の演奏，身体表現等といった多様な音楽活動を通して，自分なりの思いを育むことが自己決定に関するスキルの「意思決定」「自己の気付き」へつながると考えます。

■音楽科　小学部２段階の「自己決定」を意識した内容の抜粋と関連するスキル

思考力，判断力，表現力等	イ (ア) 器楽表現についての知識や技能を得たり生かしたりしながら，身近な打楽器などに親しみ音を出そうとする思いをもつこと。

　音や音楽は日常生活の中にあふれています。一人一人の興味・関心，好みによって，どんな音や音楽に親しむかには大きな違いがあり，様々な音や音楽に親しむには，音楽活動を通して，自分の興味・関心の幅を広げたり，器楽演奏で他者との関わりを意識できるようにしたりすることが大切です。そして，身近な打楽器に親しみ，音を出そうとする思いの実現を通して，新たな知識や技能を習得することや，これまでに習得した知識や技能を活用して表現したりすることは，自己決定に関するスキルである「計画作成」「自己管理」の向上につながっていくと考えます。

> ※「自己決定の三大要素と関連スキル」は，その段階の教科の目標や内容に応じて10のスキル（第2章参照）
> から抜粋して意識しながら取り組み，教育活動全体を通して10のスキルを身に付けられるようにします。

＜音楽科　小学部２段階＞

■「自己決定の三大要素と関連スキル」を意識した教員の取組案

関連する自己決定のスキル		児童の自己決定を意識した教員の取組
意志行動 選　択 意思決定 目標設定 計画作成	選　　択	・身近にある物を選び，手やバチ等を使って自由に音を鳴らして，様々な音に親しむことができるようにする。 ・身近な打楽器「タンバリン」「カスタネット」「太鼓」から自分のやりたい楽器を選び，既習の曲に合わせて，自分の思うように音を出せるようにする。
	目標設定	・「ウッドブロック」「ギロ」等の打楽器を使い，いくつの音階や和音を鳴らすことができるようになれるのか目標設定の場を設ける。
	計画作成	・演奏会に向けた練習計画を児童と一緒に立てる。
主体行動 目標達成 自己管理 問題解決 自己主張	目標達成	・学級での音楽活動を通じて，各自が好きな楽器や得意な楽器を見つけることを目標とし，その達成度を「見つけた！」「もういくつか見つけたい」「まだ見つかっていない」などと示した記号や絵カードを指さすことで表現できるようにする。
	自己管理	・楽器選びや，音を出す様子から，自ら進んで学習に取り組んでいる様子を教員が伝える。 ・演奏の技術が高まったどうかを判断できるよう，単元の始まりと終わりの活動の様子を撮影した動画等で比較する場を設ける。
	自己主張	・自分の役割やパートを意識した演奏ができているか，演奏中の動画を見て教員と一緒に考える場を設ける。 ・演奏会の曲以外で，聴きたい音楽や演奏してみたい楽器について自分の思いを伝える場を設ける。
信　念 自己の気付き 自己理解	自己の気付き	・動画等を活用した演奏会の振り返り活動を行い，他の児童を意識して楽器を鳴らしていたことや，演奏技術がどのくらい向上したかといったことを児童に知らせ，頑張った点を一緒に確認したり褒めたりする。 ・演奏会に参加した教職員や保護者から感想を聞き，児童たちが他者からの評価を通して，サポートの輪に対する感謝の気持ちが芽生えるようにする。

第Ⅲ部　資料編

各教科の目標及び内容における自己決定（三大要素）を高めるための単元・題材の提案

■図画工作科　小学部　目標

教科の目標	表現及び鑑賞の活動を通して，造形的な見方・考え方を働かせ，生活や社会の中の形や色などと豊かに関わる資質・能力を次のとおり育成することを目指す。
知識及び技能	(1)　形や色などの造形的な視点に気付き，表したいことに合わせて材料や用具を使い，表し方を工夫してつくることができるようにする。
思考力，判断力，表現力等	(2)　造形的なよさや美しさ，表したいことや表し方などについて考え，発想や構想をしたり，身の回りの作品などから自分の見方や感じ方を広げたりすることができるようにする。
学びに向かう力，人間性等	(3)　つくり出す喜びを味わうとともに，感性を育み，楽しく豊かな生活を創造しようとする態度を養い，豊かな情操を培う。

■図画工作科　小学部２段階の「自己決定」を高めるための目標の解釈と関連スキル

段階の目標	２段階
思考力，判断力，表現力等	イ　表したいことを思い付いたり，作品などの面白さや美しさを感じ取ったりすることができるようにする。

　児童が何を表現したいか思い付くためには，視覚や触覚などの感覚を通して，土や粘土などの材料にかかわって楽しむことや，身近にある材料を並べること，積むこと，何かに見立てること等の活動をすることが大切です。児童の感情や経験から，児童が感じたことを表現できるようになることは，自己決定に関するスキルの「自己主張」「目標設定」につながると考えます。さらに，他の生徒が作成した作品からも面白さや美しさを感じ取れる授業づくりは，「自己の気付き」につながると考えます。

■図画工作科　小学部２段階の「自己決定」を意識した内容の抜粋と関連するスキル

思考力，判断力，表現力等	A　表現	ア(ｱ)材料や，感じたこと，想像したこと，見たことから表したいことを思い付くこと。

　うれしかったことや不思議に感じたこと，見て感じたことが，表現したいこととして想像でき，それらを絵や形にして表すことは，自己を表現する力を高めることにつながります。それは，自己決定に関連するスキルの「意思決定」や「自己主張」の向上につながるとともに，自分の思いを伝える方法は言葉だけではなく，自分の好みや特性を活かした様々な方法があるという「自己の気付き」の向上につながっていくと考えます。

> ※「自己決定の三大要素と関連スキル」は，その段階の教科の目標や内容に応じて10のスキル（第2章参照）から抜粋して意識しながら取り組み，教育活動全体を通して10のスキルを身に付けられるようにします。

＜図画工作科　小学部2段階＞

■「自己決定の三大要素と関連スキル」を意識した教員の取組案

関連する自己決定のスキル		児童の自己決定を意識した教員の取組
意志行動 選　択 意思決定 目標設定 計画作成	選　択	・材料や用具を用意し，児童が自分で興味があるものを選び，触れられるようにする。 材料：土，砂，石，粘土，草木，紙，新聞紙，布，ビニル袋，縄やひも，プラスチックなど 用具：クレヨン，パス，水彩絵の具，カラーペン，など
	目標設定	・動物，食べ物，身近な人物や，行事等から題材を設定し，何をかきたいか（つくりたいか）を写真等から選ぶことができるようにする。
	計画作成	・児童の思いを生かした完成予想図を児童と一緒に作成し，児童が取り組むことをイメージできるようにする。児童が選んだ材料や用具をプリント等に記録し，制作のときにその材料や用具を生かせるようにする。
主体行動 目標達成 自己管理 問題解決 自己主張	目標達成	・出来上がった作品と完成予想図とを比較しながら，自分で「思い通りにできた」「まあまあ思い通りにできた」「思い通りにできなかった」を指さして，出来栄えを振り返る場を設ける。（タブレット端末を活用してもよい）
	自己管理	・授業の終わりに，活動の様子を撮った写真をホワイトボードに並べたり，モニターに映したりする。どの活動を一番頑張ったのか，楽しむことができたのか，「一番は？」などの言葉掛けに応じて写真を指さしたり，番号の付いたカードなどを貼ったりする活動を通して，順位付けをする場を設ける。
	自己主張	・学級の友達の作品を見て，気に入ったところや自分の作品との違いを指さし等で伝える場を設ける。 ・作品発表会等で，どの活動を頑張ったのか，どこを工夫したかなどを，作品を指さして伝えたり，発声して伝えたりする場を設ける。
信　念 自己の気付き 自己理解	自己の気付き	・鑑賞の機会を通じて，自分の作品のよさや，他者の作品のよさに気付けるようにする。 ・完成予想図と実際にできた作品を比べたり，新たな工夫や表現を教員から知らせたりしながら称賛することで，自分の成長に気付けるようにする。

第Ⅲ部　資料編

各教科の目標及び内容における自己決定（三大要素）を高めるための単元・題材の提案

■美術科　中学部　目標

教科の目標	表現及び鑑賞の活動を通して，造形的な見方・考え方を働かせ，生活や社会の中の美術や美術文化と豊かに関わる資質・能力を次のとおり育成することを目指す。
知識及び技能	(1) 造形的な視点について理解し，表したいことに合わせて材料や用具を使い，表し方を工夫する技能を身に付けるようにする。
思考力，判断力，表現力等	(2) 造形的なよさや面白さ，美しさ，表したいことや表し方などについて考え，経験したことや材料などを基に，発想し構成するとともに，造形や作品などを鑑賞し，自分の見方や感じ方を深めることができるようにする。
学びに向かう力，人間性等	(3) 創造活動の喜びを味わい，美術を愛好する心情を育み，感性を豊かにし，心豊かな生活を営む態度を養い，豊かな情操を培う。

■美術科　中学部2段階の「自己決定」を意識した内容の抜粋と関連するスキル

段階の目標		2段階
思考力，判断力，表現力等	A　表現	ア(イ)材料や用具の使い方を身に付け，表したいことに合わせて材料や用具の特徴を生かしたり，それらを組み合わせたりして計画的に表すこと。
作品のイメージを具現化するために，材料の特徴（鋭い感じ，滑らかな感じ，重さ，丈夫さ等）や用具の特徴（削る，つなぐ等）の組み合わせを考える。　　　　（解説より抜粋）		

　自己決定を発揮するため，複数の選択肢から自分の状況に合うことを選ぶには，自分が経験したことに加えて，自分がイメージする世界や，自分の思いや願いを心に浮かべ，想像したり構想したりすることも必要です。材料や用具の特徴を理解し，何を選択し，どう組み合わせるかによって，表現の仕方や完成作品が異なってくることをイメージし，計画的に作品を制作すること，そして，試行錯誤しながら問題解決し，自分が表現する作品を自分の思いやイメージに近づけていくといった活動は，自己決定に関連するスキルである「選択」や「計画作成」「問題解決」の向上につながると考えます。また，美術作品に触れ，情操を豊かにすることは，自己決定に関連するスキルである「自己の気付き」や「自己理解」の向上につながっていくと考えます。

> ※「自己決定の三大要素と関連スキル」は，その段階の教科の目標や内容に応じて10のスキル（第2章参照）から抜粋して意識しながら取り組み，教育活動全体を通して10のスキルを身に付けられるようにします。

＜美術科　中学部2段階＞

■「自己決定の三大要素と関連スキル」を意識した教員の取組案

関連する自己決定のスキル		生徒の自己決定を意識した教員の取組
意志行動 選　択 意思決定 目標設定 計画作成	選　択	・用意された材料や用具から，自分の作品のイメージに合うものを選択し，感触や使い方を確かめる場を設ける。（描く活動か，つくる活動かで選択肢を考える） 材料：粘土，紙，石，布，木，金属，プラスチック，スチレンボード，ニス，など 用具：水彩絵の具，塗装用具，接着剤，彫刻刀，電動糸のこぎり，金属加工用具，版画の用具など
	意思決定	・動物，食べ物，身近な人物といった具体的な題材か，想像したことを題材にするかを決め，何を描きたいか（作りたいか）を写真等から選んだり，下絵を描いたりする場を設ける。
	目標設定	・生徒が制作する作品の完成予想図を教員が一緒に確認し，「ここはどうしてこの色にするの？」「ここはどのような材料を使うの？」等と問い掛けをすることで，生徒が使う材料や用具、制作過程について具体的なイメージをもてるようにする。
	計画作成	・生徒が選んだ材料や用具をプリント等に記録し，材料確保と制作をどのように進めていくか計画を立てられるようにする。
主体行動 目標達成 自己管理 問題解決 自己主張	目標達成	・出来上がった作品と完成予想図とを比較しながら，出来栄えを振り返る場を設ける。
	自己管理	・作品の制作スケジュールを授業後に毎回振り返り，進捗状況を意識できるようにする。
	問題解決	・制作中に悩んだときは，タブレット端末を使い，本物のアーティストの制作動画を見て参考にしてよいことを事前に伝える。
	自己主張	・作品鑑賞会等で，どの活動を頑張ったのか，どこを工夫したのかなど，発表する場を設ける。
信　念 自己の気付き 自己理解	自己の気付き	・制作した作品の鑑賞会を行い，自分の作品との違いから様々な表現方法があることを知るとともに，自分の作品のよさを教員や友達の称賛によって気付ける機会をつくる。

第Ⅲ部　資料編

各教科の目標及び内容における自己決定（三大要素）を高めるための単元・題材の提案

■体育科　小学部　目標

教科の目標	体育や保健の見方・考え方を働かせ，課題に気付き，その解決に向けた学習過程を通して，心と体を一体として捉え，生涯にわたって心身の健康を保持増進し，豊かなスポーツライフを実現するための資質・能力を次のとおり育成することを目指す。
知識及び技能	(1)　遊びや基本的な運動の行い方及び身近な生活における健康について知るとともに，基本的な動きや健康な生活に必要な事柄を身に付けるようにする。
思考力，判断力，表現力等	(2)　遊びや基本的な運動及び健康についての自分の課題に気付き，その解決に向けて自ら考え行動し，他者に伝える力を養う。
学びに向かう力，人間性等	(3)　遊びや基本的な運動に親しむことや健康の保持増進と体力の向上を目指し，楽しく明るい生活を営む態度を養う。

■体育科科小学部３段階の目標（抜粋）

段階の目標	３段階
知識及び技能	ア　基本的な運動の楽しさを感じ，その行い方を知り，基本的な動きを身に付けるとともに，健康や心身の変化について知り，健康な生活ができるようにする。

■体育科小学部３段階の「自己決定」を意識した内容の抜粋と関連するスキル

知識及び技能	A　体つくり運動	ア　基本的な体つくり運動の楽しさを感じ，その行い方を知り，基本的な動きを身に付けること。

　基本的な体つくり運動は，『体ほぐしの運動』と『多様な動きをつくる運動』で構成されています。体ほぐしの運動では，手軽な運動を行い，体を動かす楽しさや心地よさを味わうことを通して，自分や友達の心と体の状態に気付けるようにすることが大切です。自分の心と体の状態に気付くことは，自己決定に関するスキルの「自己管理」や「自己の気付き」につながると考えます。また，多様な動きをつくる運動では，体のバランスをとったり，移動をしたり，用具を操作したり，力試しをしたりするとともに，それらを組み合わせる運動を行うことが大切です。多様な動きを身に付けることで，場面や状況に合わせて，どのような動きをするのかを考えることは，自己決定に関するスキルである「選択」や「自己管理」の向上につながっていくと考えます。

> ※「自己決定の三大要素と関連スキル」は，その段階の教科の目標や内容に応じて10のスキル（第2章参照）から抜粋して意識しながら取り組み，教育活動全体を通して10のスキルを身に付けられるようにします。

<体育科　小学部3段階>

■「自己決定の三大要素と関連スキル」を意識した教員の取組案

関連する自己決定のスキル		児童の自己決定を意識した教員の取組
意志行動 選　択 意思決定 目標設定 計画作成	選　択	・準備運動等のランニングで，走っている間児童の好きな曲を流すようにする。かけてほしい曲について事前に希望を聞き，日を変えて一人一人のリクエストに応じる。 ・後ろ歩き，片足歩き，横歩きなどいろいろな歩き方を練習した後に，様々なリズムに合わせて，自分が選択した歩き方で動く場を設ける。 ・体を大きく伸び伸びと広げる動きやだんだん小さく縮む動きについて考える場を設ける。友達と考えた動きを見せ合ったあとに，曲を流し，曲に合わせてどのような動きを組み合わせるか考える場を設ける。
	目標設定	・なわとびには様々な種類の技があることを動画で示し，1年間で，何の技を何回飛べるようになりたいか，テンプレートなどを使って目標設定する場を設ける。
主体行動 目標達成 自己管理 問題解決 自己主張	目標達成	・なわとびやマット運動等で，設定した目標を実践したことが記録できるよう，表やチェックリストを使い，どのくらい達成できたのかを確認できるようにする。そして，できるようになったことを，みんなの前で披露する機会を設ける。
	自己管理	・児童の動きをタブレット端末で撮影し，その動画を見て自分の動きを確認できるようにする。目標としている動きに近づけるよう，動画を活用して教員や友達から助言を得たり，友達の動きと比較したりできるようにする。
信　念 自己の気付き 自己理解	自己の気付き	・教員が「〇〇の動きがとても大きくてよかったです」等と言葉を掛けることで，児童がさらに多様な動きへと発展させていく意欲をもてるようにする。 ・楽しかったことや，うまくできたことを振り返る場を設け，友達と一緒に動く楽しさや体を動かすことの心地よさに気付けるようにする。

第Ⅲ部　資料編

各教科の目標及び内容における自己決定（三大要素）を高めるための単元・題材の提案

■保健体育科　高等部　目標

教科の目標	体育や保健の見方・考え方を働かせ，課題に発見し，合理的・計画的な解決に向けた主体的・協働的な学習過程を通して，心と体を一体として捉え，生涯にわたって心身の健康を保持増進し，豊かなスポーツライフを継続するための資質・能力を次のとおり育成することを目指す。
知識及び技能	(1)　各種の運動の特性に応じた技能等並びに個人生活及び社会生活における健康・安全についての理解を深めるとともに，目的に応じた技能を身に付けるようにする。
思考力，判断力，表現力等	(2)　各種の運動や健康・安全についての自他や社会の課題を発見し，その解決に向けて仲間と思考し判断するとともに，目的や状況に応じて他者に伝える力を養う。
学びに向かう力，人間性等	(3)　生涯にわたって継続して運動に親しむことや，健康の保持増進と体力の向上を目指し，明るく豊かで活力ある生活を営む態度を養う。

■保健体育科高等部１段階の目標（抜粋）

段階の目標	1段階
思考力，判断力，表現力等	イ　各種の運動や健康・安全な生活を営むための自他の課題を発見し，その解決のための方策を工夫したり，仲間と考えたりしたことを，他者に伝える力を養う。

■保健体育科高等部１段階の「自己決定」を意識した内容の抜粋と関連するスキル

思考力，判断力，表現力等	Ⅰ　保健	イ　健康・安全に関わる自他の課題を発見し，その解決のための方策を工夫したり，仲間と考えたりしたことを他者に伝えること。

　例えば，ストレスの対処法について，自分がどのようなときに不安を感じるかを知り，そのことを他者に伝え，その対処方法について助言を求めたり，適切な対処をするために周囲からサポートを得たりできるようにするなど，健康に関わる事象や健康情報などにおける基本的な知識を活用していけるようにすることが大切です。自他の課題を発見し，健康・安全に関する内容について思考したり，判断したことを他者に表現したりできるようにすることは，自己決定に関するスキルである「自己管理」「問題解決」「自己主張」そして「自己理解」の向上へつながっていくと考えます。

> ※「自己決定の三大要素と関連スキル」は，その段階の教科の目標や内容に応じて10のスキル（第2章参照）から抜粋して意識しながら取り組み，教育活動全体を通して10のスキルを身に付けられるようにします。

＜保健体育科　高等部１段階＞

■「自己決定の三大要素と関連スキル」を意識した教員の取組案

		生徒の自己決定を意識した教員の取組
意志行動 選　択 意思決定 目標設定 計画作成	意思決定	・ストレスタイプチェックリストを活用し，自分がどのようなときにストレスを感じやすいのかを知ることができるようにする。対処方法について友達からアイディアをもらったり，マインドフルネスのアプリなどを探してみたりする場を設ける。その中から実際に試してみたい方法に順位をつけてリスト化できるようにする。
	目標設定 計画作成	・学校，自宅，地域で自然災害に遭遇した場合を想定し，防災リュック，避難場所・経路・方法などをどのように調べ，いつまでに「MY防災手帳」を作成するか目標を決め，その手帳をどのように役立てるかまで計画する。
主体行動 目標達成 自己管理 問題解決 自己主張	目標達成 自己管理	・体重や体調などについて記録できるチェックリストを作成し，自分の健康を維持する目標達成のため，自宅周辺で週に３日，各30分の散歩やランニングを１か月間続けた結果，体重や体調がどのように変化したかを振り返ることができるようにする。
	問題解決 自己主張	・健康維持の目標を実行する中で，友達からの誘いや家族からの手伝い要請など，突然の予定が入り，どの活動を優先すべきか，また予定をどのように調整するか迷った際に対応できるよう，学級で解決策を話し合う機会を設け，承諾や断り方などを練習できるようにする。
信　念 自己の気付き 自己理解	自己の気付き 自己理解	・自分自身や他人のパーソナルスペースを尊重するために，安心して接することができる人との適切な距離感を理解し，それを伝える力を身に付けられる学習を行う。また，人間関係や状況に応じてパーソナルスペースが変化することを認識し，それに適応できる行動の調整方法についてロールプレイを用いて一緒に考える。このように，パーソナルスペースを理解し主張することで，生徒が人との交流に自信をもてるよう支援する。

第Ⅲ部　資料編

各教科の目標及び内容における自己決定（三大要素）を高めるための単元・題材の提案

■職業・家庭科　中学部　目標

教科の目標	生活の営みに係る見方・考え方や職業の見方・考え方を働かせ，生活や職業に関する実践的・体験的な学習活動を通して，よりよい生活の実現に向けて工夫する資質・能力を次のとおり育成することを目指す。
知識及び技能	(1)　生活や職業に対する関心を高め，将来の家庭生活や職業生活に係る基礎的な知識や技能を身に付けるようにする。
思考力，判断力，表現力等	(2)　将来の家庭生活や職業生活に必要な事柄を見いだして課題を設定し，解決策を考え，実践を評価・改善し，自分の考えを表現するなどして，課題を解決する力を養う。
学びに向かう力，人間性等	(3)　よりよい家庭生活や将来の職業生活の実現に向けて，生活を工夫し考えようとする実践的な態度を養う。

■職業・家庭科＜家庭分野＞　中学部２段階の目標（抜粋）

段階の目標		２段階
生活の営みに係る見方・考え方を働かせ，衣食住などに関する実践的・体験的な学習活動を通して，よりよい生活の実現に向けて工夫する資質・能力を次のとおり育成することを目指す。		
学びに向かう力，人間性等	ウ	家族や地域の人々とのやり取りを通して，よりよい生活の実現に向けて，生活を工夫し考えようとする実践的な態度を養う。

　中学部から職業教育や家庭科で必要な知識やスキルを学び，実践することは，将来の自立した生活を見据えるために重要です。生徒一人ひとりが望む家庭生活や職業生活を実現するには，自らの生活に主体的に関与し，健康的で社会規範に沿った生活を送るためのスキルや能力を習得することが大切になります。これには，個々の好みにとらわれない食事，生活習慣，身だしなみ，整理整頓を含む，年齢やサポートの必要性に応じた知識やスキルの習得が大切です。そして，実際の家庭生活や職業生活で直面する課題に対して，自ら考え，家族や周囲とのコミュニケーションを通じて解決策を見つける力の習得が必要です。そのため，家族など一緒に生活する人々の協力が大事になり，学校で学んだことを実際の家庭生活でも活かし，応用できるような環境づくりをすることが必要だと考えます。このような，衣食住に関する実践的・体験的な学習活動を通じて，自己決定に関するスキルである「意思決定」「目標設定」「計画立案」「問題解決」の向上が期待できます。

> ※「自己決定の三大要素と関連スキル」は，その段階の教科の目標や内容に応じて10のスキル（第2章参照）から抜粋して意識しながら取り組み，教育活動全体を通して10のスキルを身に付けられるようにします。

＜職業・家庭科（家庭分野）　中学部2段階＞

■「自己決定の三大要素と関連スキル」を意識した教員の取組案

関連する自己決定のスキル		生徒の自己決定を意識した教員の取組
意志行動 選　　択 意思決定 目標設定 計画作成	選　　択	・イラストや写真で示された日常的な衣食住に関わる事柄のカードを，それぞれ衣・食・住の種類に分別する場を設ける。もしくは，タブレット端末を使い，指で操作することでイラストや写真を適切な衣・食・住の種類と一致できるような活動をする。
	意思決定	・家庭分野で学んだことを活かして，SDGsを目的に学校で現実的に行えることを学級のプロジェクトとして考え，意見を出し合って，何をするか決定する活動を行う。（例：持続可能なミニガーデンの育成，健康的な食事の計画と調理など）
	目標設定	・バランスのとれた食事について考える学習を実施し，何の栄養分をもっと摂取するべきか考えたり，どのくらいの量を食べるべきかを考えたりして，生徒が食事に関する自分の目標を設定する場を設ける。
主体行動 目標達成 自己管理 問題解決 自己主張	目標達成	・毎朝，学校に行く前に，鏡で自分の髪，顔，服装などが整っているかを確認できるよう「みだしなみチェック表」を準備する。家族から合格をもらった日は，カレンダーにチェックマーク☑をつけることにし，3週間後に，どれだけ目標を達成できたか確認する機会を設ける。
	問題解決	・決められた予算内でバランスのとれた食事ができるよう，予算内と予算外の概念を学び，予算内に収めるためにはどのような方法（例：外食や自炊等）をとり，どのようなツール（例：家計アプリや献立アプリ等）を用いればよいか話し合い，実際に試してみる機会をつくる。
	自己主張	・自分の好みの服装や部屋の飾りがある場合に，どのように家族など一緒に生活する人に自分の意見を伝えるか考え，練習する機会を設ける。反対意見に対する妥協策なども事前に考える場を設ける。
信　　念 自己の気付き 自己理解	自己の気付き	・健康的で安全な生活を送るために，いつも支えてくれている人に感謝の気持ちをもち，自分が学んだことをどのように家庭生活で役立てていくか考える場を設ける。

第Ⅲ部　資料編

各教科の目標及び内容における自己決定（三大要素）を高めるための単元・題材の提案

■職業科　高等部　目標

教科の目標	職業に係る見方・考え方を働かせ，職業など卒業後の進路に関する実践的・体験的な学習活動を通して，よりよい生活の実現に向けて工夫する資質・能力を次のとおり育成することを目指す。
知識及び技能	(1)　職業に関する事柄について理解を深めるとともに，将来の職業生活に係る技能を身に付けるようにする。
思考力，判断力，表現力等	(2)　将来の職業生活を見据え，必要な事柄を見いだして課題を設定し，解決策を考え，実践を評価・改善し，表現する力を養う。
学びに向かう力，人間性等	(3)　よりよい将来の職業生活の実現や地域社会への貢献に向けて，生活を改善しようとする実践的な態度を養う。

■職業科　高等部２段階の「自己決定」を意識した内容の抜粋と関連するスキル

C　産業現場等における実習
　　産業現場等における実習を通して，次の事項を身に付けることができるよう指導する。
　　イ　産業現場等における実習で課題の解決について考えたことを表現すること。

　産業現場等における実習（通称：現場実習）では，生徒が事業所などで職業や仕事の実際について経験を重ね，職業生活に必要な知識や技能及び態度を身に付けるとともに，職業における自己の能力や適性についての理解を図り，仕事を通した地域社会への貢献に触れ，働く意欲を一層高め，卒業後の進路を考えるようにします。

　『課題の解決について考えたことを表現する』とは，実習先から指摘されたことや，本人が課題であると感じたことなどに対して，どのように対処すればよいのかについて考え，自ら改善に取り組み表現することです。ここに示されるような取組を通して，例えば，どのような指示であれば理解しやすいのか，どのような補助具やマニュアルがあれば問題なく作業を遂行できるのか等，生徒が自分に必要なサポートについて知ったり，援助要請をするためのスキルを身に付けたりできるようにすることは，自己決定に関するスキルである「問題解決」「自己主張」の向上につながると考えます。また，このような学習を積み重ねていくことで，自己の成長を確かめたり，働く意欲を向上させたりしながら，生徒が自己の能力や適性，自分に合った環境等について知り，将来的に自分がどのような姿を目指していきたいかということをイメージすることは，自己決定に関するスキルである「自己理解」の向上につながっていくと考えます。

※「自己決定の三大要素と関連スキル」は，その段階の教科の目標や内容に応じて10のスキル（第2章参照）から抜粋して意識しながら取り組み，教育活動全体を通して10のスキルを身に付けられるようにします。

＜職業科　高等部２段階＞

■「自己決定の三大要素と関連スキル」を意識した教員の取組案

関連する自己決定のスキル		生徒の自己決定を意識した教員の取組
意志行動 選　択 意思決定 目標設定 計画作成	選　択	・事業所での職業や仕事の内容を事前に調べる学習活動では，学びたい方法について複数の選択肢（例：現場実習に行った先輩から話を聞く，関連動画を観る，インターネットで情報を検索することなど）から選べるようにする。
	意思決定	・実習の様子をどのように記録し，どのような内容を書くと現場実習を通して自分が成長できるか学級で話し合い，各生徒に適した記録方法を見つけられるようにする。
	目標設定	・実習中に困ったことや分からないことが生じた際，責任者や担当者にそのことを落ち着いて的確に伝えられるよう，そのための練習をどのように，誰と，どのくらいの頻度で行うのかを考え，現場実習に向けた学習について目標設定する場を設ける。
主体行動 目標達成 自己管理 問題解決 自己主張	目標達成	・実習の様子を記録したものを振り返ったり，実習の責任者などにインタビューしたりする場を設け，自分の成長と伸びしろを評価し，目標にどれだけ近づいたか考える機会を設ける。
	問題解決	・実習で頻繁に発生する課題を題材にしたシナリオを作成し，学級で解決策を互いに提案する活動を行う。その解決策を使いながら，実習中に遭遇する可能性がある状況を模倣するロールプレイを，生徒や教員が一緒に行う活動をする。その後，解決策の効果について話し合う機会を設ける。
	自己主張	・自分の目標，得意なこと，必要なサポートに関する情報を記入した自己紹介用の名刺を作成する活動を行う。この名刺を実習先に渡し，自己紹介として活用するための練習する場を設ける。
信　念 自己の気付き 自己理解	自己理解	・問題や課題を悲観的に考えず，実習の経験を重ねることで，自己の成長を確認し，自分の能力や適性，環境などについて理解できるような振り返りの学習を行う。その中で，将来的に自分がどのような姿を目指していきたいのかを明確に思い描けるようにする。

第Ⅲ部　資料編

各教科の目標及び内容における自己決定（三大要素）を高めるための単元・題材の提案

■家庭科　高等部　目標（2段階の目標と同じ）

教科の目標	生活の営みに係る見方・考え方を働かせ，衣食住などに関する実践的・体験的な学習活動を通して，よりよい生活の実現に向けて工夫する資質・能力を次のとおり育成することを目指す。
知識及び技能	(1) 家族・家庭の機能について理解を深め，生活の自立に必要な家族・家庭，衣食住，消費や環境等についての基礎的な理解を図るとともに，それらに係る技能を身に付けるようにする。
思考力，判断力，表現力等	(2) 家庭や地域における生活の中から問題を見いだして課題を設定し，解決策を考え，実践を評価・改善し，考えたことを表現するなど，課題を解決する力を養う。
学びに向かう力，人間性等	(3) 家族や地域の人々との関わりを考え，家族の一員として，よりよい生活の実現に向けて，生活を工夫し考えようとする実践的な態度を養う。

■家庭科　高等部2段階の「自己決定」を意識した内容の抜粋と関連するスキル

B　衣食住の生活
　ア　必要な栄養を満たす食事　　　　エ　布を用いた生活
　イ　日常食の調理　　　　　　　　　オ　住居の基本的な機能と快適で安全な住まい方
　ウ　衣服の手入れ

　「衣食住などに関する実践的・体験的な学習活動を通して」とは，生活を営む上で必要な事柄を，調理，製作等の実習や観察，調査，実験などの実践的・体験的な活動を通して学習することです。この実践的・体験的な学習活動を積み重ね，生徒が自分の生活経験と関連付けながら，生活上の課題に気付き，その課題解決に向けて他者の考えを聞いたり，自分の考えや思いを分かりやすく伝えたりしながら，課題解決の見通しをもった計画を立て，実践する場を設けることによって，自己決定に関するスキルである「目標設定」「計画作成」「目標達成」「自己管理」「問題解決」の向上が期待できます。また，そのような学習活動を繰り返すことによって，習得した知識や技能を日々の生活に生かすことや，将来の自立した生活を見据え，自分が望むよりよい生活を実現しようとすることへの自信がもてるようになると考えます。これは，自己決定に関するスキルの「自己理解」につながり，卒業後の自立生活に向けた自信が高まることが期待できます。

※「自己決定の三大要素と関連スキル」は，その段階の教科の目標や内容に応じて10のスキル（第2章参照）
　から抜粋して意識しながら取り組み，教育活動全体を通して10のスキルを身に付けられるようにします。

＜家庭科　高等部２段階＞

■「自己決定の三大要素と関連スキル」を意識した教員の取組案

関連する自己決定のスキル		生徒の自己決定を意識した教員の取組
意志行動 選　択 意思決定 目標設定 計画作成	目標設定	・朝食作りや昼食作りにおける自分の優先したいニーズ（例：火を使わない，短い時間で調理ができる，バランスのよい献立等）を考え，そのニーズに応じられるよう，どのくらいの時間で，何をどのように作るのか目標を設定する場を設ける。
	計画作成	・家庭にある洗濯洗剤や漂白剤，柔軟剤など洗濯で用いる洗剤の種類や用途，洗濯機の様々な洗い方の機能について調べたり，自分のもっている衣服の洗濯表示を確認したりして，家庭で洗濯をするときに何の洗剤を使い，どのような洗濯機の機能を用いることが適切かを考え，家庭で洗濯をするための計画を立てる場を設ける。
主体行動 目標達成 自己管理 問題解決 自己主張	目標達成	・衣食住に関して学んだことを生かし，家庭で毎日できる手伝い（例：調理，洗濯，掃除）について家族と話し合って目標を決める活動をする。手伝いができたときはカレンダーやスケジュール帳にチェックマーク☑をつけることにし，月末にどの程度継続して手伝いが行えたか確認する場を設ける。
	自己管理	・冬服から夏服への移行期や，夏服から冬服への移行期に，その日の天候や気温に応じてどのように服装を工夫すればよいか友達と話し合う場を設け，実行できるようにする。
	問題解決	・５大栄要素と，その栄養素がどのような役割を果たしているかを知る。普段の自分の食生活を振り返って不足している栄養素について考え，不足している栄養素を補っていく方法について家族と話し合えるようにする。
	自己主張	・よい設計の家の例を学ぶために，専門家を講師として招き，写真や動画教材を使用して，生徒が家の安全性，快適性，機能性，エネルギー効率の重要な特徴を認識できるようにする。また，これらの知識を家庭生活や自立生活にどのように応用するかを考える機会を設ける。
信　念 自己の気付き 自己理解	自己理解	・自立した生活に必要な衣食住のスキルについて，自分が今できていることと，これから身に付けなければいけないスキルについて生徒が整理する場を設ける。

第Ⅲ部　資料編

各教科の目標及び内容における自己決定（三大要素）を高めるための単元・題材の提案

■外国語科　中学部　目標

教科の目標	外国語によるコミュニケーションにおける見方・考え方を働かせ，外国語の音声や基本的な表現に触れる活動を通して，コミュニケーションを図る素地となる資質・能力を次のとおり育成することを目指す。
知識及び技能	(1)　外国語を用いた体験的な活動を通して，身近な生活で見聞きする外国語に興味や関心をもち，外国語の音声や基本的な表現に慣れ親しむようにする。
思考力，判断力，表現力等	(2)　身近で簡単な事柄について，外国語で聞いたり話したりして自分の考えや気持ちなどを伝え合う力の素地を養う。
学びに向かう力，人間性等	(3)　外国語を通して，外国語やその背景にある文化の多様性を知り，相手に配慮しながらコミュニケーションを図ろうとする態度を養う。

■外国語科〔英語〕中学部の「自己決定」を高めるための目標の解釈と関連スキル

目　標	
知識及び技能	イ(ア)体験的な活動を通して，日本と外国との生活，習慣，行事などの違いを知ること。

　外国にルーツをもつ児童生徒の増加に伴い，多様な文化を知る機会が増えています。そのため，様々な国の生活，習慣，行事などを知り日本との違いを考えることは，様々な見方や考え方があることに気付くことにつながります。そして，様々な見方や考え方を身に付けることで多様性に対して理解を広げることは，自己決定に関するスキルとなる「自己理解」のための認識の広がりにつながると考えます。

■外国語科〔英語〕　中学部の「自己決定」を意識した内容の抜粋と関連するスキル

言語活動	イ　話すこと	(イ)　身近で具体的な事物の様子や状態を簡単な語などや基本的な表現，ジェスチャーを用いて表現する活動

　(イ)具体的な事物の数や色，形，大きさなどを表現する活動を示している。例えば，外国の生活，習慣，行事などを調べ，実物，写真，イラストを見せながら，英語で簡単に説明することである。「Very small」「 It's red and white.」など。

　家庭や学校生活において，生徒にとって身近でなじみのある外国語や，社会の中でよく使われている外国語を理解するだけではなく，実際に使う体験をすることで，様々な相手とのコミュニケーションが可能となります。コミュニケーションの力が高まることで，主体的に人とかかわったり，自分の思いや考えを伝えたりする力を高めることは，自己決定に関するスキルである「自己主張」の向上につながっていくと考えます。

> ※「自己決定の三大要素と関連スキル」は，その段階の教科の目標や内容に応じて10のスキル（第2章参照）から抜粋して意識しながら取り組み，教育活動全体を通して10のスキルを身に付けられるようにします。

＜外国語科〔英語〕中学部＞

■「自己決定の三大要素と関連スキル」を意識した教員の取組案

関連する自己決定のスキル		生徒の自己決定を意識した教員の取組
意志行動 選　択 意思決定 目標設定 計画作成	選　択	・食べ物，動物，色や数字など，自分が興味のあるものを選び，その英単語について調べて発表する場を設ける。
	意思決定	・様々な国の国旗や，身近な人や好きな有名人の母国等から生徒が調べやすいいくつかの国を何カ国か選び，その中からどの国を調べるか，他の友達と重ならないように決定できるようにする。
	目標設定	・授業や日常の中で学ぶ英語のゲーム，歌，ダンス，映画やテレビ番組などから，自分が興味あるものを選び，それらと触れ合うことで，理解できる英単語をいつまでどのくらい増やすか，期間や目標数を決める場を設ける。
	計画作成	・外国の言葉やその由来について調べるために，タブレット端末，本，PC の使用期間や，使用時間，図書館等の活用など，調べるための学習計画を立てる場を設ける。
主体行動 目標達成 自己管理 問題解決 自己主張	目標達成	・生徒が，目標として設定した英単語数と実際に調べた英単語数を比較し，どこまでできたかを確認したり，生徒同士で調べた英単語を教え合ったりする場を設ける。
	自己管理	・英単語について，調べた内容を自分なりにまとめることができたか，まとめるために作成したものを見ながら，教員が一緒によい点や改善点を確認する。
	問題解決	・分からない英語や記述があるときは，教員に質問したり，辞書アプリや単語帳，またはインターネットで調べたりすることを事前に教員と一緒に考えておく場を設ける。
	自己主張	・調べたことをどのように発表したいか，生徒の思いを引き出し，その思いを尊重して，助言をしていく。
信　念 自己の気付き 自己理解	自己の気付き	・友達が調べた外国語を通して，それぞれの国の特徴について聞き，自分の生活や習慣との違いを比較する場を設ける。
	自己理解	・英語の語彙数が増えたことや，意味が理解できるようになった単語を確認し，英語を学ぶことへの意欲と自信につながるように称賛する。

●引用・参考文献／サイト

【第1章】

Deci,E.L.,& Ryan,R.M.（2002）Handbook of self-determination research. Rochester,NY: University of Rochester Press.

遠藤美貴（2016）「自己決定と支援を受けた意思決定」，立教女学院短期大学紀要，第48号,81-94.

加藤道代・神谷哲司・若島孔文・田中真理（2011）「子供の自己決定と自己価値の認識 −日本と韓国における実態調査（3）−」，教育ネットワークセンター年報，11,161-170.

長野優・内田昭代（2023）「主体的・対話的で深い学びの現実に向けた自己決定理論に基づく授業モデルの提案」，大分大学教育学部研究紀要，第44巻，第2号，221-235.

三浦光哉・伊藤祥子（2022）「認知特性を簡易把握する「認知処理様式チェックリスト（小学生用）」の開発」，山形大学大学院教職実践研究科年報，第14号,1-10.

シリーズ21世紀の社会福祉編集委員会編（1996）社会福祉基本用語集七訂版，ミネルヴァ書房.

桜井茂男・黒田祐二（2004）「動機づけ理論は学校教育にどのように活かされたか −応用の体系化と授業実践への貢献度の評価−」，Japanese Psychological Review, 第47巻，第3号,284-299.

田中真理・和田美穂・小島孔生（2005）「児童・思春期における日本語版自己認識尺度の作成に関する研究」，東北大学大学院教育学研究科研究年報，第54集,1号,315-337.

手島由紀子・吉利宗久（2001）「わが国における知的障害者の自己決定に関する研究動向 −学習と支援を中心に−」，川崎医療福祉学会誌，Vol.11,No.1,211-217.

柳原清子（2013）「家族の『意思決定支援』をめぐる概念整理と合意形成モデル −がん臨床における家族支援システムに焦点をあてて−」，家族看護，Vol.11,No.22,147-153，日本看護協会出版.

【第2章】

Hagiwara,M.,Raley,S.K.,Shogren,K.A.,& Alsaeed,A.（2024）: Culturally responsive and sustaining universal design for transition and student self-determination. In L.A. Scott & C.A.Thoma（Eds.）,Universal design for transition: The educators'guide for equity focused transition planning.Brookes Publishing.

Maebara,K.,Hagiwara,M.,Yamaguchi,A.,Doi,Y. and Yaeda,J.（2023）: Attitudes toward the Promotion of Self-determination among Teachers in Special Needs Schools in Japan. 秋田大学高等教育グローバルセンター紀要（Bulletin of the Global Center for Higher Education Akita University）,4,33-43.
https://doi.org/10.20569/00006365

Mithaug,D.,Wehmeyer,M.L.,Agran,M.,Martin,J. & Palmer,S.（1998）: The self-determined learning model of instruction: Engaging students to solve their learning problems. In M.L.Wehmeyer & D.J.Sands（Eds.）,Making it happen: Student involvement in educational planning, decision-making and instruction（pp.299-328）. Baltimore: Paul H.Brookes.

Raley,S.K.,Shogren,K.A., & McDonald,A.（2018）: Whole-class implementation of the Self-Determined Learning Model of Instruction in inclusive high school mathematics classes.Inclusion,6（3）,164-174.
https://doi.org/10.1352/2326-6988-6.3.164

Shogren,K.A., & Raley, S.K.（2022）: Self-determination and causal agency theory: Integrating research into practice. Springer Nature.

Shogren,K.A.,Raley,S.K.,Burke,K.M.,& Wehmeyer,M.L.（2019）: The Self-Determined Learning Model of Instruction: Teacher's guide. Kansas University Center on Developmental Disabilities.

Shogren,K.A.& Wehmeyer,M.L.（2017）: Self-Determination Inventory.Kansas University Center on Developmental Disabilities.

Shogren,K.A.,Wehmeyer,M.L.,Palmer,S.B.,Forber-Pratt,A.J.,Little,T.J.,& Lopez,S.（2015）: Causal agency theory: Reconceptualizing a functional model of self-determination. Education and Training in Autism and Developmental Disabilities,50（3）,251-263.
http://www.jstor.org/stable/24827508

The United Nations.（2006）: Convention on the Rights of Persons with Disabilities.Treaty Series,2515,3.

Ward,M.J.（1988）: The many facets of self-determination.NICHCY Transition Summary: National Center for Children and Youth with Disabilities,5,2-3.

Wehmeyer,M.L.,& Kelchner,K.（1995）: The Arc's Self-Determination Scale. Arlington,TX: The Arc National

Headquarters.

Wehmeyer,M.L.,Kelchner,K.& Richards,S.（1996）：Essential characteristics of self-determined behaviors of adults with mental retardation and developmental disabilities. American Journal on Mental Retardation,100 （6），632-642.

Wolman,J.,Campeau,P.,Dubois,P.,Mithaug,D.,& Stolarski,V.（1994）：AIR Self-Determination Scale and user guide. Palo Alto,CA: American Institute for Research.

【第3章】

障害者職業総合センター（2017）『障害者の就業状況等に関する調査研究 障害者職業総合センター調査研究報告書』，No.13.

前原和明（2023）「職業リハビリテーションにおける自己理解の支援について」，職業リハビリテーション 36（2），31-33.

文部科学省（2019）『「キャリア・パスポート」の様式例と指導上の留意事項』.
　https://www.mext.go.jp/component/a_menu/education/micro_detail/__icsFiles/afieldfil/2019/08/21/1419890_002.pdf

厚生労働省（2019）「就労パスポートの概要」.
　https://www.mhlw.go.jp/content/000560949.pdf

文部科学省（2023a）「学校基本調査令和 5 年度卒業後の状況調査（特別支援学校高等部産業別就職者数）」.
　https://www.e-stat.go.jp/stat-search/files?stat_infid=000040128503

文部科学省（2023b）「学校基本調査令和 5 年度卒業後の状況調査（特別支援学校高等部職業別就職者数）」.
　https://www.e-stat.go.jp/stat-search/files?stat_infid=000040128502

文部科学省（2024）『特別支援教育資料第 1 部データ編；特別支援学校高等部（本科）卒業者の状況』.
　https://www.mext.go.jp/content/20240117-mxt_tokubetu01-000033566_2.pdf

内閣府（2023）「障害者差別解消法に基づく基本方針の改訂」.
　https://www8.cao.go.jp/shougai/suishin/sabekai/kihonhoushin/r05/pdf/gaiyo.pdf

厚生労働省（2022）「社会保障審議会障害者部会第 132 回（R4.6.13）」，参考資料.
　https://www.mhlw.go.jp/content/12601000/000949807.pdf

厚生労働省（2023）「令和 5 年障害者雇用状況の集計結果」.
　https://www.mhlw.go.jp/content/11704000/001180701.pdf

厚生労働省（2024a）『令和 5 年度障害者雇用実態調査報告書（令和 5 年 6 月調査）』.
　https://www.mhlw.go.jp/content/11601000/001233721.pdf

厚生労働省（2024b）「令和 6 年度障害福祉サービス等報酬改定の概要」.
　https://www.mhlw.go.jp/content/12200000/001205322.pdf

日本学生支援機構（2023）『令和 4 年度大学，短期大学及び高等専門学校における障害のある学生の修学支援に関する実態調査 －結果報告書−』.
　https://www.jasso.go.jp/statistics/gakusei_shogai_syugaku/__icsFiles/afieldfile/2023/09/13/2022_houkoku3.pdf ＞

【第4章】

文部科学省（2018a）『特別支援学校教育要領・学習指導要領解説 総則等編（幼稚部・小学部・中学部）』開隆堂出版.

文部科学省（2018b）『特別支援学校学習指導要領解説 各教科等編（小学部・中学部）平成 30 年 3 月』，開隆堂出版.

文部科学省（2020a）『特別支援学校学習指導要領解説 総則等編（高等部）』，ジアース教育新社.

文部科学省（2020b）『特別支援学校学習指導要領解説 知的障害者教科等編（上）（高等部）』，ジアース教育新社.

OECD（2018）The Future of Education and Skills: Education 2030.

OECD（2019）OECD Future of Education and Skills 2030 Conceptual learning framework Concept.

【第5章】

国立特別支援教育総合研究所（2010）『知的障害教育におけるキャリア教育の在り方に関する研究（平成 20 年度〜21 年度）研究成果報告書』.

松田文春・二階堂修以知・福森護（2007）「知的障害生徒の「自己決定」に向けての研究に関する研究」，中国学園紀要，第 6 号，195-201.

文部科学省（2017）『小学校学習指導要領』，東洋館出版.

文部科学省（2017）『特別支援学校 小学部・中学部学習指導要領（平成 29 年 4 月告示）』，海文堂出版 .

文部科学省（2019）『特別支援学校 高等部学習指導要領（平成 31 年 2 月告示）』，海文堂出版 .

Ogle（1986）"K-W-L: A Teaching Model That Develops Active Reading of Expository Text",The Reading Teacher, 39,6,564-570.

進藤啓子・大川絹代（2004）「知的障害者更生施設における生活状況調査：自己選択・自己決定・自己表明の視点からみた調査」，西南学院大学教育・福祉論集，第 3 巻，第 2 号，123-142.

鈴木円（2005）「小学校社会科における『考える力』としての思考技能育成 －グラフィック・オーガナイザーを活用した学習活動の提案－」，昭和女子大学，学苑・初等教育学科紀要，776,68-82.

高浦勝義（1998）『総合学習に理論・実践・評価』，黎明書房 .

おわりに

　私（萩原）の６歳下の妹は，知的障害で生まれました。妹は，日本の特別支援学級や特別支援学校の 12 年間において，自分らしさ，学ぶことへの興味，クラスの仲間や学校での友達とのつながり，高校卒業後の夢や希望などを軽視され，「何もできない生徒」と見られ，その能力を過小評価されながらも，人生を悲観せず，自分の居場所だからと毎日学校に通っていました。私は，このような妹を取り巻く教育環境の違和感から，「自己決定とは誰のものなのか」という疑問を抱くようになりました。そこで，大学からアメリカに渡り，イリノイ州立大学を経て，知的障害のある生徒の自己決定の先駆者で，知的障害のある児童生徒を教える教員経験も長く，この分野を 1990 年代から牽引してきたカンザス大学大学院博士課程の Dr.Wehmeyer のもとで，自己決定について学びました。

　そこで気付いたのは，核心的な概念を教えてくれたのは大学の教員や研究者ではなく，私の妹だったことです。自己決定は知的能力や障害の有無にかかわらず，誰にでも備わっている力です。妹のように自己決定の機会を十分に与えられず，その自己決定を尊重されない知的障害のある児童生徒がいなくなることを願いながら，日本での研究協力者を探していました。すると，2018 年に毎年アメリカで開催されている「障害のある児童生徒が学校から自立生活への移行を支援する会議」において，山口明乙香先生と出会いました。

　このことがきっかけで，日本でもキャリア教育において自己決定が重要視されているものの，日常の教育実践にどのように反映させるかについて考えていた山口先生と，その分野の研究をしている大学教授と連携することができました。これにより，日本の学校教員の自己決定に対する意識調査と，SDI と SDLMI の翻訳および妥当性などの日本版自己決定尺度開発の研究を開始することができました。このつながりを通じて，今井彩先生にも研究協力を依頼し，SDLMI の試行調査も実施してもらいました。これらの自己決定を高める授業実践の試行により，知的障害のある児童生徒が自分らしさを発揮し，「自分の意志に基づく主体的な学び」へと変容していく姿を目の当たりにしました。日本でも，知的障害のある児童生徒の自己決定力を発揮するための教員の意識改革や，自己決定を中心にした授業づくりの重要性を改めて確信しました。

　しかし，多くの特別支援教育に携わる教員が自己決定の重要性を認識しているにもかかわらず，現実には十分に日々の教育の中核に据えて取り組んでいないのが現状です。知的障害のある児童生徒の自己決定に関する力を高めることを後回しにしている主な理由として，他の優先事項がある，十分な時間が確保できない，または自己決定

力を教える最適な方法が分からないなどが挙げられます。

このため，本書では，学習指導要領をふまえ，自己決定を意識した授業づくりを教育の柱として取り入れるためのポイントと留意点を整理しました。学習指導要領とキャリア教育で掲げられている知的障害のある児童生徒の自己決定を高める方策を日々の教育実践へ取り入れてみようと思っている方，改めてご自身の指導方法を高めたいと考えている方などへの指南書となり，今後も継続して特別支援教育の実践を豊かにするきっかけとなればと願っています。

最後に，本書の実践を担当した同志の先生方の新たな挑戦に取り組む意欲と忍耐力に敬意を表します。また，試行錯誤の中で実践に参加し，良い結果を生んだ児童生徒にも感謝の気持ちを伝えたいと思います。今後も，知的障害のある児童生徒の自己決定を高め，児童生徒が自分らしさを発揮しながら，未来を切り拓くためには，本書を手にした読者の皆様と共に取り組むことが不可欠です。

本書が特別支援教育に関わる多くの皆様の手に届き，子供たちの未来を明るく輝かせるために還元されることを切に願っております。末永くご愛読していただければ幸いです。

2024（令和6）年10月4日

萩原真由美

山口明乙香

今井　彩

This book is cutting-edge and lays an essential foundation for the advancement of self-determination for students with intellectual disability in Japan. I sincerely hope this book becomes a critical text on self-determination that will impact students, teachers, and families in Japan.

この本は最先端であり，日本における知的障害のある児童生徒の自己決定を促進するために不可欠な基盤を築いています。日本の児童生徒，教員，そして家族に影響を与える自己決定に関する重要なテキストとなることを心から願います。

Karrie A. Shogren, Ph.D.
Director, Kansas University Center on Disabilities & Ross and Marianna Beach Distinguished Professor of Special Education University of Kansas
キャリー・ショーグレン博士
（カンザス大学障害者センター長，カンザス大学ロス・マリアナビーチ特別名誉教授）

監修・編著者紹介

三浦 光哉 (みうら・こうや)

聖和学園短期大学学長　兼　山形大学名誉教授。東北大学大学院博士課程満期退学。宮城県公立小学校教諭，宮城教育大学附属養護学校教諭，宮城教育大学非常勤講師，山形大学教育学部助教授・同教授，山形大学教職大学院教授を経て現職。文部科学省知的障害者用著作教科書にかかわる有識者委員，名古屋市教育委員会教育基本計画作成にかかわる有識者委員・特別支援学校の在り方検討委員会座長・特別支援学校運営アドバイザー，山形県発達障がい者支援施策推進委員会委員などを歴任。公認心理師，特別支援教育士SV，学校心理士SV，保育士。主な編著書に，『発達障害の薬・治療・教育支援』(2023)，『特別支援学校が目指すカリキュラム・マネジメント』(2022)，『知的障害教育の「教科別の指導」と「合わせた指導」』(2021)，『本人参画型の「自立活動の個別の指導計画」』(2020) など多数。いずれもジアース教育新社。

萩原 真由美 (はぎわら・まゆみ)

サンフランシスコ州立大学准教授。イリノイ州立大学学士・修士課程修了，カンザス大学博士課程修了。イリノイ州及びウィスコンシン州の特別支援教育教諭，カンザス大学発達障害センター博士研究員，サンフランシスコ州立大学助教授を経て現職。知的・発達障害をもつ学生のためのインクルーシブ高等教育プログラム・コーディネーター。主な著書・論文として，*Culturally responsive and sustaining universal design for transition and student self-determination* (2024, Brookes Publishing)，"Examining perceptions about self-determination and people with disabilities：A meta-synthesis" (2022, *Journal of Developmental and Physical Disabilities*) などがある。

山口 明乙香 (やまぐち・あすか)

高松大学発達科学部教授　兼　高松大学学生学修支援室室長。広島大学大学院教育学研究科博士課程修了し，高松大学発達科学部講師，准教授を経て現職。高松市発達障がい児支援体制構築事業巡回支援員，高松市社会教育委員，高松市次期教育復興計画策定委員，日本職業リハビリテーション学会運営理事などを歴任。社会福祉士，保育士，公認心理師，学校心理士，特別支援教育士SV。近著として「Society5.0時代の障害のある生徒の職業選択とICTレディネスに関する研究 －障害のある生徒の仕事のネクストステージを考える－」第Ⅵ部キャリア発達支援研究の最前線『キャリア発達支援研究10』(2024，ジアース教育新社) などがある。

今井 彩 (いまい・あや)

日本学術振興会特別研究員，明星大学通信制大学院教育学研究科博士後期課程，秋田大学大学院非常勤講師。秋田大学大学院教育学研究科専門職学位課程修了。秋田県立大曲養護学校教諭，秋田県立栗田支援学校教諭，秋田大学教育文化学部附属特別支援学校教諭を経て現職。『働く力を高める地域貢献活動の実践 〜一人一人のよさを生かし，心を育てる職業教育の在り方を目指して〜』(2015)で2015年度日教弘秋田支部教育研究論文学校部門最優秀賞，『特別支援学校における自己指導能力を育む情報モラル教育の実践』(2021)で2021年度日教弘秋田支部教育研究論文個人部門優秀賞・第27回日教弘教育賞個人部門奨励賞。

執筆者一覧

三浦　光哉　　（前掲）はじめに，第1章，第6章

萩原真由美　　（前掲）第2章，資料，おわりに

山口明乙香　　（前掲）第3章，おわりに

今井　　彩　　（前掲）第4章，資料，おわりに

岩井　大知　　（山形大学附属特別支援学校教諭）第5章・第6章，実践6

山口　純枝　　（名古屋市子ども応援委員会スクールカウンセラー）資料

川村　修弘　　（山形大学教職大学院准教授）資料

近藤　奈歩　　（名古屋市立西特別支援学校教諭）実践1

千明亜由美　　（高知県立山田特別支援学校教諭）実践2

　　　　　　　共同実践者：中平　亘・山口優希・佐藤綾香

　　　　　　　（高知県立山田特別支援学校教諭）実践2

西川　　崇　　（長崎県立鶴南特別支援学校五島分校主幹教諭，

　　　　　　　現 常磐会学園大学国際こども教育学部准教授）実践3

伊良波愛理　　（沖縄県立名護特別支援学校教諭）実践4

岩松　雅文　　（宇都宮大学共同教育学部附属特別支援学校教諭）実践5

永田あや香　　（名古屋市立西特別支援学校教諭）実践7

　　　　　　　共同実践者：鉄井史人（名古屋市立西特別支援学校教務主任）実践7

平安名利子　　（沖縄県立沖縄高等特別支援学校教諭）実践8

　　　　　　　共同執筆者：前川考治（沖縄県立沖縄高等特別支援学校教頭，

　　　　　　　現 沖縄県立宮古特別支援学校教頭）実践8

辻　　洋子　　（北海道教育大学附属特別支援学校教諭）実践9

田中　智佳　　（秋田大学教育文化学部附属特別支援学校教諭）実践10

　　　　　　　共同実践者：今井　彩（前掲）

石川　智陽　　（沖縄県立名護特別支援学校寄宿舎指導員）実践11

伊藤　祥子　　（山形県米沢市立北部小学校教諭）実践12

須藤美沙姫　　（山形県寒河江市立寒河江南部小学校教諭）実践13

佐貝　賀子　　（山形県川西町立川西中学校教諭，現 山形県南陽市立宮内中学校教諭）実践14

星川　裕美　　（山形県尾花沢市立尾花沢中学校養護教諭）実践15

知的障害のある子供の
「自己決定力」が身に付く授業

2024 年 12 月 3 日　初版第 1 刷発行

■監修・編著　三浦 光哉
■編　　著　萩原 真由美・山口 明乙香・今井 彩
■発 行 人　加藤 勝博
■発 行 所　株式会社 ジアース教育新社
　　　　　　〒 101-0054　東京都千代田区神田錦町 1-23　宗保第 2 ビル
　　　　　　TEL：03-5282-7183　FAX：03-5282-7892
　　　　　　E-mail：info@kyoikushinsha.co.jp
　　　　　　URL：https://www.kyoikushinsha.co.jp/

■表紙デザイン　宇都宮 政一
■本文 DTP　　土屋図形 株式会社
■印刷・製本　三美印刷 株式会社
© Kouya Miura, Mayumi Hagiwara, Asuka Yamaguchi, Aya Imai
Printed in Japan
ISBN978-4-86371-707-7
定価は表紙に表示してあります。
乱丁・落丁はお取り替えいたします。（禁無断転載）